《2020—2021中国区域经济发展报告》

学术委员会

上海财经大学创新基地建设项目
上海财经大学创新团队项目　资助

2020—2021

中国区域经济发展报告

—— 江南文化与长三角一体化

2020—2021 ZHONGGUO QUYU JINGJI FAZHAN BAOGAO

上海财经大学长三角与长江经济带发展研究院

张学良　杨嬛　主编

人民出版社

前　　言

2003 年以来，上海财经大学根据我国区域经济发展的重大命题，邀请国内相关学者共同参与进行专题研究，每年编写并出版《中国区域经济发展报告》，针对中国区域经济发展中的重大理论及现实问题进行专题研究。2003 年的主题是"国内及国际区域合作"，2004 年的主题是"东北老工业基地振兴"，2005 年的主题是"长江三角洲区域规划及统筹发展"，2006 年的主题是"长江经济带区域统筹发展及'黄金水道'建设"，2007 年的主题是"中部塌陷与中部崛起"，2008 年的主题是"西部大开发区域政策效应评估"，2009 年的主题是"长江三角洲与珠江三角洲区域经济发展比较"，2010 年的主题是"长三角区域一体化研究"，2011 年的主题是"从长三角到泛长三角：区域产业梯度转移的理论与实证研究"，2012 年的主题是"同城化趋势下长三角城市群区域协调发展"，2013 年的主题是"中国城市群的崛起与协调发展"，2014 年的主题是"中国城市群资源环境承载力"，2015 年的主题是"中国城市群可持续发展"，2016 年的主题是"长江经济带建设与城市群发展"，2017 年的主题是"'一带一路'建设与城市群建设"，2018—2019 年的主题是"长三角高质量一体化发展"。2019—2020 年的主题为"长三角一体化与区域协同治理"，2020—2021 的主题为"江南文化与长三角一体化"。2007 年还以"区域发展总体战略与城市群规划"为专题撰写了《2007 年中国区域经济发展报告特刊》。2003 年至今这一系列报告已连续出版了 19 年共 19 本，在社会上形成了很好的口碑，成为上海财经大学的一大品牌。

从 2013 年开始，我们在听取国内外区域经济研究专家学者建议的基础上，将研究方向进一步聚焦，重点关注中国城市群，编写体例也更为成熟，形成了"总论""专题报告"与"数据分析"这三部分的编写体例。从 2018 年开始，我们又在城市群的研究主题基础上进一步聚焦长三角城市群发展。

习近平总书记指出，"历史是现实的根源"。而对于一个地区发展而言，也只有了解这个地区发展的历史才能了解这个地区发展的未来。长三角是当今中国经济最发达、最有创造力和发展活力的地区之一，同时也是中国城镇化体系最发达、经济活动集聚程度最高的地区之一。这些发展成就都离不开长三角城市群的发展历史。如果仅从改革开放以来 40 多年的历史去理解长三角城市群的发展，我们很难对其发展中的一些问题和现象做出合理的解释。而只有从更长的历史维度去了解长三角城市群的发展，才能更好地对现实发展情况进行解释，并了解政策真正的着力点。本年度报告正是以此为着眼点，从长三角城市群发展的文化根基——江南文化入手，研究基于江南文化的传承对长三角城市群发展的影响。研究内容从长三角城市群一体化到品牌、产业、文旅、金融、特色小镇等发展的方方面面，努力为促进江南文化的现代传承与长三角一体化发展作出贡献。

本报告的研究思路和整体框架如下：第一部分即第 1 章为总论部分，分析了中国区域经济与城市群发展的总趋势。第二部分为专题研究部分，是本报告的主体部分，包括第 2 章到第 8 章的内容。其中，第 2 章结合本报告的主题，重点介绍了江南文化的形成、特点与长三角一体化发展，第 3 章介绍了江南文化与长三角世界级城市群的品牌建设，第 4 章重点分析了江南流域经济与长三角产业发展演化，第 5 章重点分析了江南文化与长三角文旅一体化发展，第 6 章重点分析了江南文化与长三角金融产业发展，第 7 章重点分析了江南文化与长三角特色小镇的建设，第 8 章重点着眼于江南文化的现代传承与长三角一体化发展。第三部分为数据分析部分，包括第 9 章，重点整理了中国城市群基本情况。需要说明的是，本研究报告参考了许多文献资料，在此表示感谢，没有一一列出的，敬请读者谅解。

本研究报告的主题设计、框架确定、观点整合、课题组织由张学良和杨嬛负责。各章撰写工作如下：第 1 章，黄赜琳、刘迪；第 2 章，杨嬛、张心宁、陈娜；第 3 章，胡彬、王媛媛、仲崇阳；第 4 章，何世雄、刘江华；第 5 章，邓涛涛、但婷；第 6 章，计小青、吴志祥；第 7 章，张祥建、彭娜；第 8 章，何骏；第 9 章，韩慧敏。

张学良　杨　嬛

2022 年 6 月

目　　录

第一部分　总　　论

第二部分　专题报告

第三部分　数据分析

第一部分　　总　　论

1

中国区域经济及城市群
发展的总体趋势

1.1 中国区域经济发展的总体趋势

1.1.1 新型城镇化稳步推进

党的十八大正式提出了"新型城镇化"概念，2012 年中央经济工作会议进一步明确提出"把生态文明理念和原则全面融入城镇化全过程，走集约、智能、绿色、低碳的新型城镇化道路"。《国家新型城镇化规划（2014—2020 年）》也指出，城镇化是推动区域协调发展的有利支撑，加快城镇化进程，可以培育形成新的增长极，促进区域经济协调发展。

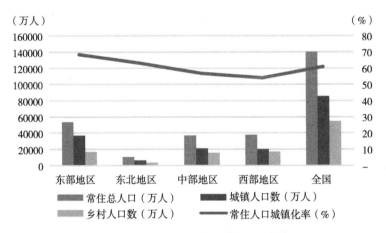

图 1-1 2019 年全国各区域人口分布情况

资料来源：作者根据历年《中国统计年鉴》和《中国城市统计年鉴》计算得到。本章图表均同。

1.1.1.1 常住人口城镇化率稳步提升

图 1-1 为 2019 年全国各区域人口分布情况。2012 年我国城镇化率为 52.57%，基本达到世界平均水平，2019 年末已经超过世界平均水平，达到 60.6%，实现"十三五"规划目标。2012—2019 年全国新增城镇人口 1.45 亿人，年平均增加 2077 万人。2019 年东部、中部、西部和东北地区

的常住人口城镇化率分别为 68%、57%、54% 和 63%，分别比 2012 年提升了 6、10、9、3 个百分点，可见中西部地区城镇化率显著提升，年均增长约 1.43 个百分点。受到落户政策、房价、生活成本等方面的因素影响，就业人口向中西部的中心城市流动，使得当地城镇化率上升。

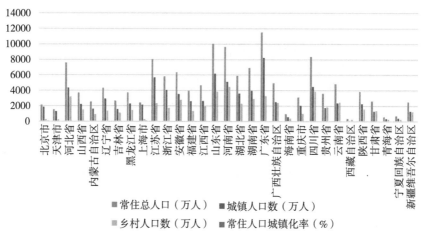

图 1-2　2019 年分省份人口分布情况

　　图 1-2 为 2019 年我国各省份①人口分布情况。2019 年我国总人口数为 140005 万人②，同比增加 467 万，其中城镇常住人口 84843 万人，占常住总人口比重为 60.6%，同比提高 1.02 个百分点。具体来看，广东和山东常住总人口均突破 1 亿人，分别为 11521 万人和 10070 万人。河南省排名第三，总人口为 9640 万人。总人口排名前十的省份还有四川、江苏、河北、湖南、安徽、湖北和浙江。而海南、宁夏、青海、西藏四省区的总人口还未突破 1000 万人，西藏人口最少，总人口为 351 万人。其他大部分省份常住人口均出现增加，尤其是广东和浙江总人口增量均超过 100 万人。值得关注的是，与 2018 年相比，东北三省常住人口锐减，辽宁减少 7.3 万人，吉林减少 13.3 万人，黑龙江减少 21.7 万人。近年来东北三省常住人口数量一直处于负增长，且减少幅度逐年增加，人口流失情况严重。同样处于

　　①　本书中的分省份统计数据都未统计港澳台地区的数据，特此说明。
　　②　本书中提到的全国统计数据都未包括港澳台地区的数据，特此说明。

负增长阶段的还有北京，北京自 2017 年以来连续三年人口负增长，这是由于有序推进人口疏解工作，将一批学校、医院、企业等疏解转移，同时促进非首都功能向外疏解转移。广东、浙江对人口的吸引力增强，人口同比分别增加 175 万人和 113 万人。随着"人才政策"实施范围变大，户籍制度放宽、补贴力度增强，各地的"抢人大战"愈演愈烈。

从城乡结构看，2019 年城镇人口占比（城镇化率）排名前五的省市分别是上海、北京、天津、广东和江苏，分别为 88.3%、86.6%、83.5%、71.4% 和 70.6%。《国家新型城镇化规划（2014—2020 年）》提出，到 2020 年我国常住人口城镇化率达到 60% 左右，户籍人口城镇化率达到 45% 左右，户籍人口城镇化率与常住人口城镇化率差距缩小 2 个百分点左右。截至 2019 年底，我国常住人口城镇化率为 60.6%，户籍人口城镇化率为 44.4%。城镇化是保持经济持续健康发展的强大引擎，城镇化水平不断提高代表着越来越多的农民通过转移就业增加收入，从而扩大消费群体、优化消费结构、释放消费潜力。从 2012 年到 2019 年，贵州城镇化率从 36.4% 提升到 49.0%，速度最快；河北、河南、湖南和四川的城镇化率上升幅度均超过 10 个百分点；西藏、甘肃、云南、贵州的城镇化率则仍低于 50%。

1.1.1.2　城乡二元结构不断融合

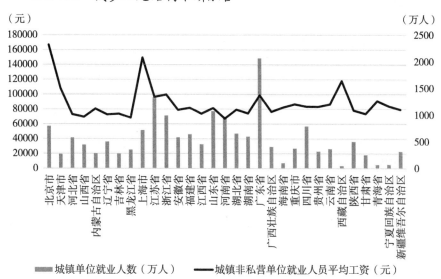

图 1-3　2019 年分省份就业人数和工资情况

图 1-3 为 2019 年我国各省份城镇单位就业人数和工资情况。
2013—2017 年，我国城镇新增就业连续 5 年以千万规模保持增长，但近两年新增就业人数出现回落，尤其是 2019 年城镇新增就业人数为 828 万人，是近年来最低值。当前，劳动力供不应求成为常态，适龄劳动人口不断下降，导致劳动力供给规模进一步减少。2019 年全国城镇非私营单位就业人员平均工资 90501 元，同比增加 8088 元，增长 9.8%。分省份来看，超过全国平均水平的省份有北京、上海、西藏、天津、浙江、广东、江苏和青海。城镇非私营单位人员平均工资后三名是河南、黑龙江、山西，均未突破 70000 元。分区域来看，2019 年城镇非私营单位就业人员平均工资由高到低依次是东部、西部、中部和东北地区，分别是 104069 元、81954 元、73457 元和 71721 元，同比分别增长 11.7%、8.2%、6.5% 和 9.6%。最高地区与最低地区的平均工资之比为 1.45，与 2018 年基本持平。

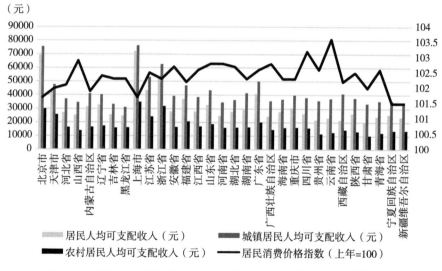

图 1-4　2020 年分省份居民人均可支配收入与居民消费价格指数情况

图 1-4 为 2020 年我国各省份居民人均可支配收入与居民消费价格指数情况。2020 年，全国居民人均可支配收入 32198 元，同比增长 4.7%，扣除价格因素，实际增长 2.1%，其中城镇居民人均可支配收入 43834 元，同比增长 3.5%，扣除价格因素，实际增长 1.2%；农村居民人均可支配收

入 17131 元，同比增长 6.9%，扣除价格因素，实际增长 3.8%。城乡居民人均可支配收入比值为 2.56，同比缩小 0.08。从各省份的居民人均可支配收入数据来看，上海、北京、浙江、天津、江苏、广东、福建、山东和辽宁这 9 个省份 2020 年居民人均可支配收入超过了全国平均水平，其中 8 个为东部沿海省份。上海和北京的居民收入水平远远超过其他省份，分别为 72232 元和 69434 元，一大原因是高收入行业，如信息传输、软件和信息技术业，金融业，科学研究和技术服务业，在京沪两地集聚。相较于 2019 年，我国 31 个省份人均可支配收入均高于 2 万元，西藏和甘肃首次突破 2 万元，分别是 21744 元和 20335 元。从各省份城镇居民可支配收入来看，超过全国平均水平的省份有：上海、北京、浙江、江苏、广东、天津和福建，全部为东部地区省市。其中超过 5 万元的省份有上海、北京、浙江、江苏；后三名是甘肃、吉林和黑龙江。从各省份农村居民可支配收入看，上海、浙江、北京、天津、江苏、福建、广东、山东和辽宁的农村居民收入超过全国水平，均在东部地区。2020 年，甘肃省农村居民人均可支配收入首次突破 1 万元，我国 31 个省份农村居民人均可支配收入全部超过 1 万元。整体而言，我国区域间人均可支配收入差距较大，东部地区的人均收入明显高于中部、西部和东北地区，尤其是西部地区不少省份城乡收入差距较大、土地贫瘠、交通基础设施落后，因此，加快西部地区的城镇化发展是增加当地居民收入的重要路径。

此外，城乡收入差距仍是不容忽视的问题。近年来，我国城乡居民收入比值持续缩小，2020 年城乡居民收入比值是 2.56，比上年的 2.64 有所缩小。但各省份之间的城乡收入差距较大，高于全国平均水平的 7 个省份全在西部地区。其中，城乡收入差距最小的三个省份分别是天津 1.86、黑龙江 1.92 和浙江 1.96；城乡收入比在 3 倍以上的省份是甘肃（3.27）和贵州（3.10）。值得注意的是，天津连续两年城乡居民收入比低于 2，反映出天津已经发展成为城乡发展较为均衡的都市圈，这是由于一方面大力发展都市农业，减少农民数量，另一方面近年来城镇收入增长明显放慢，使得城乡收入比下降较快。从居民消费价格指数 CPI 看，2020 年全国 CPI 同比上涨 2.5%，CPI 涨幅整体呈现前高后低的格局，多数省份的物价涨幅都在 3% 以下，仅云南和四川的涨幅略超过 3%。CPI 涨幅低于 2% 的省份有内蒙古、北京、上海、宁夏和新疆，分别为 1.9%、1.7%、1.7%、1.5% 和 1.5%。

1.1.2 区域协调发展持续推进

党的十八大以来我国提出京津冀协同发展、长江经济带、长三角一体化、粤港澳大湾区等发展战略，培育区域新增长极，促进东西和南北平衡发展。2020 年，我国多个重大区域战略齐头并进，同时提出要发挥中心城市、都市圈、城市群的引领带动作用。

1.1.2.1 区域经济多元化发展

2020 年，我国全年 GDP 1015986 亿元，同比增长 2.3%，其中东部、西部、中部和东北地区生产总值分别为 525733 亿元、173753 亿元、261760 亿元和 51124 亿元，同比分别增长 2.8%、3.9%、1.9% 和 5.03%。从整体来看，中西部地区持续发力，东部地区进入经济发展平缓期，同时区域城市内部之间的差异也在不断扩大，南北城市之间差距也在不断扩大。

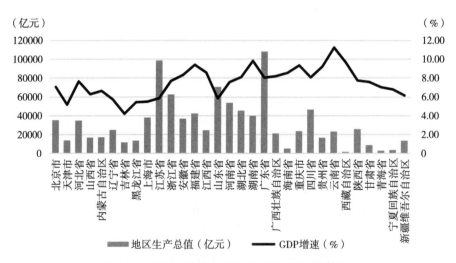

图 1-5 2020 年分省份地区生产总值及增速情况

图 1-5 是 2020 年我国各省份地区生产总值和增速情况。2020 年共有 21 个省份的 GDP 增速高于全国平均水平，青海、上海、北京、陕西、新疆、黑龙江、辽宁、内蒙古、天津和湖北的增速均低于全国平均水平。由

于我国新冠肺炎疫情较早得到控制，国内多数省份在 2020 年下半年经济基本实现恢复。除受疫情影响最为严重的湖北省外，其余省份均实现年度经济正增长。2020 年全国 31 个省份（不包括港澳台）GDP 总量排名并未有较大变化，前三名全部是东部沿海省份，分别为广东、江苏、山东，GDP总额分别为 110761 亿元、102719 亿元和 73129 亿元。继广东省 2019 年成为我国首个 GDP 总量突破 10 万亿元的省份后，2020 年江苏也实现了 GDP总量突破 10 万亿元的目标。山东、浙江、河南、四川、福建、湖北、湖南等七省份 GDP 总量均超过 4 万亿元，涵盖东部、中部和西部三大板块，是能够代表并影响中国区域经济格局的重要省份。排名较后的省份主要有贵州、山西、内蒙古、新疆、黑龙江、吉林、甘肃、海南、宁夏、青海和西藏。这些省份区位较偏，人口较少，不少地区以生态环保、粮食基地等作为发展定位。

2020 年经济增长最快的省份依旧集中在西部地区，西藏、贵州、云南GDP 增速超过 4%，分别是 7.8%、4.5% 和 4.0%。2020 年，西藏受新冠肺炎疫情影响较小，GDP 增速基本与往年持平，贵州与云南的经济增速呈下降趋势。中部地区除湖北和河南外，安徽、湖南、江西、山西的 GDP 增速均高于全国平均水平。"十三五"期间，中部地区进一步把区位优势转化为经济优势，安徽、江西、湖北、湖南属于长江经济带发展战略核心区域，河南、山西则是黄河流域生态保护和高质量发展战略的重要区域。湖北着力调结构促转型，大力发展集成电路、智能制造等战略性新兴产业；江西加快培育新兴产业，发展现代服务业，持续推进生态文明试验区建设；安徽被纳入长三角一体化发展战略，打造具有重要影响力的科技创新策源地、新兴产业聚集地和绿色发展样板区；湖南加快新旧动能转换，优化经济结构；山西加快改造传统产业，加速发展战略性新兴产业、高技术产业；河南重点培育智能装备、智能传感器等十大新兴产业。东北地区GDP 增速较慢，只有吉林的 GDP 增速高于全国平均水平，为 2.4%。黑龙江、辽宁的经济增速远低于全国水平，分别为 1% 和 0.6%。东北地区经济总量远低于京津冀和江浙沪地区，其主要原因在于，东北地区经济结构单一，重工业国企形成了单一的产业集群，产业转型十分艰难，战略性新兴产业刚刚起步，对经济促进作用较为有限。2020 年东部地区 GDP 总量为

525733 亿元，占全国比重超过一半，为 51.7%，平均增速 2.83%，超过全国平均水平 0.53 个百分点。

1.1.2.2　区域经济增长模式多样化

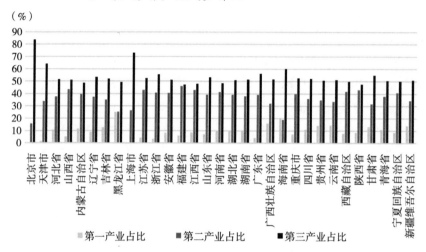

图 1-6　2020 年分省份三次产业占比情况

随着区域经济增长动力逐渐由第二产业转向第三产业，产业结构逐步优化升级。图 1-6 是我国 2020 年各省份三次产业占比情况。我国产业结构呈现"三、二、一"格局，第一产业占比为 7.7%，第二产业占比为 37.8%，第三产业占比为 54.5%。但与发达国家相比，我国第一产业占比仍有下降空间，第三产业也有提升空间，产业结构可以进一步优化。此外，地区间的产业结构存在差异，四大经济区域第三产业占比均超过 50%，其中东部和中部地区第三产业占比分别为 57.4% 和 50.3%，而中部和东北地区第二产业占比分别为 40.6% 和 33.7%。一般而言，第三产业的发展程度已经成为衡量现代经济发展程度的重要标志，2020 年高于全国第三产业占比的省份有 7 个，分别是北京、上海、天津、海南、广东、浙江和甘肃。北京第三产业占比最高达 83.9%，其中金融、信息服务、科技服务等优势行业发挥带动作用，第一产业占比仅为 0.3%，更加强调都市农业效益。上海第三产业占比排第二，为 73.1%，同比提高 0.44 个百分点，金融、信息服务、商务服务和科研服务等产业领先增长。第三产业占比低于 50% 的省份有黑龙江、内蒙古、河南、江西、陕西和福建。从总体上看，各地区第三产业占比都处于上升趋势，成为推动"十四五"时期我国经济发展的新动力。

2020 年中国制造业增加值达 31.3 万亿元，连续 11 年成为世界最大的制造业国家。尽管中国目前是世界制造大国，但还不是制造强国，在高端芯片、电子制造、消费电子等领域高度依赖进口，缺乏专利技术支撑。2020 年，在全球疫情扰动因素和世界经济复杂多变的环境影响下，我国工业经济发展势头十分强劲。其中，新能源汽车销量逆势增长 10.9%，在全球销量下降背景下可谓一枝独秀；集成电路销售收入达到 8848 亿元，增长率达到 20%，为同期全球产业增速的 3 倍；5G 基站建设超过 71.8 万个，终端连接数超过 2 亿，基本覆盖全国所有的地级以上城市。

我国科研投入进一步加大，2019 年研究与试验发展（R&D）经费投入达 2.21 万亿元，同比增长 12.5%，投入量居世界第二位；R&D 经费投入强度为 2.23%，与发达国家的差距不断缩小；R&D 人员全时当量每年达 480.1 万人，同比增长 9.6 个百分点，居于全球首位。图 1-7 是我国 2019 年各省份规模以上工业企业 R&D 情况。从区域来看，东部、西部、中部和东北地区规模以上工业企业 R&D 经费分别约为 9143 亿元、1554 亿元、2823 亿元和 450 亿元，同比分别增长 4.2%、6.7%、11.7% 和 2.1%。其中，广东、江苏规模以上工业企业 R&D 经费超过 2000 亿元，远超于第三、

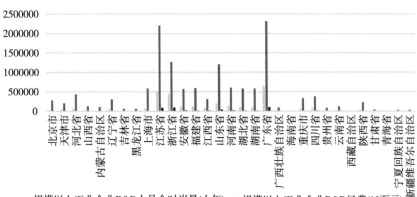

图 1-7 2019 年分省份规模以上工业企业 R&D 情况

四位的浙江和山东，相比之下，贵州、黑龙江、吉林、甘肃等省份的企业研发经费不足百亿元。

截至2019年底，除港澳台地区以外，我国发明专利拥有量共计186.2万件，每万人发明专利拥有量达到13.3件，提前完成"十三五"规划的目标。我国每万人发明专利拥有量排名前三位的省份为北京132件、上海53.5件和江苏30.2件。2019年，规模以上工业企业有专利申请的企业比重为22.3%；国内发明专利申请中企业比重达到65%，同比增加0.6个百分点。图1-8为2019年我国各省份规模以上工业企业专利发明情况。有效发明专利数排名前十位的省份依次为：广东、江苏、浙江、山东、安徽、上海、北京、四川、湖南和湖北。2019年广东省的授权发明专利数量为60863件，位居全国第一名。这得益于一批龙头企业的带动作用，比如华为、欧珀、腾讯、中兴、格力和美的等企业，有效发明专利集中于电气工程领域。同时，长三角地区经济发达，处于产业结构优化调整和升级换代的关键时期，有效发明专利数也较多，尤其是江苏和浙江两省，2019年江苏省规模以上工业企业有效发明专利数为180893件，远高于第三名浙江省的75770件。总体来看，国内专利发明数量与区域经济发展的空间格局

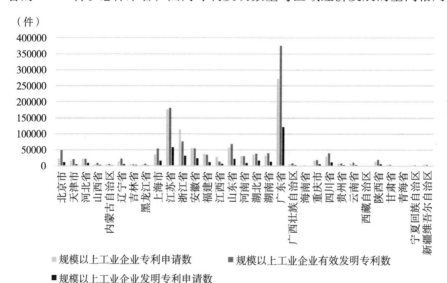

图1-8　2019年分省份规模以上工业企业专利发明情况

类似，呈现"南多北少，东多西少"的局面。

虽然面临的贸易挑战升级，我国对外贸易仍呈现很强的韧性，呈现整体稳定、逆势增长的发展态势。2019 年我国货物贸易进出口总值 31.5 万亿元，同比增长 3.4%。其中，出口 17.23 万亿元，进口 14.31 万亿元，贸易顺差 2.91 万亿元。进出口总值、出口总值再创历史新高，继续保持全球货物贸易第一大国的地位。图 1-9 反映了 2019 年我国各省份经营单位所在地进出口额的情况，广东、江苏、上海、浙江、北京的经营单位所在地进出口总额均超过 4000 亿美元，广东省进出口总额高达 10366 亿美元，成为我国第一个进出口总额超过一万亿美元的省份。其中，中部地区依靠对"一带一路"沿线国家、东盟国家的开发保持进出口贸易额持续较快增长，同比增长 7.9%。而西部地区货物进出口总额为 2.78 万亿元，占全国比重为 8.8%。中西部地区逐渐成为稳定我国外贸发展的重要力量，外贸进出口总额增速持续领先，但总量与东部地区相比仍较低。

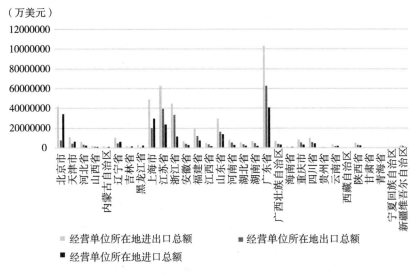

图 1-9 2019 年分省份经营单位所在地进出口额情况

从数据上看，我国区域经济发展延续总体平稳、"西快东慢"的趋势，东部地区率先发展并在全国经济发展中发挥了重要引擎和辐射带动作用；中部地区经济增速居于"四大板块"之首，涵盖长江中游城市群和中原城市群，是我国未来工业化、城镇化、信息化、农业现代化的重要地区；西部地区前几年通过实施西部大开发战略，经济一直保持两位数增长，不断缩小与东部发达地区差距，整体发展势头强劲，人才吸引力强，尤其是成渝地区，经济持续快速增长；东北地区经济逐渐复苏，加快推进供给侧结构性改革，改善营商环境，主要经济指标降幅正在收窄。现阶段我国区域经济发展已经不再局限于传统的东、中、西和东北四大区域板块，南北地区的"纵向"分化也越来越明显，南方省份的经济增速普遍高于北方省份，经济总量占比呈现"南强北弱"的态势。

1.1.3　重大区域发展战略高质量推进

2020 年，我国区域发展总体战略稳步实施，深入推动"一带一路"倡议、京津冀协同发展战略、长江经济带发展战略等高质量发展，形成东西南北纵横联动的区域经济发展新格局。

1.1.3.1　"一带一路"倡议持续推进

"一带一路"倡议已经成为当今世界广泛关注并参与的重要国际合作平台。2019 年，中国同"一带一路"沿线国家贸易往来持续增加。中国与沿线国家货物贸易进出口总额达到 1.34 万亿美元；与 138 个签署"一带一路"合作文件的国家货物贸易总额达 1.90 万亿美元，占中国货物贸易总额的 41.5%；与沿线国家服务进出口总额 1178.8 亿美元。2019 年，中欧班列开行 1.8 万列，联通亚欧大陆 110 多个城市，民航新开通 409 条航线，实现全球 31 个港口国际物流信息互联共享，构建"一带一路"沿线港口命运共同体。时至今日，"一带一路"倡议成为我国向世界交出的一份"中国答卷"，在改善全球经济治理体系和构建人类命运共同体方案中贡献"中国智慧"，开辟了中国参与和引领全球开放合作的新境界。"一带一路"交通运输高水平开放加快推进。中国企业对"一带一路"沿线国家非金融类直接投资累计超过 1000 亿美元，年均增长 4.4%，主要投资对象为越南、老挝等东盟国家。同时，"一带一路"沿线国家对华直接投资超过 500 亿美元，设立企业超过 2.2 万家。

1.1.3.2　贯彻落实京津冀协同发展战略

京津冀协同发展国家战略经过几年的实施，已经推动了一大批重大项目、重点事项落地实施，高质量发展取得积极成效。2019 年是推进京津冀协同发展中期目标实现的关键之年，京津冀三省市深入贯彻习近平总书记重要讲话精神，依照《京津冀协同发展纲要》，优势互补，通力协作，不断取得新的进展和成效。2019 年京津冀地区生产总值合计 84580 亿元，同比增长 6.1%，其中北京、天津、河北地区生产总值分别为 35371.3 亿元、14104.3 亿元和 35104.5 亿元，同比增长 6.1%、4.8% 和 6.8%。京津冀协同发展始终把疏解北京非首都功能作为关键，不断优化区域经济结构和空间结构，大力建设雄安新区和北京城市副中心，发挥引领高质量发展的重要动力源作用。北京扎实开展"疏解整治促提升"专项行动，退出一般制造业企业 399 家，疏解提升市场和物流中心 66 个，拆违腾退土地 5706 公顷。目前，腾讯、百度、阿里巴巴、京东金融、中国电信、中国人保等一大批高科技企业和大型央企已经入驻雄安新区。

1.1.3.3　积极建设长江经济带

长江经济带坚持"共抓大保护、不搞大开发"的精神指引，积极落实高质量发展总要求，成为我国生态优先绿色发展的主战场。2019 年长江经济带地区生产总值达到 45.8 万亿元，同比提高 7.2%，人均 GDP 为 78276元，同比增长 3.4%。其中，长江经济带 11 省市地区生产总值占全国经济总量的比重高达 46.2%，近三年经济总量每年增加 7 万亿元以上，充分体现了对全国经济的支撑引领作用。在大力发展经济的同时，沿江各省市采取措施强化水污染治理、水生态修复和水资源保护，开展城镇污水垃圾处理、船舶污染治理、农业面源污染治理、化工污染治理和尾矿库污染治理"4+1"工程，开展长江干线非法采砂、沿江化工污染、长江入河排污口等专项治理行动。成立长江流域生态环境监督管理局，强化流域生态环境监管和行政执法，对沿江 11 省市划定了生态保护红线，全面推行河长制和湖长制，建立水环境质量检测和预警机制。

1.1.3.4　粤港澳大湾区发展迈入新阶段

《粤港澳大湾区发展规划纲要》提出将粤港澳大湾区建设成为充满活力的世界级城市群、国际科技创新中心、"一带一路"建设的重要支撑、内地与港澳深度合作示范区，成为高质量发展的典范。2019 年粤港澳大湾区地区生产总值为 11.6 万亿元，其中深圳、香港、广州经济规模位列大湾区前三位，深圳自 2018 年 GDP 首次超越香港后，2019 年将领先优势再次扩大，实现地区生产总值 2.7 万亿元。基础设施互联互通加快建设，广深港高铁香港段、港珠澳大桥、南沙大桥相继通车，深圳至中山通道、深圳与香港连接的莲塘/香园围口岸、粤澳新通道等大型基建项目加快建设。同时，三地注重推进体制机制衔接，推动港珠澳大桥的建设技术标准、程序规范衔接，广深港高铁推行"一地两检"通关查验模式，加快建设湾区共享金融便利框架，打通跨境移动支付，保证粤港澳三地要素流通顺畅。

1.1.3.5 扎实推进长三角一体化

长江三角洲区域是我国经济发展最活跃、开放程度最高、创新能力最强的区域之一，在全国经济中具有举足轻重的地位。2019 年，长三角四省市的地域面积共计 21.07 万平方公里，占全国的 3.85%；常住人口总量达 2.27 亿人，占全国总人口的 16%；地区生产总值合计 23.7 万亿元，约占全国 GDP 的 23.9%，成为我国经济发展的重要增长极。目前，长三角地区已经形成了较为合理的产业分工格局，三省一市经济发展各有侧重，城市内部协调性强，不再仅依靠上海的辐射作用。例如上海利用其自身优势，为长三角发展提供人才、资本等生产要素，提高服务业发展水平。江苏重在发展制造业，并已经形成产业集群，尤其是苏州制造业基础雄厚、门类齐全、企业众多，南京则以电子、石化、汽车、钢铁为支柱，致力于打造"芯片之都"。浙江民营经济发达，互联网企业众多，特别是杭州的民营经济占 GDP 比重达到 61%，以信息软件、电子商务、物联安防等为代表的数字经济发展全国领先。安徽在保留家用电器和装备制造等传统产业的同时，利用自身充足的劳动力资源，积极发展新兴产业。

三省一市积极展开多方面合作，2019 年 5 月，长三角地区主要领导座谈会共同签署了 10 个协议，涉及民生、产业、交通、科技等多个领域，并在多个方面取得了较大的突破；8 月，长三角 21 家主要农商行共同发布《长三角农村金融机构合作宣言》，设立长三角农村金融机构公司金融业务专业委员会、金融市场业务专业委员会和贸易金融业务专业委员会，承诺在公司金融、零售金融、金融市场等领域开展合作并共享业务资源。科创产业融合发展，G60 科创走廊被纳入《长三角区域一体化发展规划纲要》，上升为国家战略的重要组成部分。G60 科创走廊根据各市的主导支柱产业或重点培育产业，先后创建了 13 个产业联盟，拉近产业链上下游企业之间的关系，建立互联互通的人才培养评价体系、人才信息发布机制、人才服务受理机制、人才服务高效机制等，共同助力长三角区域创新发展。

1.2 中国城市群发展的总体趋势

党的十九大报告将区域协调发展战略上升为国家战略，提出"以城市群为主体构建大中小城市和小城镇协调发展的城镇格局"。当前，中国城市群呈现出发育阶段多样化、所在区域的发展格局日益差异化、服务国土空间开发保护战略目标趋于多元化、现代治理方式要求越来越精准化的态势（郭锐等，2020）。

1.2.1 城市群呈现出发育阶段多样化

"十四五"规划纲要中再次强调"发展壮大城市群和都市圈，推动城市群一体化发展"，并依据发育阶段，对全国 19 个城市群进行分类，第一梯队是京津冀、长三角、珠三角、成渝、长江中游等 5 个城市群，发育相对成熟，需要进行优化提升；第二梯队包括山东半岛、粤闽浙沿海、中原、关中平原、北部湾等 5 个城市群，初具规模，但仍不成熟，需要发展壮大；第三梯队是哈长、辽中南、山西中部、黔中、滇中、呼包鄂榆、兰州—西宁、宁夏沿黄、天山北坡等 9 个城市群，尚未成形，处于发育初级阶段。

第一梯队城市群发展较为成熟，资源丰富，发展潜力大。从经济总量看，2019 年第一梯队城市群经济生产总值近 60 万亿元，占全国 GDP 的比重为 58.41%，带动全国经济发展。从人口数据看，第一梯队城市群对于人口的吸引力更强，珠三角、长三角、成渝城市群的常住人口增长率均超过 0.5%，尤其是长三角城市群和珠三角城市群。2019 年长三角城市群所涉及的江浙沪皖四省市引入外来人口近 100 万，珠三角城市群引入外来人口超 80 万。除成渝城市群和长江中游城市群外，其余城市群的城镇化率均超过全国平均水平，特别是珠三角城市群的城镇化率高达 86.28%，是中国城镇化率最高的城市群。

第二梯队城市群正处于快速发展阶段，核心城市建设已有成效，但非核心城市间关联较弱。从经济总量上看，2019 年 GDP 总量达 26 万亿元，占全国 GDP 的份额是 26.28%，其中山东半岛、中原及粤闽浙沿海城市群的经济总量均超过 6.5 万亿元。从产业结构来看，处于这个梯队的城市群第二产业和第三产业的产值均呈现上升趋势，尤其是第三产业总产值的增长幅度格外突出，产业结构逐步高级化。武汉、郑州、长沙等核心城市加速完善基础设施，积极接收头部城市群的产业分流，促进本城市群内部的产业集聚。但是，这一梯队的城市群发展差距较大，存在的问题各不相同。如山东半岛城市群中各个城市的经济实力都较强，但城市间的合作不紧密，一体化发展程度偏低。而中原城市群则表现出内在联动较弱，各城市产业发展高度重合，仅依靠于郑州的发展不足以辐射到周边城市，虹吸效应远大于辐射效应。

第三梯队城市群大多位于西部地区，位置相对偏远，独特的地理环境决定了在发展经济的同时要兼顾粮食、生态、边疆安全等领域。这些城市群的经济基础都比较差，城镇化率较低，核心城市发展不足，城市群还处于地理空间概念，并没有建立内在联系。第三梯队城市群的发展更需要国家政策的支持，国家发展改革委印发的《2020 年新型城镇化建设和城乡融合发展重点任务》中提出，"推动兰州—西宁、呼包鄂榆等城市群健全一体化发展工作机制，促进天山北坡、滇中等边疆城市群及山东半岛、黔中等省内城市群发展"。未来以兰西城市群为代表的西北城市群将承担起连接中原地区与亚欧大陆的重任，在"西部大开发""一带一路"等政策的支持下，充分发挥国家战略的叠加优势。

1.2.2　所在区域的发展格局日益差异化

按照"点—轴"和"T"字形国土空间结构布局，我国区域发展衍生出三大地带和东部率先发展、七大经济协作区、四大板块、主体功能区、五大战略及倡议等重大区域战略，区域协调发展格局在客观规律驱使下、在发展战略和政策的影响下发生显著变化（樊杰等，2018）。进入新时代后，党中央提出创新、协调、绿色、开放、共享的新发展理念，推动一系列重大战略实施，形成区域间互相融通补充的区域发展新格局。

在现代区域经济格局中，中心城市和城市群集中了大量的资本和劳动力，带动经济总体效率提升，是区域经济增长的主要动力源和增长极。我国已经形成了带动全国经济增长的四大核心增长极，分别是京津冀、长三角、珠三角和成渝地区。同时在其他区域，我国加快建设发展城市群，这些城市群将承载全国80%左右的人口和国内生产总值，成为推动区域创新和经济增长的主要空间载体，参见表1-1。四大核心增长极分布于东、南、西、北四大区域，已发展成为我国最为发达的城市群，经济实力雄厚，经济辐射效应显著。2019年四大核心增长极总面积超60万平方公里，占全国领土的7.17%；人口总量超5亿人，占全国人口总量的32.35%；创造经济总量高达44万亿元，占全国GDP总额的44.6%，成为我国国民经济重要的支撑力量。

表1-1　2019年中国七大城市群基本情况

城市群	城市数量（个）	人口总量（亿）	总面积（万平方公里）	地区生产总值（万亿元）	占全国人口比重（%）	占全国面积比重（%）	占全国经济总量比重（%）
京津冀城市群	16	1.13	21.50	8.46	8.10	2.35	8.58
长三角城市群	27	2.27	21.17	20.4	11.27	2.20	20.60
珠三角城市群	9	0.64	5.50	8.69	4.64	0.60	8.81
成渝城市群	16	1.15	18.50	6.51	8.34	2.02	6.60
山东半岛城市群	8	1.00	7.44	7.10	7.25	0.77	7.20
长江中游城市群	31	1.75	33.00	9.38	12.69	3.60	9.51
中原城市群	30	3.74	28.70	8.50	27.12	2.90	8.62

1.2.2.1　持续发展四大核心增长极

京津冀城市群包括北京、天津、河北以及河南省安阳市在内的16个城市，2019 年区域面积为 21.5 万平方公里，常住人口约 1.13 亿人，地区生产总值为 8.46 万亿元，以仅占全国 2.35%的国土面积和 8.1%的人口，创造了全国 8.58%的经济总量。如今，京津冀城市群已经具备了完整齐全的现代产业体系，北京产业呈现服务主导和创新主导特征，天津呈现高端制造和技术集约特征，河北在积极打造现代制造产业带和沿海重化工产业带。京津冀地区的快速发展有利于我国对中亚、欧洲等地区的开放，从而带动新丝绸之路沿线周边国家的经济发展，扩大中国经济的影响范围。

长三角地区是我国最具国际竞争力和影响力的城市群。2019 年该区域常住人口约 2.27 亿人，地区生产总值约为 20 万亿元，以占 11.2%的人口和 2.2%的国土面积，创造了全国 20.6%的经济总量。外贸进出口总额占全国 35.8%，实际利用总额 766.71 亿美元，占全国比重达 55.5%。区域间产业发展形成梯度差异性，上海主要是服务经济主导型产业结构，江苏和浙江呈现服务业和工业并重局面，安徽则为"二三一"型产业结构；制造业规模聚集效应明显，门类齐全、集群优势显著，尤其在电子信息产业、装备制造业、汽车产业等产业中具备较强优势，服务业一体化加速发展。2020 年 8 月 20 日，习近平总书记在主持扎实推进长三角一体化发展座谈会上发表重要讲话，强调要结合长三角一体化发展面临的新形势新要求，紧扣一体化和高质量两个关键词抓好重点工作，以一体化的思路和举措打破行政壁垒、提高行政协同，让要素在更大范围畅通流动。

近年来，珠三角地区连同港澳成为我国参与全球竞争的核心区域。2019 年珠三角城市群常住人口 0.64 亿人，占全国人口的 4.64%，地区生产总值 8.69 万亿元，占全国经济总量比重为 8.81%。珠三角城市群主要是外向型经济，充分发挥毗邻港澳的地缘优势和侨胞遍及东南亚乃至世界的优势，外贸出口总额占全国的 10%以上。珠三角的产业发展先后经历了接受香港和国际加工制造业转移的阶段、内需导向的本地化产业成长阶段，目前正在迈进门类更加齐全、功能更加完善的自主创新阶段。在全球新一轮科技革命中，珠三角将构建"两主一副三级"的中心体系，通过集群化的产业集聚区，形成区域重点产业的合理空间布局。深圳和广州作为"双核"，加强协同合作，充分发挥其辐射作用。

成渝城市群是沟通西南西北、连接国内国外的重要纽带，也是国家推进新型城镇化的重要示范区。《成渝城市群发展规划》明确成渝城市群将立足西南、辐射西北、面向欧亚，高水平建设现代产业体系，高品质建设人居环境，高层次扩大对内对外开放，培育引领西部开发开放的国家级城市群。《2019年新型城镇化建设重点任务》明确指出要将成渝城市群"培育形成新的重要增长极"。2019年，成渝城市群常住人口1.15亿人，地区生产总值为6.51万亿元，以占8.34%的人口和2.02%的国土面积，创造了近乎全国6.6%的经济总量。同四大增长极中其他三个城市群相比，成渝城市群仍有较大差距。近年来，成渝城市群已从培育增长极的时期过渡到解决城市群内部发展不平衡和不充分问题的阶段。川、渝两地正在齐心协力解决城市群圈层结构不合理的问题，增加城市群内部中小城市的溢出能力，努力实现真正的共融互通，携手争取城市群战略升级。

1.2.2.2 加快建设中西部城市群

在我国四大经济板块中，中西部地区一直是我国的欠发达地区。这一区域已经获批的四个国家级城市群——成渝、长江中游、中原和关中平原城市群，逐渐成为中西部地区发展的战略支点，以点带面，加速中西部地区的快速崛起。

长江中游城市群横跨湘鄂赣三省，以武汉为中心城市，长沙、南昌、合肥为副中心城市，涵盖三省的31个地级及以上城市，总面积约33万平方公里，占全国的3.6%的国土面积。2019年长江中游城市群总人口达1.75亿人，占全国人口的12.69%，地区生产总值为9.38万亿元，是中西部地区经济体量最大、综合实力最强、科技教育资源最丰富的城市群。相较于其他城市群，长江中游城市群地理位置优越，承东启西、连南接北、辐射全国，在国家经济发展和战略安全方面的优势日益突出。

中原城市群以郑州市为中心，包括河南全省以及山西、河北、山东和安徽等5省30个地级市及以上城市，总面积约28.7万平方公里，人口高达3.84亿人，是国家级城市群中人口最多的城市群。地区生产总值约为8.5万亿元，在中西部地区经济体量仅次于长江中游城市群。中原城市群人口密集，而且产业、资本也较为密集，对于提升地区资源配置效率、加快中部地区崛起、促进东中西协调发展，具有重要战略意义。

关中平原城市群以西安为中心，包括陕西、山西以及甘肃3省12市，整个城市群的面积约 10.7 万平方公里，人口约 0.38 亿人。在中西部四大国家级城市群中，关中平原城市群的体量是最小的，经济实力也相对较弱。关中平原城市群地处中国内陆中心，是亚欧大陆的重要支点，是西部地区面向东中部地区的重要门户，有利于引领和支撑西北地区开发，有利于深入推进西部大开发战略，有利于推进"一带一路"建设，在国家现代化建设大局和全方位开放格局中具有独特战略地位。

1.2.3 服务国土空间开发保护战略目标趋于多元化

我国对于国土空间的战略部署较晚，2010 年底颁布《全国主体功能区规划》，在国家层面上明确划分了主体功能区，提出切合区域实际的发展策略，这是我国第一个国土空间开发规划。同年，国土资源部编制完成第二轮《全国国土规划纲要（2011—2030 年）》，突出进行国土空间的整合及国土开发格局的优化。党的十八大报告中首次将优化国土空间开发格局提到战略高度，明确指出优化国土空间开发格局的原则是人口资源环境相均衡、经济社会生态效益相统一。确定了通过科学建设"生活、生产和生态空间"，打造我国城市化、农业发展和生态安全三大战略格局的优化目标（杨伟民，2020）。党的十九大报告中指出建立"国土空间开发保护制度，完善主题功能区配套政策"，将国土空间规划提升到制度层面。强调要建设的现代化是人与自然和谐共生的现代化。人与自然和谐共生，必须立足资源环境承载能力，发挥各地自然禀赋优势，构建科学合理的空间格局。因此，必须区分不同国土空间的主体功能，根据主体功能定位确定开发内容和发展的主要任务（樊杰，2020）。

城市化地区的主体功能是提供工业品和服务产品。我国主要城市化地区和大部分城市群都可以划分到这一地区，如京津冀、粤港澳大湾区、长三角以及成渝地区。城市化地区的开发重点是形成支撑全国经济增长的重要增长极，带动区域经济社会发展，提升国家竞争力，培育在更高层次上参与国际分工及有国际影响力的经济区。这一地区要实施开发与保护并重的方针，开发主要是对城市化地区的工业化、城镇化、现代化的开发，保护主要是对区域内生态环境和基本农田的保护。要推动这一地区的高质量发展，关键在于对经济、人口以及创新资源的高效集聚，加快转变发展方式，优化经济结构、城镇布局、人口分布，加强基础设施互联互通，强化生态保护和环境治理。未来，城市化地区要成为体现我国国家竞争力的主要区域，成为以国内大循环为主体、国内国际双循环相互促进新发展格局的主体。

农产品主产区的主体功能是提供农产品。这一区域的发展重点变为以保护基础田地为主，限制进行大规模高强度的工业化建设，重在保护耕地，稳定粮食生产，发展现代农业，增强农业综合生产能力，加快建设社会主义新农村，保障农产品供给，确保国家粮食安全和食物安全。我国主要的农产品生产区包括东北平原、黄淮海平原、长江流域、汾渭平原和河套灌区等。要从确保国家粮食安全和食物安全的大局出发，优化农业生产结构和布局，加快农业科技进步和创新，完善乡村基础设施和公共服务，成为农村居民安居乐业的美好家园，社会主义新农村建设的示范区。

生态功能区的主体功能是提供生态品。这一地区的发展要以保护生态系统为主，限制大规模高强度的工业化、城镇化建设，重在保障国家生态安全，建成人与自然和谐相处的示范区。现阶段，国家重点生态功能区包括大小兴安岭森林、三江源草原草甸湿地和祁连山冰川与水源涵养等25个生态功能区，总面积约386万平方公里，占全国陆地国土面积的40.2%。生态功能区的首要任务是保护和修复生态环境，提供优质生态产品以满足人民日益增长的优美生态环境需要，因地制宜发展不影响主体功能定位的适宜产业，引导超载人口逐步有序转移。要增强生态服务功能，改善生态环境质量，恢复和增加野生动植物物种；形成点状开发、面上保护的空间结构，有效控制开发强度，扩大绿色生态空间；形成环境友好型的产业结构，发展不影响生态系统功能的适宜产业、特色产业和服务业；提高公共服务供给能力和水平，加强基础设施建设，在现有城镇布局基础上进一步集约开发、集中建设，改善人民生活水平。

三大空间的发展定位是基于我国国土空间的现实状况，是对我国国土空间和区域发展的宏观指导。党的十九届四中全会把主体功能区制度作为国家治理体系的重要制度。施行空间治理，就是落实主体功能区制度。按照主体功能区制度指定的主体功能定位，明确各自的主要任务，实行不同的政策（魏后凯等，2020）。在主体功能区制度下，不同城市群担负的任务不同，如西部地区的成渝地区是城市化地区，主要任务是集聚经济和人口，而西部地区的拉萨、喀什城市圈担负着保障边疆安全、维护民族团结的重任。

1.2.4　现代治理方式要求越来越精准化

在"两横三纵"格局下，我国城市群建设因地制宜，形成不同的发展模式，发挥各自比较优势，提升国际竞争力。环渤海地区位于全国"两横三纵"城市化战略格局中沿海通道纵轴和京哈京广通道纵轴的交会处，包括京津冀、辽中南和山东半岛地区。这一地区是北方对外开放的主要门户，是我国参与经济全球化的主体区域，是全国科技创新与技术研发基地和全国经济发展的重要引擎。地区内部的三个城市群发展模式各具特色。京津冀城市群位于环渤海地区的中心，发展重点在现代服务业、先进制造业、高新技术产业和战略性新兴产业，成为我国北方的经济中心；辽中南城市群位于环渤海地区的北翼，是东北地区对外开放的重要门户，依靠强大的工业基础，成为全国先进装备制造业和新型原材料基地，也是辐射带动东北地区发展的龙头；而山东半岛城市群位于环渤海地区的南翼，是黄河中下游地区对外开放的重要门户，依靠青岛的航运中心功能，积极发展海洋经济、旅游经济、港口经济和高新技术产业，是全国重要的蓝色经济区。

长江三角洲地区位于全国"两横三纵"格局中沿海通道纵轴和沿长江通道横轴的交会处。长三角城市群已经成长为世界级大城市群，是长江流域对外开放的门户和我国参与经济全球化主体区域，拥有全球影响力的先进制造业基地和现代服务业基地，辐射带动长江流域的龙头。2018年11月，习近平总书记在首届中国国际进口博览会上宣布，支持长江三角洲区域一体化发展并上升为国家战略，着力落实新发展理念，构建现代化经济体系，推进更高起点的深化改革和更高层次的对外开放。2019年12月，国务院发布《长江三角洲区域一体化发展规划纲要》，要求长三角地区把握"一极三区一高地"战略地位，"一极"是指全国发展强劲活跃增长极，"三区"是指全国高质量发展样板区、现代化引领区、区域一体化发展示范区，"一高地"是指新时代改革开放新高地，这分别代表了长三角城市群的基本定位、新时代国家赋予长三角地区的战略重任以及新使命和新任务。

珠江三角洲地区位于全国"两横三纵"城市化战略格局中沿海通道纵轴和京哈京广通道纵轴的南端。珠三角城市群联合香港、澳门共同建设粤港澳大湾区,共同构建具有全球影响力的先进制造业基地和现代服务业基地,是我国南方地区对外开放的重要门户,辐射带动华南、中南和西南地区。珠三角城市群以广州、深圳、珠海为核心,强化广州作为国家中心城市、综合性门户城市和区域文化教育中心的地位;增强深圳科技研发和高端服务功能,继续发挥经济特区的示范带动作用。珠三角城市群坚持以出口为导向,发展外向型经济,充分利用外来直接投资和国际市场,发展与香港国际金融中心相配套的现代服务业,推进与港澳地区的一体化发展。

成渝地区位于全国"两横三纵"城市化战略格局中沿长江通道横轴和包昆通道纵轴的交会处,是西部地区重要的人口和经济密集区。成渝地区以平原、坝地、丘陵和中低山地为主。开发强度相对较高,可利用土地资源具备一定潜力。成渝地区以成都、重庆为核心城市,强化核心城市功能,加强区域基础设施建设,强化产业分工协作和资源利用合作,提高产业和人口承载能力。成渝地区电子信息、装备制造和金融等产业实力雄厚,有较强的国际国内影响力,开放型经济体系正在形成,是西南地区科技创新基地和全国重要的商贸物流、金融中心和综合交通枢纽。

长江中游城市群位于全国"两横三纵"城市化战略格局中沿长江通道横轴和京哈京广通道纵轴的交会处,包括湖北武汉城市圈、湖南环长株潭城市群、江西鄱阳湖生态经济区。长江中游城市群是长江中游人口和经济密集区,是全国高新技术、先进制造业和现代服务业基地,更是全国重要的综合交通枢纽。长江中游城市群以长江黄金水道和重要交通通道为纽带,依托中心城市和产业基地,畅通内外联系,促进城镇发展与产业支撑、转移就业和人口集聚相统一,可以形成内陆开放合作示范区和中西部新型城镇化先行区。

中原城市群位于全国"两横三纵"城市化战略格局中陆桥通道横轴和京哈京广通道纵轴的交会处,是中部地区人口和经济的密集区,是全国能源原材料基地、综合交通枢纽和物流中心。依靠"一带一路"建设、中部地区崛起和新型城镇化等国家重大战略，中原城市群推进基础设施互联互通，深化产业体系分工合作，强化郑州航空港和其他重要交通枢纽的对外开放门户功能，打造对内对外开放平台，形成具有全球影响力的内陆开放合作示范区。

粤闽浙沿海城市群位于全国"两横三纵"城市化战略格局中沿海通道纵轴南段，包括福建省、浙江省南部和广东省东部的沿海部分地区。这一地区面向台湾，是两岸人民交流合作的先行先试区域和服务周边地区发展新的对外开放综合通道，也是东部沿海地区先进制造业的重要基地和我国重要的自然和文化旅游中心。粤闽浙沿海城市群要发挥对对台交往的独特优势，构筑两岸交流合作的前沿平台，同时要依托大型港湾，壮大临港产业集群，增强海洋经济实力。

1.3 "十四五"时期中国区域经济与城市群发展新趋势

在区域发展方面，"十四五"规划延续了"十三五"规划的基本格局，包括"两横三纵"的城镇空间格局，重点发展的十九个城市群，新加了九大区域发展战略，改"海峡西岸城市群"为"粤闽浙城市群"。"十四五"期间，我国城镇化将沿着中国特色的新型城镇化道路，深入推进以人为核心的新型城镇化战略，以城市群、都市圈为依托促进大中小城市和小城镇协调联动、特色化发展。

1.3.1 构建"双循环"新格局推动区域一体化深度发展

在中国经济结构调整和世界经济下行压力加大的背景下，习近平总书记在第三届中国国际进出口博览会开幕式上提出构建以国内大循环为主体、国内国际双循环相互促进的新发展格局。"双循环"格局下，"以国内大循环为主体"要求中国更加关注当前自身社会的主要矛盾，破解中国经济发展的瓶颈，加快转变区域经济发展战略、资源配置、政策导向，实现区域均衡发展和经济高质量发展。当前，中国经济高质量发展存在明显的区域差异，呈现出由东部向中西部，由沿海向内陆经济发展质量递减的特点。新发展格局下，有望充分发挥区域禀赋优势提高供给能力，发挥各区域比较优势，推动区域一体化深度发展。

近年来，以环渤海经济圈、东海经济圈、南海经济圈、西三角经济圈、长江中游经济带和黄河中游经济带为主题的空间发展格局逐步形成，覆盖我国从东北向西南的全部沿海地区和部分内陆地区。六大核心经济圈的形成促进了区域经济发展，并逐步形成以城市群为核心的经济格局。经济圈内，城市群的发展将辐射带动整个区域发展，形成新的增长极，如京津冀协同发展、长三角一体化、粤港澳大湾区、成渝双城经济圈。城市群一体化将逐步缓解和消除限制人口、资本流动的诸多体制机制阻碍，使生产、分配、流通和消费环境更加通畅，建立国内统一大市场和要素自由流动的环境。

作为四个增长极中市场化程度最高的粤港澳大湾区，拥有国内经济循环与国外经济循环互促发展的良好基础，其本身具有的开放经济结构为双循环提供广阔空间，并有效降低内外对接的制度性摩擦成本。同时，"双循环"也有利于粤港澳大湾区抓住第四次产业革命带来的新基建、新投资、新就业、新消费的经济发展机遇，构建基础通信设施、智能中枢设施等，推动区域内部一体化发展。长三角地区是中国国有企业和民营企业发展最均衡的区域，也是四个增长极中区域一体化发展程度最高的地区。长三角地区要发挥人才富集、科技水平高、制造业发达、产业链供应链相对完备和市场潜力大等诸多优势，积极探索形成新发展格局的路径。同时，"双循环"也会进一步打通区域内部的生产、分配、流通、消费等环节，提高劳动力、技术、数据等要素的市场化水平。京津冀地区是我国资源分布的中心，拥有较强的科技创新能力和人才优势。这一地区的核心功能是有序疏解北京非首都功能，通过交通一体化、生态环境保护、产业升级转移疏解北京非首都功能。新发展格局下，京津冀地区加快开展产业升级转型，强化产业协同总体设计，三地相继制定了《京津冀产业转移指南》《加强京津冀产业转移承接重点平台建设的意见》《进一步加强产业协同发展备忘录》等具体政策，建立了较为完整的产业疏解政策体系和协调统筹机制，从政策制度方面促进区域一体化发展。而成渝地区是我国一个新兴增长极，拥有较强的科技和研发能力，较低的人力资本成本，可以承接东部地区的产业转移。成渝两地的工业大部分都是从东部沿海地区转移过来的，较为完整的工业体系为该地区参与国内大循环打下了坚实的产业基础。

1.3.2 城市群、都市圈成为区域经济发展战略的重要落脚点

城市群是新型城镇化主体形态，都市圈是城市群内部以超大特大城市或辐射带动功能强的大城市为中心、以 1 小时通勤圈为基本范围的城镇化空间形态。城市群和都市圈的崛起加快了区域一体化的步伐，将为中国经济带来新的机遇。以中心城市引领城市群发展、城市群带动区域发展、推动区域板块之间融合发展是推动区域发展的新模式。新时期，全国四大经济板块全面发展，加速培育区域内部城市群成为各大板块的经济增长极。

东部地区拥有三个较为成熟的城市群，分别是京津冀城市群、长三角城市群和粤港澳大湾区。"十四五"时期，京津冀城市群要继续提高北京、天津、石家庄这三个中心城市的发展水平，明确京津冀城市群各城市以及中心城市的分工定位。除了中心城市发展外，京津冀还要在空间上培育更多有潜力的增长极，如雄安新区、沧州、廊坊、临空经济区、河北自贸区等，共同支撑世界级城市群的经济总量。长三角城市群则要瞄准国际先进科创能力和产业体系，加快建设长三角 G60 科创走廊和沿沪宁产业创新带，提高长三角地区配置全球资源能力和辐射带动全国发展能力，继续坚持"一核五圈"的都市圈格局。打造综合性节点城市，嘉定、青浦、松江、奉贤、南汇等五个新城建设，将集聚配置更多的教育、医疗、文化等优质资源，在长三角城市群中更好发挥辐射带动作用。粤港澳大湾区建设重点涵盖重大科技创新平台，建设现代化基础设施体系，完善城镇空间布局，开拓高质量发展的重要动力源。粤港澳大湾区拥有四个中心城市，每个城市在科技创新、基础设施、教育资源等方面都有各自的发展规划，如深圳提出要加快布局建设前海、综合性国家科学中心、河套深港科技创新

合作区等科创中心，广州市提出加快南沙粤港深度合作园、中新广州知识城、广州人工智能与数字经济试验区等重大平台建设，南沙规划建设21平方公里的粤港深度合作园，香港科技大学（广州）等教育合作平台也在加快建设。

中部地区地理位置优越，联通东西，横跨南北，自然资源和人力资源丰富，文化底蕴深厚，发展潜力很大。"十三五"期间，中部地区积极融入国家战略，整体实力和竞争力显著增强，地区生产总值年均增长10.5%，在四大区域板块中增速最高。"十四五"规划再次提出"促进中部地区加快崛起"，重点培育长江中游城市群和中原城市群成为两大区域经济增长极，从而缩小区域经济差异，提高人民生活水平。作为长江中游城市群的核心城市，以及中部地区快速崛起的支撑点，武汉将进入高速发展时期。"十四五"期间，武汉将积极带动长江中游城市群一体化发展，拓展与周边城市群、都市圈的合作广度与深度，打造支撑全国高质量发展的新增长极。同时，武汉地理位置重要，是国家综合立体交通网"6轴7廊8通道"主骨架的"十字"主轴交会点，围绕"一城三圈三枢纽"，实施综合交通枢纽功能提升工程，推动城市圈"市市通高铁、县县通高速"，构建武汉城市圈1小时通勤、长江中游城市群2小时通达、全国主要城市3小时覆盖的综合交通网，建设新时代"九州通衢"。此外，中原城市群也将迎来发展新机遇。当前，中原城市群的中心城市是郑州，副中心城市是洛阳，两城市之间错位发展，协调联动，共同打造引领中原城市群发展的"双引擎"。"十四五"期间，郑州将加快建设国际综合交通枢纽和开放门户、国家先进制造业基地、国家历史文化名城、黄河流域生态保护和高质量发展核心示范区；洛阳将加快建设副中心城市，建成规模超万亿元的全国先进制造业基地、国际文化旅游名城和国际人文交往中心，形成辐射豫西北、联动晋东南、支撑中原城市群高质量发展的新增长极。

受地理位置、基础设施和生态环境的限制，西部地区经济发展相对落后。"十三五"期间，西部地区深入实施西部大开发战略，大力开展精准扶贫，成功实现脱贫目标，全面建成小康社会。西部地区面积大，人口少，区域间基础条件差异较大，发展水平不均衡，因此必须重点培育成渝城市群和关中平原城市群，让它们成为区域经济增长极，通过辐射引领作用带动整个西部地区的经济社会发展。"十四五"规划中，成渝城市群首次迈入我国城镇化空间格局第一层次，目标定位再次提升，要成为具有全国影响力的重要经济中心、科技创新中心、改革开放新高地、高品质生活宜居地。此外，还提出要积极融入"一带一路"建设，强化开放大通道建设，构建内陆多层次开放平台。"十四五"期间，成都和重庆将协同争取国家层面支持出台专项政策，共建西部金融中心，打造现代产业集群，以天府新区为核心共建成渝综合性科学中心，推动西部陆海新通道建设。而关中平原城市群以西安为中心，地处内陆，规模较小，区域间经济协作联系不紧密，城市空间组织稀松，合作开放不足，区域发展不均衡，整体实力较弱。未来五年，关中平原城市群将形成向西开放的战略支点，成为引领西北地区发展的重要增长极，加快培育发展新动能，打造全国重要的先进制造业、战略性新兴产业和现代服务业基地，辐射带动西北及周边地区发展。

东北地区是我国四大经济板块中面积最小、人口最少的经济区，产业转型升级压力大。按照我国现阶段"以点带面"的经济发展模式，东北地区需要培育"点"，如辽中南城市群和哈长城市群，来带动东北地区经济复苏。辽中南城市群是由沈阳、大连两个副省级城市与联系紧密的多个地级市组成，拥有北方地区最大的综合性重工业基地和东北地区最大的港口城市。哈长城市群以哈尔滨、长春为中心城市，地理位置靠北，是我国面向东北亚地区和俄罗斯对外开放的重要门户和带动东北地区发展的重要增长极。随着两大城市群进入国家"十四五"规划后，沈阳、大连、长春和哈尔滨等四个副省级城市将获得新生契机，成为两大城市群和东北地区的经济战略支点。

1.3.3　区域产业结构优化与空间布局协同发展

"十三五"期间，我国产业政策主要集中于结构调整，通过缓解产业结构矛盾，减弱经济下行压力。"十四五"期间，产业政策转向以促进产业升级为重点，促进先进制造业和现代服务业深度融合，推动战略性新兴产业融合化、集群化、生态化发展，形成"区域间协同竞争、区域内分工合作"的发展新格局，为经济高质量发展提供产业支撑。产业是区域经济发展的骨架体系，聚焦解决产业问题、推进区域产业结构优化与空间布局调整，是"十四五"期间实现区域高质量发展的迫切要求（李兰冰和刘秉镰，2020）。

一方面，各城市群、都市圈内部有望形成完整互补的产业链分工，形成产业发展的合力。在城市群、都市圈内部，城市按产业链不同环节进行专业化分工，形成不同层次的区域产业链，这种分工协作关系强化了城市间的经济联系，有利于城市群一体化发展。以长三角城市群为例，长三角城市群初步形成了覆盖上中下游产业部门的世界级制造业产业链集群，主要有电子信息设备制造、机械设备制造、交通运输设备制造、纺织服装、化学工业和冶金工业。产业链发展呈现多中心化趋势，核心城市包括上海、南京、杭州、苏州、无锡、宁波等城市。城市间产业链联系日趋频繁，省际边界效应弱化，已经形成了以上海、杭州、南京和合肥为核心的"沪苏组团""杭甬组团""南京—苏中组团"和"皖江组团"。

另一方面，各地区将地域优势、资源优势与产业发展相结合，推进区域产业结构优化与空间布局协同发展。长期以来，我国东部地区凭借其地理、技术、市场等方面的优势占据产业价值链的高附加值环节，而身处内陆、经济结构单一、产业基础薄弱的中西部地区则处于低附加值环节。长三角城市群地理位置优越、对外开放程度高，形成以电子、汽车、现代金融等产业为核心的产业格局，致力于成为具有全球影响力的科创高地和全球重要的现代服务业和先进制造业中心。珠三角城市群紧邻港澳，先后经历了接受香港和国际加工制造业转移的阶段和内需导向的本地化产业成长阶段，目前区域内制造业水平发达，致力于构建科技、产业创新中心和先进制造业、现代服务业基地。

1.3.4 区域协同创新建设加快推进

"十四五"规划首次把创新放在具体任务的第一位，明确要求坚持创新在我国现代化建设全局中的核心地位。国家将着力打造科技创新主引擎，形成格局特色的区域创新增长极，形成主体功能明确、优势互补、高质量发展的区域创新布局，特别是规划中提到"支持北京、上海、粤港澳大湾区形成国际科技创新中心，建设北京怀柔、上海张江、大湾区、安徽合肥综合性国家科学中心，支持有条件的地方建设区域科技创新中心"。

京津冀城市群具有强大的科技创新资源，特别是北京作为全国科技创新中心，集聚了大批优质科创资源，辐射带动京津冀地区创新能力进一步提升，不断深化中关村与津冀科技园区合作，加快打造协同创新共同体。截至 2020 年 10 月，中关村企业累计在津冀地区设立分支机构超 8300 家，北京输出到津冀的技术合同成交额累计突破 1200 亿元，协同打造科技创新园区链。"京津冀协同创新推动"专项资金累计投入科技经费近 1.6 亿元，支持科技项目 60 余项，带动社会匹配投资 2 亿元。三地共同出资设立京津冀基础研究合作专项，率先打破管理机制条块分割，实现科技项目跨区域协同。

G60 科创走廊是长三角更高质量一体化的动力引擎，也是"中国制造"转向"中国创造"的主阵地。G60 科创走廊沿线包括上海、嘉兴、杭州、金华、苏州、湖州、宣城、芜湖和合肥等 9 个城市，覆盖面积约 7.62 万平方公里。G60 科创走廊已经实现 13 个产业（园区）联盟和 11 个产业合作示范园区合作，以头部企业为引领，推动产业链跨区域协同合作，诸如 G60 脑智科创基地、腾讯长三角 AI 超算中心等百亿级项目纷纷落地，已拥有 43 个全国乃至全世界知名科技产业园区，聚集 1300 多家头部企业和重点高校科研院所，拥有 2.1 万余家高新技术企业，科技驱动产业集群呈现高质量发展态势。

自 2019 年 2 月《粤港澳大湾区发展规划纲要》发布以来，国际量子研究院、金砖国家未来网络研究院中国分院等机构纷纷落户大湾区，实质推进和落地项目达 138 个。人工智能和数字经济试验区、广州科学城、中新广州知识城、南沙科学城等重大平台正成为广深港澳科技创新走廊的重要组成部分，汇聚大批优质资源。粤港澳大湾区的创新关键在于充分发挥各个城市的比较优势，例如香港的金融服务业、深圳的科技创新产业、珠海的制造业和澳门对外开放的便利条件，通过协作发展增强各地区产业的技术创新能力，促进大湾区科技创新产业发展。

1.3.5 兼顾公平与效率，区域协调发展加强

2020 年政府工作报告指出，"深入推进京津冀协同发展、粤港澳大湾

区建设、长三角一体化发展。推进长江经济带共抓大保护。编制黄河流域生态保护和高质量发展规划纲要。推动成渝地区双城经济圈建设。促进革命老区、民族地区、边疆地区、贫困地区加快发展"。通过区域性战略布局，进一步优化经济发展空间格局，促进区域协调发展。京津冀协同发展、长三角一体化发展、粤港澳大湾区建设、成渝经济圈、长江经济带发展、黄河流域生态保护和高质量发展，以"两带四圈"为核心的区域国家战略正在向纵深化发展。"十四五"的开局之年，以"两带四圈"为核心的国家区域重大战略已经确定并实施，区域经济的增长格局变化明显。相对以往，主要是解决地区间的均衡问题，解决东中西部的差距问题，但现在东西差距有了较大改进，而南北问题较为凸显。

2019 年我国北方省份经济占全国比重为 35.4%，南北经济总量差距扩大至 29 个百分点，南北发展差距拉大。北方经济既受技术、人才、信息等优质要素投入不足限制，也受到体制改革迟滞、国际宏观环境变化所引发的市场活力消退等因素影响（孙久文和蒋治，2021）。2008 年国际金融危机后，中国经济发展动力转为创新驱动，大力推进供给侧结构性改革。南方地区依托日益成熟的市场机制快速出清过剩产能，促进产业转型升级，大力发展高新产业，而北方地区受计划经济影响大、市场化程度低、营商环境较差，发展动力不足。在新发展格局下，解决南北差异要加快北方地区的市场化改革，特别是国有企业改革。2020 年正式颁布了《国企改革三年行动方案（2020—2022 年）》，这是在新发展格局下我国深化国有企业改革的纲领性文件。北方地区国企众多，通过改革，以科技创新为国有企业注入活力，提高国有企业资源利用效率，带动北方地区经济发展。

此外，各区域间的经济发展已呈现出明显的不平衡，北京、上海、深圳、苏州、杭州等一、二线城市基础设施更完善、就业机会更多、收入水平更高、营商环境更好，大量优质资源集聚到大城市。其他中小城市及农村由于人力资源流失、公共服务滞后、产业支撑不足、就业岗位较少，导致经济发展缓慢。然而，客观存在的区域发展差距也将是推动我国经济可持续增长的新领域，尤其是随着大城市发展的日趋饱和，在新一轮的发展战略引导下，中小城市有可能成为新的经济增长点。"十四五"规划中提到，"以城市群、都市圈为依托促进大中小城市和小城镇协调联动、特色化发展","发展壮大城市群和都市圈,分类引导大中小城市发展方向和建设重点,形成疏密有致、分工协作、功能完善的城镇化空间"。促进中小城市和小城镇发展,就要持续增强中小城市、小城镇的公共服务供给能力和产业支撑能力,促进人口和产业等要素合理流动和高效集聚,同时以都市圈和城市群为依托,发挥中心城市的引领、示范和辐射带动作用。目前我国大力倡导的"都市圈""乡村振兴""一带一路""扶贫战略"等也是旨在进一步加快促进中小城市的发展,通过缩小贫富差距,收入分配向劳动倾斜,逐步提升城乡居民收入水平,从而使更多人从"满足温饱"到追求"美好的生活愿望"进阶,释放消费市场的绝对优势。

参考文献

［1］樊杰、梁博、郭锐:《新时代完善区域协调发展格局的战略重点》,《经济地理》2018 年第 1 期。

［2］樊杰:《我国"十四五"时期高质量发展的国土空间治理与区域经济布局》,《中国科学院院刊》2020 年第 7 期。

［3］郭锐、孙勇、樊杰:《"十四五"时期中国城市群分类治理的政策》,《中国科学院院刊》2020 年第 7 期。

［4］李兰冰、刘秉镰:《"十四五"时期中国区域经济发展的重大问题展望》,《管理世界》2020 年第 5 期。

［5］李兰冰:《中国区域协调发展的逻辑框架与理论解释》,《经济学动态》2020 年第 1 期。

［6］孙久文、蒋治:《"十四五"时期中国区域经济发展格局展望》,《中共中央党校(国家行政学院)学报》2021 年第 2 期。

［7］魏后凯、年猛、李玏:《"十四五"时期中国区域发展战略与政策》,《中国工业经济》2020 年第 5 期。

［8］习近平:《在中国科学院第十九次院士大会、中国工程院第十四次院士大会上的讲话》,《人民日报》2018 年 5 月 28 日。

［9］杨伟民:《构建国土空间开发保护新格局》,人民网,2020 年 12

月 23 日。

　　［10］中国社会科学院工业经济研究所课题组：《"十四五"时期我国区域创新体系建设的重点任务和政策思路》，《经济管理》2020 年第 8 期。

第二部分　专题报告

2

基因：江南文化的形成、特点与长三角一体化发展

2.1 江南文化的历史起源

"江南"是中国历史文化及现实生活中一个重要的区域概念，它不仅是一个地理概念，还是一个历史概念，同时还是一个具有极其丰富内涵的文化概念。江南文化是江南地区这一文化区的内涵，文化区是有着相似或相同文化特质的地理区域，又称文化地理区。在同一文化区中，居民的生活习惯、方言、宗教等方面都具有一致性，形成一种区别于其他文化区的区域文化特质。当然，在社会不断发展的过程中，区域文化总是会不断接受其他区域文化因素的影响，在内外文化因子的取舍、交融中，推动自身文化的发展。但其传统的最有代表性的文化特性总会在该地区文化群体中得以保留并有较稳定的性状。文化区与行政区往往不一致，文化区不是人为的，而是在长期的社会发展中，主要由地理环境的差异而自然形成。

除了地理因素塑造的文化区，文化的传播也是江南文化形成的一大途径。在没有现代传播媒体之前，文化传播最重要的甚至唯一的途径是人。中国历史上，随着人口的南迁，文化的传播，江南是最主要的受益之地。从秦汉之际、两汉之际、东汉末年、西晋永嘉之乱、唐代安史之乱到宋代的靖康之乱，一批批的人口南迁，其中一般都包括了统治阶层的上层、贵族、官员以及拥护他们的知识分子、工匠等。比如到东晋，最强几个家族，无论是太原王家、琅琊王氏还是谢氏，都已经聚集在南京，有的到了浙江。自然环境的变迁和经济开发使江南在文化上的地位得到很大的提升，也使江南文化更加繁荣。因此，基于江南地区的地理环境和历史变迁，本节主要介绍江南文化的定义和与江南文化起源相关的代表性历史因素。

2.1.1 江南文化的定义

按照学界的共识，狭义"江南"的区域概念（小"江南"），侧重自然地理及其经济上的"一体化",主要以今天的苏南、浙北为中心,指的是明清时期的苏州、松江、常州、镇江、应天(南京)、杭州、嘉兴、湖州八府及从苏州府辖区划出的太仓州。位置皆处太湖流域。然而,在历史上,南宋之后的"江南"就已经不再是纯粹的自然地理概念,而成为一个宽泛的文化命名:凡与狭义的"江南"区域相接相邻并受其文化濡染与同化的地区,皆可归属于"江南"。所以,人们也常常把安徽东南部、江西东北部等视为"江南"的组成部分。从划分文化区域的标准看,因为在生产与生活方式、风俗习惯、价值观念、道德、审美等方面有更多的相同点,具有区别于其他地区的共同文化特质,当下的长三角城市群基本属于江南文化区域。这个地区的城市之间不仅自古以来经济联系紧密,更重要的是相互之间在文化上的认同感很强,具有共同的江南文化的属性与特征。

从自然特性来看,江南文化是一种灵动的水文化。孔子曰:"知者乐水"。千年江南经济成就了江南文化。江南经济的繁荣是因为它独享了"四水"(长江、大运河、江南水网、海运)航运的经济性。江南的"四水"经济,为江南文化发展提供了经济基础,并由此派生出不同于其他地域的文化价值观,如移民文化、和而不同的宗教文化、"信义仁智礼"的商业文化、运河文化以及"士商工农"的人生价值观。江南文化中,灵活善变、机智敏捷是水文化的充分体现。天然的湖光水色、优美的水乡环境,传递出江南人热爱自然的本性。同时,江南文化吸纳和继承、创新和发展人与自然和谐相处的生态智慧,为长三角地区的融合转型、发展创新提供了智力和动力。

在精神本质的层面上,任何文化在广义上都包括政治、经济、文化三方面,江南文化也不例外。关于江南文化的本质,可以通过与其他区域文化的比较来寻找。与其他区域相比,江南最显著的特点是物产丰富与人文发达。同时江南也更是一个诗与艺术的对象,是"三生花草梦苏州"的精神寄托,也是"人生只合扬州老"的人生归宿。它可能很大,如白居易诗中的杭州;也可能很小,如李流芳画里的横塘,但作为超功利的审美存在却无疑是它们的共同特征。由于江南文化的特殊魅力,从古代开始,"江南"就开始了"文化漂流",如我们熟知的"塞北江南""邹鲁小江南"

等。但无论在哪里出现了"江南文化"现象，除了物产丰富和较高质量的物质生活，美丽的自然景观和较高层次的审美文化享受，也一定是不可或缺的内容。这也反过来证明，江南诗性文化是江南文化的核心内涵与最高本质。

2.1.2　江南文化与农业生产要素

长三角地区即历史上广义的江南地区自古就是中国的经济中心，商业文化深入江南文化的血液和骨髓。这和江南地区特有的地理、历史、经济和政治传统密不可分。其中，在地理基础因素方面，江南文化的源流可以追溯到与农业生产要素相关的人地关系和种植结构。

2.1.2.1　人地关系

中国是一个历史悠久的农业大国，长期以典型的精耕细作、自给自足、分散脆弱的小农经济为主，小农经济的雏形最早可以追溯到原始部落的群居时期，春秋战国时期已经初具规模，并长期占据经济发展的主导地位，一直延续到当代中国。其间，随着中国制度的变迁，已由最初的封建奴隶制度演进到社会主义制度，小农经济也随着社会经济制度的变迁而变换着不同的形态。在小农经济的影响下，清朝施行闭关锁国政策，全国各地的人只能在居住地进行农业生产和小范围的商业交流。由于农业生物革命，宋代水稻和明代棉花的普及造成了人口的大爆炸，到明清时期人均耕地面积骤减且在各地存在明显差异。这一时期的江南地区就面临人地关系紧张的境况。史料中关于江南地区人地关系紧张的叙述有很多，例如安徽徽州府"本府万山中，不可舟车，田地少，户口多，土地微，贡赋薄"；浙江洞庭东、西山"湖中诸山，以商贾为主，土狭民稠"；浙江慈溪县"人稠地狭，丰穰之岁犹缺民食十之三"。

江南地区的人地关系紧张主要出于两个原因。其一，长江以南的广大区域，地表以山地丘陵为主，平原面积较少，相当多的地区由于地形较为崎岖而缺少发展耕作的有利条件，并对农业的种植和灌溉都产生了不利的影响，形成了不利于农业发展的形态；其二，历史上的战乱影响了人口的大规模迁移，例如西晋末的永嘉之乱形成了第一次大规模南迁，此后唐中期安史之乱又导致了一次小规模迁移。而北宋南宋之交的女真与宋的战争导致第二次大规模南迁，我国的人口重心转移到南方，彻底改变了各地的人口分布和人地关系，形成了明清时期人均耕地面积相对格局，从而塑造了江南地区"人多地少"的矛盾。

表 2-1　江南地区 1820 年人均耕地面积

现地名	历史地名	人均耕地面积（亩/人）	现地名	历史地名	人均耕地面积（亩/人）
上海市	松江府	1.41778361	金华市	金华府	2.44891741
江苏省		3.17537152	衢州市	衢州府	8.78710433
南京市	江宁府	2.52538388	舟山市	宁波府	1.47009648
无锡市	常州府	1.24272011	台州市	台州府	1.18837693
徐州市	徐州府	5.78820846	丽水市	处州府	1.15854583
常州市	常州府	1.24272011	安徽省		1.12839859
苏州市	苏州府	1.05771546	合肥市	庐州府	1.738086
南通市	通州	5.01420615	芜湖市	太平府	0.94889823
连云港市	海州	4.76745221	蚌埠市	凤阳府	1.99804714
淮安市	淮安府	3.83739713	淮南市	凤阳府	1.99804714
盐城市	淮安府	3.83739713	马鞍山市	太平府	0.94889823
扬州市	扬州府	1.99332063	淮北市	凤阳府	1.99804714
镇江市	镇江府	2.19177943	铜陵市	池州府	0.25557598
泰州市	扬州府	1.99332063	安庆市	安庆府	0.38580965
宿迁市	徐州府	5.78820846	黄山市	徽州府	0.76452136
浙江省		3.15103089	滁州市	滁州	0.9520175
杭州市	杭州府	1.21756	阜阳市	颍州府	0.94630535
宁波市	宁波府	1.47009648	宿州市	凤阳府	1.99804714
温州市	温州府	1.01818395	六安市	六安州	1.12402138
嘉兴市	嘉兴府	1.29155343	亳州市	颍州府	0.94630535
湖州市	湖州府	2.36931469	池州市	池州府	0.25557598
绍兴市	绍兴府	1.19505066	宣城市	宁国府	0.79617384

资料来源：根据梁方仲所著《中国历代户口、田地、田赋统计》（中华书局 2008 年版）整理而成。

从表 2-1 可以看出，1820 年江南地区的人均耕地面积大多低于全国平均水平（2.157 亩/人）。其中，上海市的人均耕地面积约为 1.42 亩/人，安徽省各地区的人均耕地面积约为 1.12 亩/人，江苏省的人均耕地面积相对较多，而浙江省由于衢州府的人均耕地面积较大，拉高了平均水平，除此之外其他各地区的均值约为 1.48 亩/人。

大卫·李嘉图的"比较优势论"最初指出，每个国家都应集中生产并出口具有比较优势的产品，进口具有比较劣势的产品（即"两优相权取其重，两劣相衡取其轻"）。此后，国际贸易中经典的"要素禀赋论"，即赫克歇尔—俄林理论（H-O 理论）指出，一国应该出口由本国相对充裕的生产要素所生产的产品。"要素丰裕"就是指在一国的生产要素禀赋中某要素供给所占比例大于别国同种要素的供给比例。由于土地和劳动力都是关键的生产要素，人均耕地面积相对丰裕的地区应该继续从事农业生产，而该要素禀赋稀缺的地区则由于其"比较劣势"寻求其他发展路径。江南地区"人多地少"的特殊农业生产条件促使人们在农业生产之余不得不依赖商业作为谋生的手段，从而使江南地区从中国历史上典型的农业社会向"农商并重"的二元经济转型，并最终催生了江南文化中的商业基因。

因此，江南地区本身多山地，特别是在南宋大规模人口迁徙后，其人均耕地面积变得更少，当地人在耕地面积少至无法提供最低生活保障时，铤而走险投入到商业经济活动中，形成了农商文化；与之对应的是华北和东北地区，其人均耕地面积大且耕作条件好于长江流域，便延续了农业文化。所谓"穷则生变"，"穷"不仅会激发农民起义，还会使江南地区率先从农业社会向农商社会进行转变，在发展路径上与其他地区产生了分化，并在很大程度上将这种分化维系至今。所以，明清时期的人均耕地面积的差异是通商开埠前小农经济下重要的地理自然条件，是导致江南地区与其他地区的当代经济活动出现巨大差异的基础性因素之一。

2.1.2.2 种植结构

（1）水稻种植与信任模式

江南地区在历史上就以种植水稻为主，其中浙江余姚被考证为水稻的发源地。社会生产方式与分工模式决定社会的组织方式与组织文化，中国历史上种植水稻的江南地区的人口比种植小麦的北方地区的人口拥有更高水平的非独立性和全局性观念。因而农业种植结构解释了"集体主义"与

"个人主义"文化的分途,即江南的水稻种植强化了相互依赖的集体主义文化,而北方的小麦种植则更强调个人主义。进一步地,基于信任的角度,江南水稻区共同修建灌溉系统和农忙期人力协调互济的协作需求增加了村内小农之间互惠互助的社会交往,有利于建立一个村庄内部和氏族成员之间信任度更高的短半径关系网络,人们大量投资维系内部关系网络,而将陌生人排除在可信范围之外,从而形成一种基于血缘和地缘的短半径的受限制信任模式。又由于信任来自遗传的伦理习惯,是社会共享的道德规范的产物。江南地区历史上因种植结构而积淀的信任文化一旦形成,便通过代际"复制"与传承产生持久性影响。

表 2-2 江南地区水稻种植适宜度

地区	水稻种植适宜度	地区	水稻种植适宜度
全国均值	1.75068409	长三角均值	3.10441154
上海市	0.0063722	金华市	6.16549015
江苏省	2.25521111	衢州市	7.71497059
南京市		舟山市	2.01308942
无锡市	2.87794948	台州市	3.89728713
徐州市	0.76312786	丽水市	3.77253294
常州市	2.30180979	安徽省	2.82726055
苏州市	1.51144433	合肥市	1.5397898
南通市	1.80634665	芜湖市	3.35727215
连云港市	1.49931848	蚌埠市	1.98330474
淮安市		淮南市	3.68633223
盐城市	2.01741862	马鞍山市	2.68699884
扬州市	2.54583907	淮北市	0.14366758
镇江市	2.88002563	铜陵市	5.66475916
泰州市	3.55610108	安庆市	3.19190359
宿迁市	3.04794121	黄山市	3.9806211
浙江省	4.562794	滁州市	4.95125151
杭州市	2.02300119	阜阳市	0.1223558
宁波市	5.54373217	宿州市	0.41761813

地区	水稻种植适宜度	地区	水稻种植适宜度
温州市	1.91229451	六安市	5.02851248
嘉兴市	5.91933918	亳州市	
湖州市	5.98854351	池州市	
绍兴市	5.24045324	宣城市	

资料来源：根据 Food and Agriculture Organization of the United Nations 整理而成。

如表 2-2 所示，长三角地区水稻种植适宜度 3.1 要明显高于全国平均水平，其中浙江省的水稻种植适宜度均值最高，为 4.6，其次是安徽省的 2.8 和江苏省的 2.3，均属于利于水稻种植的地区，因而江南地区自古以来就形成了强集体、强信任的江南文化，这一基因就源于那颗被天然赐予的水稻种子。

（2）棉纺织与性别观念

除水稻种植外，历史上的与棉纺织相关的种植结构也是塑造江南文化的一大力量。在早期，丝绸和麻是用于服装的两种主要织物。高质量的丝绸是所有织物中最有价值的，它在一些城市商店生产，用于更昂贵的服装，并作为国际贸易的一部分，而麻是普通衣服的主要材料。1300 年后，上海人黄道婆（1245—1330 年）从居住在海南岛的黎族人那里获得了新的纺纱和织造技术，并于元朝元贞年间返回故乡，也就是江南地区。在这一次技术突破之后，棉纺产品在接下来的几个世纪里迅速扩大。由于经久耐用，适合寒冷天气，并提供更高的单位土地产量，棉花在很大程度上取代了麻，并开始主导日常服装市场。

棉花革命使江南地区的女性能够生产更多的纺织品，并将它们出售给非本地市场。这使女性能够挣到足够的钱来独立地支持一个家庭，并在家庭中承担起主要挣钱者的新角色。到明末，女性开始主要为市场生产，在许多情况下，她们的收入成为主要的收入来源，江南地区的女性开始被视为社会中更重要的成员。对于父母来说，随着女性凭借自己的力量成为经济中具有生产力的成员，生一个女儿的经济成本和精神压力就会减少。女儿自立的前景降低了生育她们的成本。经济独立也会对女性的自我认知产生积极的影响。因此，中国历史上棉纺织生产这种高附加值的劳动会通过改变江南地区的性别观念，对近现代地区的性别比例产生长期的影响作用，进而对长三角地区的经济发展水平产生一定的影响。

2.1.3 江南文化与近代通商开埠

自然条件是决定地区发展和维持稳态的基础，而短暂的历史事件冲击可能会将地区发展从一种稳态转移到另一种稳态，从而对地区经济发展产生巨大而持久的影响。始于1842年的"五口通商"被认为是中国近代史上的里程碑事件，虽是在西方列强武力威迫下的无奈之举，但同时也是中国被卷入现代化和全球化的历史转折点。因此，历史上通商口岸的开埠又进一步促进了江南文化的形成。在近代开埠的五十多个港口中，江南地区的港口虽只占9个，然而其规模却是最大的。特别是上海，在南京政府的"黄金十年"时期，上海的货物吞吐量持续占到全国货物吞吐总量的50%以上。

2.1.3.1 长三角地区历史港口的设立

港口的开埠是近代中国最有影响力的历史事件之一，1840年鸦片战争之前，中国是一个农业社会，只有家庭作坊的商业形式。港口的开埠引入了中国第一代现代公司和工厂，提供了观察最初创业活动的机会，为这个相对封闭和自给自足的区域引入了工业化的种子。根据中国第二历史档案馆和中国海关总署整理、京华出版社出版的《中国旧海关史料（1859—1948)》记载，在近代开埠的五十多个港口中，江南地区的港口虽只占9个，然而规模却是最大的，分别是上海、南京、苏州、南通、镇江、杭州、宁波、温州与芜湖，诞生了一大批现代企业及企业家，对苏、浙、徽等江南腹地的经济发展具有明显的带动作用。

在长达百年的历史中，长三角尽管经历了几次严重的外部冲击，近代港口的所在城市仍然表现出较高的经济发展水平，即近代港口开埠会对现代经济活动产生长期影响。这一开放性历史事件也是江南企业家文化与创业文化的起源之一。不仅如此，历史港口建立的国内外关系极大刺激了长三角区域贸易和外国直接投资，为现代长三角经济一体化建设提供了良好的历史根源和发展基础。

此外，近代港口开埠具有很强的历史偶然性。开放历史港口的过程反映了中国政府与外国势力之间的政治斗争。由于中国政府不愿开放港口城市，因此大多数历史悠久的繁荣城市实际上并未被选为历史港口。此外，哪个城市可以作为历史港口开埠充满了人文关怀相关的历史偶然性。例如在《烟台条约》的谈判过程中，安徽芜湖作为历史悠久的港口开放，但安徽安庆却未开放。安庆地处长江沿岸，水陆条件十分优越，与芜湖相比，历史上的安庆在政治和经济地位上更为重要。这是由于芜湖是李鸿章的故乡，李鸿章是清晚期最德高望重的外交官，同时也是中国在《烟台条约》中的首席谈判代表。李鸿章的家人在芜湖生活和经营大生意，随着芜湖的开埠，李氏家族获得了巨大的商业利益。

2.1.3.2 通商开埠对长三角地区的影响

（1）商业繁荣

近代港口的开埠这一重大历史事件，对开埠城市的影响可以持续上百年，是维持开埠城市及周边地区商业繁荣的重要因素。根据《中国旧海关史料》相关数据整理，1937 年，长三角开埠城市在港口船舶吞吐量、港口贸易净值与港口税收总值方面，分别占全国 42%、30% 与 41%，远高于全国其他城市。

表 2-3　1877—1937 年长三角地区港口城市情况

单位：海关两

地区	港口船舶吞吐量	港口贸易净值	港口税收总值
全国平均水平	243556.21	4887410.76	237445.58
上海市	12131665.73	315866899.85	23951117.81
南京市	5312254.70	19973614.66	629976.15
苏州市	233091.05	9723381.84	434742.06
南通市	594736.60	2784449.23	71863.96
镇江市	4534186.43	20129935.05	1000055.56
杭州市	340036.67	16530884.29	644743.13
宁波市	1378656.47	21908073.95	813157.54

地区	港口船舶吞吐量	港口贸易净值	港口税收总值
温州市	177094.12	3305493.96	86140.13
芜湖市	4823733.27	19528991.05	730478.13

资料来源：根据中国第二历史档案馆、中国海关总署办公厅编《中国旧海关史料（1859—1948）》（京华出版社2002年版）整理而成。

在南京政府的"黄金十年"时期，除了苏州、温州，其他长三角城市的港口船舶吞吐量均高于全国平均水平，特别是上海，港口船舶吞吐量接近全国平均水平的50倍；在港口贸易净值与税收总值方面，除了南通、温州，其他长三角港口城市也远高于全国平均水平，上海港口贸易净值与税收总值分别超过全国平均水平的60倍与100倍，为该地区的发展带来了强有力的经济支撑。

（2）企业文化

在儒家文化的影响下，企业家传统上被赋予了较低的社会地位。例如判断一个企业家是否成功的标准是他的后代不再是企业家。但随着长三角港口开放，外国人在港口城市建立了许多工厂和公司，这刺激了新一代企业家的出现。买办通过担任外国组织的代理人，成为了中国第一代掌握如何使用现代方法开展业务的群体。大多数买办也逐渐开始自己做生意，从而在中国形成了第一代现代公司。与旧中国的作坊相比，新公司通常规模更大、产权更清晰，从而为买办创造了可观的财富。成功的当地企业家在历史港口城市中充当榜样，使其他人模仿自己的成就并将创业视为可行的职业选择。此外，通过密切观察这样的榜样，处于港口城市的人们可以轻松地获得与创立企业相关的知识，从而开展自己的商业活动。另一组深受外国公司影响的群体是中国的社会精英。通过仔细研究外国公司引进的先进技术和商业模式，居住在港口城市的精英人士将工业化视为振兴国家的唯一手段，因此积极投身于创立企业活动。最著名的例子是张謇（现江苏南通人），他曾经考取状元，但毕生致力于成为一名企业家。这些社会精英充当了不同类型的榜样，显著改变了社会对企业家的态度，从而将创业转变为不受社会歧视的职业。

在长达百年的历史中，长三角尽管经历了几次严重的外部冲击，近代港口的所在城市仍然表现出较高的创业水平，即近代港口开埠会对现代创业活动产生长期影响。这是由于，作为深深植根于人口中的社会结构，企业文化的变化非常缓慢，并随着时间的流逝具有一定的持续性。此现象背后的逻辑可能是文化从父母或祖父母到子女的代际转移。在中国，独特的宗族和同乡效应使文化在很大程度上在同一个地方的家庭成员或人们之间传播，从而集中和加强了港口城市的代际转移效应。因此，通过形成区域性的企业文化并改变社会对企业家的态度，近代开埠港口对现代经济活动产生了持续的影响。这一开放性历史事件也是江南企业家文化与创业文化的起源之一，随着时间的推移，创造性活动集中在长三角区域，形成创业性环境，极大推动了长三角地区的近代工业化建设。

（3）人力资本

除企业文化外，近代港口开埠对长三角带来的另一项重大变化是人力资本，这也是近代港口可以对现代商业活动产生长期影响的另一种机制。第一，港口城市可以获得开办企业相关的先进技术和知识。最重要的是近代港口开埠引入了现代教育体系，这对人力资本的发展产生了深远的影响。第二，近代港口开埠通过吸引越来越多的受过教育的国内移民来到港口城市，从而促进了当地的人力资本发展。有研究表明特定的产业结构和有利的政府政策会影响特定人群的居住或移民到某个城市。因此，在港口城市建立的现代公司和工厂可以影响越来越多的受过教育的人在这些城市中寻找创业机会。因此，近代港口的开埠通过建立现代教育体系和吸引技术人才来提高当地的人力资本，又鉴于对教育的投资和人力资本具有持续性，因而可以长期影响商业活动。

1901—1920 年间，长三角初、高级小学学生总数达 26288 人，其中南京、苏州、宁波等港口城市学生人数超过 2000 人。开埠引进的现代学校注重科学技术的学习，为长三角地区孕育了一大批适合工业社会的新一代人才。

（4）交通

近代港口开埠对现代商业活动产生持续影响的另一个可能途径是交通，特别是铁路。铁路被认为是外国向现代中国引入的最重要的基础设施。1876 年，英国的怡和洋行集团在中国建造了第一条铁路线。此后外国势力与清政府合作，后来又与中华民国政府合作，在中国建立了铁路系统。到 1920 年，中国铁路总里程达到 9100 公里，大部分铁路都经过历史港口。区域中心的形成很大程度上取决于交通技术的提高和交通成本的降低。到了现代，通过刺激贸易和整合国内市场，沿铁路线的港口城市很快成为区域贸易和商业中心，从而吸引更多商业活动。由于中国后来建造的大多数交通运输设施都基于最初建造的铁路，近代开埠港口通过现代交通运输系统对现代商业活动产生长期影响。

根据中国历史地理信息系统（CHGIS）[①] 的数据，1927 年长三角各城市距离铁路最近的平均距离仅约 40 公里，其中徐州、镇江、绍兴、金华、芜湖等港口或沿线城市距离铁路最近距离均小于 1 公里，铁路的开通为近代长三角地区商业活动提供了便利的交通条件，也极大加强了各城市的商业联系，为现代长三角一体化提供了历史渊源。

2.1.4 江南文化与矿产资源

"塞翁失马，焉知非福"，恰恰是因为江南地区的矿产资源匮乏，不利于形成大型产业结构，使其逃离了"历史的诅咒"，有利于江南文化的形成和长三角经济发展。因此，江南文化的源流和发展与当地的矿产资源有一定的关系。

2.1.4.1 矿产资源与产业结构

中国自古以来就是一个煤炭储量丰富的国家。在中国现已发现的 142 种矿产中，煤炭分布最广、储量最多。鸦片战争以来，随着近代工业的发展和军事工业的需求，中国煤炭产业获得了较快的发展。根据 1932 年《中国第四次矿业纪要》的统计，1933 年中国煤炭开采总量已经达到 2543 万吨，其中辽宁、河北和山西三省是当年煤炭开采量最大的省份，占到了全国煤炭开采总量的 68%。丰富的矿产资源推动了近代中国部分地区从农业社会迅速向工业社会的转型和发展，但也导致了后续产业发展的"路径依赖"，形成经济发展过度依靠特定的大型产业，在新经济的发展浪潮中无力转型的现状，最终导致经济活动疲弱。而从总矿产开采企业数量来

---

① http：//yugong. fudan. edu. cn/views/chgis_ index. php？list＝Y&tpid＝700.

看，江南地区包含的上海、江苏、浙江、安徽仅占不到9%，全国平均矿产开采企业数量为3.3家，江苏平均1.3家，浙江平均3家，安徽平均2家，均低于全国平均水平。因而，长三角地区在长期发展中不太依赖于资源相关产业，能够在改革开放初期快速赋能。

资源禀赋是地区自然条件的重要内容，地区的矿产自然资源是否丰富是地区形成大型产业结构①还是小型产业结构的重要原因。由于自然资源的采掘行业需要大量的资本、机械和人力的投入，是天生的大型产业。而鉴于矿产资源较高的运输成本，高度依赖矿产资源作为其主要生产资料的一些大型产业（例如钢铁产业）多数会聚集在矿产资源丰富的地区，所以这些地区容易形成大型产业结构。而对于矿产资源相对匮乏的江南地区来说，其主要集聚一些与矿产资源无关的产业，比如纺纱业、丝织业等轻工业，因而利于小型产业结构的形成。

表 2-4 江南地区 1848—1927 年大型企业占比

地区	大型企业占比（%）	地区	大型企业占比（%）
全国均值	24.0045898	长三角均值	19.3227602
上海市	5.5621304	金华市	0
江苏省	15.1282284	衢州市	0
南京市	21.052632	舟山市	50
无锡市	10.204081	台州市	0
徐州市	23.076923	丽水市	0
常州市	23.999999	安徽省	34.3197281
苏州市	7.1428575	合肥市	0
南通市	22.222222	芜湖市	11.428571
连云港市	10	蚌埠市	66.666669
淮安市	0	淮南市	0
盐城市	44.444445	马鞍山市	100
扬州市	0	淮北市	
镇江市	9.5238097	铜陵市	0

---

① 大型产业结构是指地区的大型企业占比较高的产业结构。

地区	大型企业占比（%）	地区	大型企业占比（%）
泰州市	0	安庆市	14. 285715
宿迁市	25	黄山市	0
浙江省	3. 48039222	滁州市	33. 333334
杭州市	5. 882353	阜阳市	0
宁波市	4. 4444446	宿州市	100
温州市	0	六安市	
嘉兴市	0	亳州市	0
湖州市	5. 0000001	池州市	71. 428573
绍兴市	5. 5555556	宣城市	83. 333331

资料来源：根据杜恂诚著《民族资本主义与旧中国政府（1840—1937）》（上海社会科学院出版社 1991 年版）整理而成。

从表 2-4 可以看出，在 1848—1927 年间，全国大型企业占比的均值约为 24%，江南地区的均值为 19%，低于全国平均水平。在江南地区内部，浙江省的平均大型产业占比最低，仅为 3.5%，其次是上海 5.6%，江苏 15.1%，即这些地区的企业以小型企业为主。但安徽省的蚌埠市、马鞍山市、宿州市、池州市和宣城市具有较高的大型企业占比，这可能是安徽在长三角一体化过程中稍微落后的原因之一。

2.1.4.2 产业结构与经济发展

产业结构长期以来被认为是影响地区经济发展的重要因素，例如匹兹堡的产业特征表现为大型、垂直化企业的集聚以及创业活动的匮乏，与此相对的是纽约大量小型服装企业的集聚以及丰富的创业活动。江南地区就与纽约相似，以小型企业为主，通过产业组织、人力资本、创业文化的路径，激发了创业活动和经济发展。

首先，从产业组织的角度来考虑，江南地区的小企业通常需要共享本地的供应商来降低其生产成本，从而为本地供应商企业的孵化建立了条件。而其他地区的大型企业垂直一体化的组织结构使得中间产品的供应出现内部化的趋势，降低了供应商企业存活的机会。在中国的情境下，由于大型企业常常和国有企业紧密联系在一起，通过资源分配倾斜和行政干预，国有企业的存在会进一步削弱地区的创业活动。而这种大型企业对小企业的挤出会随着地区小企业陆续退出而不断强化，最终形成路径依赖。因此与其他地区相比，江南地区的产业组织模式利于小企业的生存以及地区经济的活跃。

其次，从人力资本的角度考虑，工业化时代初期的大型企业通常立足于资源的发掘和初级加工，导致从事资源采掘和初级加工的人员在总就业人数中占有较高的比重，高技能人才较少。而江南地区在前期发展中吸引了大量高技能和高素质劳动力，在工业时代后期得以快速转型，进一步对地区的健康、教育以及人力资本积累产生积极影响。同时，人力资本这一"黏性因素"具有较强的稳定性，江南地区较高的人力资本水平对地区经济发展产生了长期的影响。

最后，从创业文化的视角考虑，江南地区缺少保护既有企业的社会文化，因此活跃的商业行为在江南地区的接受程度和"合法性"较高。由于榜样的示范作用和创业资源、信息和经验的获取，江南地区的人们会将创业作为自己未来的职业选择。而创业文化具有明显的代际传承特性，企业家的孩子更有可能成为企业家，因此形成了有利于地区经济充满活力的江南文化。

2.2　江南文化的人文价值塑造

2.2.1　人格——开放包容，敢为人先，义利并举

特定的历史因素可能会影响具有特定基因的人群在特定区域的分布。人格由基因和环境共同影响，因此同时兼具了基因和文化的两重属性。江南文化从历史上就展现出独特的人格特征，通过历史"冲繁疲难"制度和现代"大五人格"的刻画，江南文化中的人格基因被塑造，成就了开放包容、敢为人先和义利并举的特点。

2.2.1.1　江南文化的地区人格刻画

（1）历史人格

雍正年间建立起的"冲繁疲难"制度为刻画江南文化的地区人格特征提供了有力证据。该制度"地当孔道曰冲，政务纷纭曰繁，赋多逋欠曰疲，民刁俗悍、命盗案多曰难"，即将交通、政务、赋税和治安四要素综合考虑，来确定州县等第。除"冲"这一交通要素外，其他三项均可以反映一个地区的人格特征。

"繁"：反映清朝官方对政务繁剧程度的认识。清朝朝廷眼中政务繁剧之地有几个重要区域：江南一带最为繁剧，其次为直隶顺天府及直隶、山东、河南交界附近、成都府附近。"疲"：作为长时段各省钱粮征收难度的替代指标。其中江南地区属最具代表性的重赋区。江苏有 42 个、安徽有 33 个府州县，浙江北部传统属于江南区域的杭州府、湖州府、嘉兴府有 11 个府州县含有"疲"字，加起来占了全国所有"疲"字府厅州县的 19%。"难"：民风刁悍、命盗案多的地区，以江南区、两湖区这种属于经济中心地带的地区为首。

表 2-5　江南地区"冲繁疲难"等级（1893 年）

历史地名	现地名	所属省份	等级	历史地名	现地名	所属省份	等级
松江府	上海市	上海	繁疲难	宁波府	宁波市	浙江	冲繁
泗州	宿州市	江苏	繁疲难	衢州府	衢州市	浙江	冲繁难
常州府	无锡市	江苏	冲繁疲难	绍兴府	绍兴市	浙江	冲繁难
海州	连云港市	江苏	繁难	台州府	台州市	浙江	疲难
海门厅	南通市	江苏	繁难	温州府	温州市	浙江	冲繁
淮安府	淮安市	江苏	冲繁疲难	严州府	杭州市	浙江	冲
江宁府	南京市	江苏	冲繁难	安庆府	安庆市	安徽	冲繁难
苏州府	苏州市	江苏	冲繁疲难	池州府	铜陵市	安徽	冲疲
太仓州	苏州市	江苏	繁疲难	滁州	滁州市	安徽	冲繁
通州	南通市	江苏	繁难	凤阳府	蚌埠市	安徽	冲繁疲难

续表

历史地名	现地名	所属省份	等级	历史地名	现地名	所属省份	等级
徐州府	徐州市	江苏	冲繁难	广德州	宣城市	安徽	繁难
扬州府	扬州市	江苏	冲繁疲难	和州	马鞍山市	安徽	繁疲
镇江府	镇江市	江苏	冲繁疲难	徽州府	黄山市	安徽	繁疲难
处州府	丽水市	浙江	难	六安州	六安市	安徽	繁疲难
杭州府	杭州市	浙江	冲繁难	庐州府	合肥市	安徽	冲难
湖州府	湖州市	浙江	繁疲难	宁国府	宣城市	安徽	繁难
嘉兴府	嘉兴市	浙江	冲繁疲难	太平府	芜湖市	安徽	冲
金华县	金华市	浙江	冲繁难	颍州府	阜阳市	安徽	繁疲难

资料来源：根据 ChinaW 数据库整理而成。

从表 2-5 可以看出，江南地区几乎全部具有"繁"和"难"的特征，38 个府中 32 个政务繁重，17 个钱粮征收困难，32 个民风刁悍。从全国来看，287 个地级市中，247 个出现"繁"，98 个记载"疲"和 220 个"难"，分别占比 86.1%、34.1% 和 76.7%，而江南地区该比例为 84.2%、53.1% 和 84.2%，在"疲"和"难"两项中高于全国平均水平。长期以来为了维持统治阶级的利益，统治者乐见于将经济活动禁锢于单个家庭，推行"男耕女织"式的小农经济的发展，忌惮具有规模化和集聚化潜质的商业社会的塑造。而"疲"和"难"恰恰反映了与统治者愿望背道而驰的一种特殊的地区人格的兴起，而这种人格很可能与商人地区间的流动和商品经济的发展具有重要的联系。

与这套政区分等制度相匹配，清朝另有一套"最要、要、中、简缺"四缺分的选官任官制度，并将四等第与四缺分相联系，最终在乾隆年间形成了"冲繁疲难"四字与"最要、要、中、简缺"四缺分之间的对应关系，即兼四字者为最要缺、兼三字者为要缺、兼两字者为中缺，一字或无字者为简缺，其中最要缺和要缺由督抚来提调，往往又合称"繁缺"，而中缺、简缺则由吏部铨选，往往又合称"简缺"。

表 2-6　江南地区"要缺"类型

地区	类型	城市数量	城市占比	地区	类型	城市数量	城市占比
全国	最要缺	40	13.99%	长三角	最要缺	7	19.44%
	要缺	132	46.15%		要缺	14	38.89%
	中缺	86	30.07%		中缺	12	34.29%
	简缺	28	9.79%		简缺	3	8.33%
上海市	最要缺	0	0.00%	浙江省	最要缺	1	9.09%
	要缺	1	100.00%		要缺	5	45.45%
	中缺	0	0.00%		中缺	3	27.27%
	简缺	0	0.00%		简缺	2	18.18%
江苏省	最要缺	5	41.67%	安徽省	最要缺	1	8.33%
	要缺	4	33.33%		要缺	4	33.33%
	中缺	3	25.00%		中缺	6	50.00%
	简缺	0	0.00%		简缺	1	8.33%

资料来源：根据 ChinaW 数据库整理而成。

如表 2-6 所示，长三角地区，即历史江南地区的"最要缺"城市比例高于全国平均水平，"最要缺"与"要缺"之和为 58.33%，与全国平均水平相近。其中，上海市和江苏省的"最要缺""要缺"比例明显高于全国水平，即各府的情况较为复杂，需要在政治上派出较有能力的官员上任治理，而浙江省和安徽省要稍不同于前二者。

（2）现代人格

鉴于人格特征有一定的持续性，但近代发生的一系列战争和政治运动对地区人格造成了一定程度的冲击，因此江南地区现代人格的刻画也尤为重要。通过大五人格的分类和界定方法，利用中国劳动力动态调查（CLDS）2014 年和 2016 年的微观数据，在问卷中筛选适合大五人格的问题，对其进行标准化后求得离差平方和，获得"严谨性""外向性""顺同性""开放性""神经质"的分指标和总人格指标。先计算被调查者个人的人格得分，后按照人口比例加总到城市层面。其中，"严谨性""外向性""开放性"被认为是有利的正向指标，其值越大越是积极的人格表现，而"顺同性"和"神经质"为逆向指标。

表 2-7 长三角地区现代人格刻画

地区	总人格	严谨性	外向性	顺同性	开放性	神经质
全国	5.085	0.336	0.414	0.554	0.750	0.343
长三角	5.274	0.339	0.418	0.548	0.747	0.346
上海市	4.143	0.449	0.408	0.533	0.778	0.230
江苏省	5.285	0.344	0.426	0.560	0.763	0.335
南京市	4.837	0.386	0.445	0.569	0.792	0.205
无锡市	4.184	0.436	0.471	0.571	0.775	0.170
徐州市	3.769	0.390	0.447	0.593	0.772	0.495
常州市	7.758	0.231	0.357	0.523	0.727	0.447
苏州市	4.938	0.356	0.466	0.584	0.807	0.280
盐城市	7.327	0.268	0.342	0.512	0.748	0.550
扬州市	5.360	0.344	0.453	0.571	0.765	0.220
宿迁市	4.111	0.339	0.429	0.559	0.722	0.317
浙江省	5.384	0.337	0.430	0.563	0.760	0.219
杭州市	5.534	0.332	0.406	0.563	0.772	0.250
宁波市	5.075	0.336	0.426	0.588	0.775	0.185
温州市	4.819	0.381	0.445	0.532	0.738	0.248
嘉兴市	6.300	0.294	0.437	0.588	0.754	0.186
台州市	5.193	0.344	0.434	0.543	0.760	0.228
安徽省	5.329	0.324	0.404	0.531	0.723	0.438
合肥市	4.035	0.397	0.438	0.540	0.789	0.282
芜湖市	5.647	0.208	0.369	0.571	0.619	0.894
蚌埠市	6.849	0.259	0.424	0.520	0.697	0.611
淮南市	4.953	0.333	0.381	0.532	0.705	0.314
淮北市	7.101	0.275	0.351	0.441	0.590	0.542
阜阳市	5.883	0.401	0.397	0.435	0.700	0.346
六安市	4.706	0.357	0.418	0.581	0.812	0.243
亳州市	4.180	0.356	0.414	0.539	0.762	0.377
宣城市	4.607	0.327	0.449	0.618	0.833	0.331

资料来源：根据中国劳动力动态调查（CLDS）数据库整理而成。

如表 2-7 所示，长三角地区的现代总人格指标得分高于全国平均水平，其中，浙江得分最高为 5.4 分左右，安徽和江苏次之为 5.3 分左右。分指标来看，长三角地区的正向指标得分均高于全国，逆向指标得分均低于全国，即整个地区延续了历史上的人格特征，以有别于其他地区的独特人格促进了江南文化的形成与延续。其中，上海市的严谨性和开放性水平较高，江苏具有较高的外向性特征，浙江的神经质水平最低，安徽的顺同性得分最低。长三角地区较低的顺同性恰好对应了历史"冲繁疲难"等级制度中的"疲"和"难"，可见，江南文化的地区人格特征从清朝就已经显现，其敢于反抗，不屈服于统治者的压迫，勇于突破旧思维和旧模式等特点，为后来长三角地区的经济和社会发展埋下了伏笔。

2.2.1.2 江南文化的人格特征

基于以上江南地区的历史人格和现代人格的分析，可以总结为以下几点人格特征：

（1）开放包容，海纳百川

江南的地域范围在历史上主要是指以长江下游、太湖流域一带为核心的"八府一州"。这里水网密布，环湖通江达海，交通便利。江南自古造船技术先进，随着京杭运河的南北纵贯和漕运的充分发展，以及明代航海事业的大发展，大大开阔了江南人的视野和心胸。同时，江南文化也是兼收并蓄的，从泰伯奔吴到永嘉南渡，从运河漕运到赵宋南迁，饱经战乱的中华文明多次在江南深度融合、休养生息，孕育了江南人包容吸纳的精神特质。近代以来，江南人在"开眼看世界"的过程中，广泛学习和引进西方先进技术，开启了中国民族工商业的发展。改革开放后，上海以浦东开发开放为龙头，以海纳百川的宏阔胸襟，引进、消化、吸收国外先进技术与管理经验，直接带动了从江南腹地到长江三角洲乃至整个长江流域的经济发展。

（2）敢为人先，开拓进取

敢为人先的革新精神是江南文化的鲜明特征。江南人的敢为人先，是善于谋划在先，敢于革故鼎新。不仅苛求与众不同的创新思想，更是独具过人的胆识与魄力。江南人的敢为人先，是始终坚忍刚毅，志在引领潮流。不仅注重落地生根的实际行动，更是竭力打造可以领跑的优势与特色。长三角地区这一"红色起点"，从"上海石库门"到"嘉兴南湖游船"，是一个有着光荣革命传统的地区，传承着红色基因，承担着重要使命。近一个世纪以来，红色文化一直是长三角地区的底色，红色文化的历史完整性也成为江南文化的一大特色。此外，从浦东的开发开放到乡镇企业的异军突起和苏南模式的成功，从"创业创新创优、争先领先率先"的"江苏精神"到"干在实处、走在前列、勇立潮头"的浙江精神，都是江南人敢为人先的典型例证。

（3）尚德务实，义利并举

江南文化自古便有尚德务实的优良传统。吴王阖闾将"厚爱其民"作为执政之道，唐代名相陆贽也强调立国要"以民为本"，"均节赋税恤百姓"。从范仲淹的"先天下之忧而忧，后天下之乐而乐"，到顾炎武的"天下兴亡，匹夫有责"，到顾宪成的"家事国事天下事，事事关心"，无不体现了江南人以民为本的家国情怀。在近代中华民族面临生死存亡的时刻，一批有责任感的江南人苦苦思索，锐意进取。如以薛福成为代表的政商人士积极投身洋务运动，以张謇、无锡荣氏家族为代表的实业家致力于"实业救国""教育救国"。

江南文化在义与利的关系上更强调义利兼顾、先义后利。司马迁在《史记》中记载，范蠡在"三致千金"后，"分散与贫交疏昆弟"，为后世商人树立了义利兼顾、富而行义的榜样。江南近代工商业者，如徽商、苏商、湖州商帮、宁波商帮等，具有的许多优秀精神品质，与范蠡的思想都有着渊源关系。比如，荣德生、荣宗敬兄弟及其后人，他们造桥铺路、捐款赈灾、兴办新学等。

今天，深入挖掘江南文化的新时代价值，就要充分发挥江南文化的引领作用，更好地回答和解决现实问题，为推动长三角一体化发展贡献更多的智慧。

2.2.2 人力资本——耕读传家，崇文重教，精益求精

江南自古就有崇文重教的浓郁风气，崇尚"诗礼传家""耕读传家"。早在公元 317 年，晋元帝在建康设立太学，唐肃宗在常州府设立江南最早的府学，北宋范仲淹在苏州府创办郡学。宋代以后，江南地域书院纷起，

文风日盛。自从科举制度创立以来，江南诞生的科举状元几乎半分天下。近代江南地区民族工商业的发展，也推动了教育的繁荣。江南人不仅自发兴办各类新式学校，一些家境殷实的家族更是热衷于将子女送出国留学，出现了中国最早的一批留学生。留学归来的江南人很多都成为新中国的科技文化先驱。时至今日，江南地区依旧是全国科教高地和人才高地。此外，从古代江南高超的铸剑、造船等精工技艺，到远销海外的丝绸、刺绣，从近现代以精致著称的"上海制造"，到当今的神威太湖之光超级计算机、蛟龙号深海探测船、上海振华龙门吊等大国重器不断涌现，无不体现江南人对于技术的执着追求。江南文化孕育了源源不断的高层次人才和创新技术，这是江南经济社会持续快速发展的动因所在。

人力资本一般源于城市内部的人力资本积累和城市外部的人力资本流入，考虑到人力资本的黏性地区持续性，下面拟从多个时期对其进行刻画，其中历史人力资本主要来源于内部积累，而近现代人力资本则与外部流入相关。首先，将清朝进士人数用以度量历史人力资本；通商开埠之后科举制度废除，由传教士引入的基础教育开始兴起，现代教会学校注重科学技术的学习，从而孕育了适合工业社会的新一代人才，因而以各地初、高级小学生数代表近代人力资本水平；改革开放后，在高考刚恢复的近十年间，人力资本水平上升显著，以1984年社会科学方面专业人数作为该时期的度量指标；最后，利用大学及本科以上人数作为现代人力资本的度量指标。

表 2-8　长三角地区各时期人力资本水平

	清朝进士		近代小学生		1984 年社会科学人员		2013 年大学本科以上	
	（人）	占全国比例	（万人）	全国占比	（万人）	全国占比	（万人）	全国占比
全国	22843		397. 120		297. 324		2367. 769	
长三角	12179	53. 32%	65. 930	16. 60%	63. 785	21. 45%	419. 240	17. 71%
上海市	263	1. 15%	7. 656	1. 93%	16. 357	5. 50%	50. 660	2. 14%
江苏省	2317	10. 14%	20. 776	5. 23%	28. 127	9. 46%	162. 042	6. 84%
南京市	236	1. 03%	1. 290	0. 32%	4. 424	1. 49%	65. 195	2. 75%

续表

	清朝进士		近代小学生		1984 年社会科学人员		2013 年大学本科以上	
	（人）	占全国比例	（万人）	全国占比	（万人）	全国占比	（万人）	全国占比
无锡市	250	1.09%	3.073	0.77%	2.543	0.86%	10.936	0.46%
徐州市	12	0.05%	0.909	0.23%	2.464	0.83%	11.582	0.49%
常州市	434	1.90%	2.318	0.58%	1.808	0.61%	8.823	0.37%
苏州市	795	3.48%	3.766	0.95%	2.549	0.86%	19.221	0.81%
南通市	32	0.14%	3.402	0.86%	2.847	0.96%	7.540	0.32%
连云港市	10	0.04%	0.526	0.13%	1.246	0.42%	3.388	0.14%
淮安市			0.818	0.21%	4.129	1.39%	6.711	0.28%
盐城市	18	0.08%	0.916	0.23%	1.930	0.65%	5.463	0.23%
扬州市	280	1.23%	2.246	0.57%	2.794	0.94%	8.384	0.35%
镇江市	162	0.71%	1.017	0.26%	1.213	0.41%	8.235	0.35%
泰州市	77	0.34%			0.180	0.06%	4.851	0.20%
宿迁市	11	0.05%	0.495	0.12%			1.713	0.07%
浙江省	2816	12.33%	31.972	8.05%	9.978	3.36%	101.052	4.27%
杭州市	969	4.24%	3.564	0.90%	2.335	0.79%	45.918	1.94%
宁波市	302	1.32%	4.226	1.06%	1.992	0.67%	14.536	0.61%
温州市	36	0.16%	3.243	0.82%	1.839	0.62%	7.655	0.32%
嘉兴市	648	2.84%	2.663	0.67%	1.154	0.39%	6.075	0.26%
湖州市	394	1.72%	1.343	0.34%	0.767	0.26%	2.615	0.11%
绍兴市	286	1.25%	4.500	1.13%	1.252	0.42%	5.976	0.25%
金华市	88	0.39%	5.712	1.44%	0.279	0.09%	7.885	0.33%
衢州市	35	0.15%	1.848	0.47%	0.271	0.09%	1.169	0.05%
舟山市	11	0.05%	0.171	0.04%			2.299	0.10%
台州市	32	0.14%	2.290	0.58%	0.089	0.03%	3.113	0.13%
丽水市	15	0.07%	2.412	0.61%			3.811	0.16%
安徽省	825	3.61%	5.526	1.39%	9.323	3.14%	105.488	4.46%
合肥市	63	0.28%	0.619	0.16%	3.025	1.02%	41.721	1.76%
芜湖市	47	0.21%	0.304	0.08%	1.307	0.44%	14.737	0.62%

	清朝进士		近代小学生		1984 年社会科学人员		2013 年大学本科以上	
	（人）	占全国比例	（万人）	全国占比	（万人）	全国占比	（万人）	全国占比
蚌埠市	17	0.07%	0.095	0.02%	1.174	0.39%	5.871	0.25%
淮南市	1	0.00%	0.061	0.02%	0.621	0.21%	6.682	0.28%
马鞍山市	24	0.11%	0.080	0.02%	0.679	0.23%	4.986	0.21%
淮北市					0.795	0.27%	3.215	0.14%
铜陵市	5	0.02%	0.329	0.08%	0.441	0.15%	3.035	0.13%
安庆市	314	1.37%	0.922	0.23%	0.403	0.14%	4.064	0.17%
黄山市	203	0.89%	0.408	0.10%	0.001	0.00%	1.728	0.07%
滁州市	56	0.25%	0.586	0.15%	0.271	0.09%	4.698	0.20%
阜阳市	14	0.06%	0.603	0.15%	0.262	0.09%	3.629	0.15%
宿州市	15	0.07%	0.237	0.06%	0.235	0.08%	3.358	0.14%
六安市	66	0.29%	0.577	0.15%	0.109	0.04%	3.935	0.17%
亳州市	0	0.00%	0.031	0.01%				
池州市			0.052	0.01%			2.980	0.13%
宣城市			0.620	0.16%			0.848	0.04%

资料来源：根据《明清进士题名碑录索引》（朱宝炯、谢沛霖编，上海古籍出版社 1980 年版）、《1901—1920 年中国基督教调查资料》（中华续行委办会调查特委会编，中国社会科学出版社 2007 年版）、《1985 中国城市统计年鉴》（国家统计局综合司编，新世界出版社 1985 年版）、《2014 中国城市统计年鉴》（国家统计局城市社会经济调查司编，中国统计出版社 2014 年版）整理而成。

表 2-8 展示了长三角地区各时期的人力资本水平，其中最具代表性的是清朝时期，江南地区的进士人数占到了全国总进士人数的一半以上，江苏和浙江的进士都占到了 10% 以上，可以说当时的精英才俊大多聚集在江南一带。到了近代，江南地区的小学生数占到全国的 16.6%，比鼎盛的清朝时期有所下降，与当时传教士深入全国各地创立教会学校有关。改革开放后江南地区的人力资本又回到了较高水平，有超过五分之一的社会科学人员在长三角地区工作，其中仅上海一市就占到了 5.5%，属全国最高水平，可见长三角地区是科学技术发展的前沿，在经历了一系列战争和运动

后仍然保持较高的人力资本水平。目前长三角地区仍然是我国大学生人数较多的地区，为创新创业和经济发展提供了源源不断的新鲜血液。

2.3 江南文化的商业传统延续

当长三角区域一体化发展上升为国家战略时，就需要一种概念来统领长三角一体化进程，这时，源远流长的江南文化便成了最好的选择。如何提取江南文化的商业价值发展发扬，使之成为拉动长三角高质量一体化发展的重要引擎，是当下的迫切命题。

2.3.1 江南地区的历史商帮

江南地区浓厚的商业氛围孕育了悠久的商业文化，形成了中国近代最贴近现代商业文化的商人群体沪商，并产生了中国苏、浙、徽三大商帮。全国没有任何一个地区像长三角一样，表现出如此强烈的商业文化。这种共同的商业文化基础正是长三角地区发展的助推器。

2.3.1.1 沪商——海纳百川、现代经营

早在明代就有很多徽商、秦晋商等内地商人旅居上海，清代本地籍的上海商人仅占百分之二十，其余全是全国各地商人。开埠后的上海万商云集，规模大大超过开埠前。而后，跨地域新式商业组织逐渐取代旧式商帮同乡团体，各地商帮逐渐融入近代沪商队伍。因此，上海是一座典型的移民城市，与具有鲜明地域特征的苏、浙、徽商业文化相比，沪商是各地商人多元文化融合杂交的产物，具有浓厚的海派风格，表现出"海纳百川，融汇中西"的气度。这些特点不仅源于移民城市特质，还源于沪商的发展历史。

沪商在上海开埠后形成。1843年上海在殖民主义炮火下被迫开埠，各国商人紧随外国殖民主义者而来，外商从上海开埠到19世纪60—70年代几乎垄断了上海的对外贸易、江海航运和金融。后来这一垄断被中国商人

打破。买办是外商洋行所雇佣的中国代理人,之后买办商人独立经营工商企业,便脱离了买办身份。清政府在上海举办洋务企业形成近代官商,其在与外商抗衡和竞争中创办与发展起来,向近代化迈出了一大步。19世纪末20世纪初,又涌现出一大批民营工商企业家,他们起初投资额比例较小,但1913年,民营企业投资额已占国内投资创办企业投资总额的76.3%,超过了官商。第一次世界大战期间,民营企业又获得了巨大发展。

因此,沪商与其他三个形成于封建制度下、小农经济中的商业文化不同,沪商文化形成于近代工商业发展过程中,并不断受到西方商业文化的熏陶而发展壮大,具有现代经营管理理念和法律意识。在对待商业的态度上,沪商文化完全打破了中国历史上长期形成的"士农工商"的传统定位序列和"重农抑商"的传统观念,在"论人数以商界为至众,论势力以商业为最优"的情况下,沪商的社会地位及其影响更加突出。在对商业关系的处理态度上,传统的商帮在商业关系的处理上具有强烈的宗族式、人情化特点。而受到西方商业文化的影响,沪商主要采用合同契约模式对商业关系进行约束,"契约精神""在商言商"是沪商精神的最好诠释。最后,近代上海是一个竞争十分激烈的商业社会,沪商面临的不仅是同业华商之间的竞争,更为激烈的是与洋商的角逐,因此尊重并崇尚竞争也是沪商文化的一大特点。

2.3.1.2 苏商——绅儒办厂、实业兴国

苏商诞生于中国最富庶的太湖流域,丰饶的物产为苏商从事商业活动提供了良好条件,形成了苏商"实业为主、商贸为副",侧重发展工业的特性。江苏被誉为中国近代工业的发祥地,1895—1913年期间,江苏先后创办了200多家工商企业,资本总额约占全国新办民族企业的50%。历史上的苏商大都亦儒亦商,这是苏商有别于其他商帮的重要标志。其中代表性人物是史无前例"状元办厂"的张謇,习近平总书记曾称其是中国民营企业家的先贤和楷模①。苏商这种士绅的身份,也使苏商和政治之间有着千丝万缕的联系。有名的苏商如张謇、盛宣怀等都曾被政府授予过官衔。

---

① 2020年11月12日,习近平总书记在江苏考察期间,专程前往南通博物苑参观张謇生平介绍展陈时提出。

改革开放以后，闻名全国的江苏集体所有制性质的乡镇企业也可以理解为现代官商合作的产物。

苏商文化精神有着传承传统的历史延续性，充分体现了世纪之交在东方古老传统与西方现代工业文明对接、碰击中融合中西文化的苏商情怀，体现了新时期苏商高起点传承，更加稳健务实，更加敢为人先，更加创新包容，更加尚德诚信的新品质。无锡的"实业巨子"荣氏兄弟在创办面粉厂的过程中困难重重，又一次次力挽狂澜，彰显了苏商坚韧刚毅的性格。苏商精神既恪守儒家思想，吸纳各大商帮的文化精华，又开放包容接纳西方市场经济观念，主动接轨近、现代工业文明；既有开拓创新的意志品格，又有开放包容的文化胸襟；既有务实重工的价值理念，又有尚德诚信的处世哲学；既有前瞻开放的战略眼光，又有精明善变的经营谋略。

2.3.1.3 浙商——抱团取暖、行贾四方

浙江在古代的商业活动历史极为悠久，随着政治中心与经济中心的南移，尤其是南宋政府定都临安府（今杭州）后，浙江更是成为中国最富庶的地区之一，故有"两浙之富，国之所恃"的说法。浙商的历史文化体现在商人身上，尤其体现在商帮身上，即近代的龙游商帮、南浔丝商、宁波商帮。龙游商帮以"无远弗届，遍地龙游"与"诚信经营"而闻名，南浔丝商以"四象八牛七十二金黄狗"与"贾而好儒"而称绝，宁波商帮以"无宁不成市"与"稳健大气"而著称。这三大商帮曾经在历史上辉煌一时，在经营管理上创造了很多宝贵的思想财富，为改革开放之后兴起的浙商提供了丰富的精神食粮。

到了近代，发达的民营经济是浙商最大的特点。与苏商不同，浙商多来自于底层农民，义乌的"鸡毛换糖"，温州的"永嘉弹棉郎，挑担走四方"都是早期浙商的真实写照。这种民本经济也造就了浙商"抱团取暖"和涉及行业广泛的特点。其中，依靠地缘、血缘和宗族形成的浙商商会体系是中国最发达的商业网络之一，遍布全国甚至全球；而海宁皮革之乡，乐清低压电器之都等称号也从另一个侧面反映出浙商从事"百业"的特点，"只要能挣钱，哪怕有微薄的利润，浙江人也会干"。此外，长期与大海搏击的经验养成了浙江人开拓进取的风格，使浙商具有强烈的冒险精神，这一方面体现在浙商左右逢源的经营风格上，另一方面则体现在其地

域分布方面。浙商多为"行商",足迹遍及全国甚至全球,"只要有鸟飞的地方,就有浙江人经商",这是浙商经营风格的生动写照。

浙商中最具代表性的就是温州商人造就的温州模式。温州商人有"东方犹太人"的美誉,这表明温州人头脑聪明,会做生意。温州商人灵活的经商理念表现在两个方面,其一是小处着手,他们在寻找商机的过程中,虽然条件有限,还是把小商品做成了大生意;其二是勇于创新,例如温州打火机生意就是源于偶然的机会,克服了技术难题,仿制成功,形成了现在垄断国内外市场的局面。除此之外,温州商人坚忍的抱团文化也是浙商行贾四方的产物。温州地区资源匮乏,需要到温州以外的地区获取资源。在外经商,地理认同感和文化认同感促进了温州商人的抱团和发展,目前全世界遍布温州人组建的温州商会,是一支强大的商业力量。

2.3.1.4 徽商——贾而好儒、仕商结合

徽商在历史上曾经历了四个阶段。从成化、弘治之际到万历中叶的100余年间是徽商的起步阶段,这一时期徽人从商风习之盛,有谚语谓"以贾为生意,不贾则无望",其经营行业多,活动范围广,又财力雄厚;从万历后期到康熙初年的近百年间是徽商发展遭受挫折的阶段,封建政权的横征暴敛、明末农民起义军对徽商的打击、明清时期战争的破坏都大大削弱了徽商的实力;从康熙中叶到嘉庆、道光之际是徽商的兴盛阶段,从商风习更为普遍、盐商势力的发展、徽州会馆的普遍建立以及与封建政治势力的关系更为密切;从道光中叶到清末是徽商的衰落与解体阶段,盐商失势、太平天国战乱灾祸、五口通商后的相对没落,对于封建政治势力的附庸没有走上独立发展道路。此外,徽商文化的形成与徽州地域环境有着密切的联系。徽州地区重峦叠嶂、山川险峻,自东汉初期开始,为了躲避战乱不断迁入的北方世族促使徽州人口迅速膨胀,人多地少的压力造就了徽州重商的传统。同时,北方世族的迁入也为徽商带来了儒家文化的影响。

徽商多"贾而好儒",这种影响主要体现在三个方面:一是重视教育,徽商有捐资助学、创办书院的传统,历代靠科举步入仕途的徽州宗族子弟更是不乏其人。二是徽商表现出强烈的宗族观念,与主要建立在地缘关系上的浙商不同,"徽商多以父带子、兄带弟、叔带侄的形式外出经商",带

有家族化特点。三是仕商结合的特点。盐业是徽商涉及最主要的产业。由于盐业长期控制在政府手中，因此徽商的发展夹杂着强烈的政商利益交换的过程。但徽商这种宗族体制影响了外姓人才的集聚和思想的交汇，而与官府的利益交换弱化了徽商竞争的意识，逐步导致了徽商近代以来的衰落。四是徽商显示出审时度势、出奇制胜的竞争精神。徽商善于从历史上汲取经验，尤其是注重学习那些著名商人的思想、谋略、经验。在中国传统文化的熏陶下，徽商形成了审时度势、出奇制胜的竞争精神，显示了他们卓越的谋略和艺术。

2.3.2　长三角的近代工业化

翻开中国企业的发展简史，不难发现江浙一带在近代就已表现出较为活跃的创业活动，近代工业化走在全国前列。在这种环境下，现代长三角地区更有可能引入新的和年轻的企业进行产品创新。同时，从微观层面来看，大量中国著名企业家都来自这些区域，从近代的张謇、胡西园，到改革开放初期的鲁冠球、宗庆后，再到现代的马云、李书福等。考虑到1895年甲午战争和1911年辛亥革命这两件分水岭式的历史事件，以及1927—1937年的黄金发展十年，将近代企业建立时期划分为1858—1895年、1896—1911年、1912—1927年和1928—1937年四个时间段。

表2-9　长三角年均新建企业数量

单位：家/百万人

地区	1858—1895年	1896—1911年	1912—1927年	1928—1937年
全国	0.014	0.177	0.360	0.546
长三角	0.020	0.451	0.897	1.764
上海市	0.533	4.506	15.644	47.193
江苏省	0.003	0.400	0.698	0.951
浙江省	0.016	0.364	0.779	0.943
安徽省	0.005	0.298	0.218	0.150

资料来源：根据《民族资本主义与旧中国政府（1840—1937）》（杜恂诚著，上海社会科学院出版社1991年版）整理而成。

如表2-9所示，长三角地区的近代工业化水平在各个时间段均明显高于全国平均水平。而上海市的水平则远高于长三角平均水平，1858—1895年其工业化水平大概是长三角均值的25倍，后面两个时间段有所下降，但到了1928—1937年期间，上海工商业又重新焕发活力，达到了极盛的水平。

上海市的近代工业化水平遥遥领先，而对于苏浙皖三省来说，江苏和浙江在各时期不相上下且稳步提升，安徽省则在辛亥革命后开始走下坡路，这与安徽省的开埠港口较少，清朝年间李鸿章家人在芜湖经营大生意的带动作用在开埠和清朝灭亡后逐渐瓦解，不再顺应历史发展的潮流。江苏省的无锡市、常州市、苏州市、镇江市、南通市、连云港市，浙江省的杭州市、宁波市、嘉兴市、温州市、湖州市，安徽省的芜湖市均为近代工业化发展较快的城市，这与历史上商帮活跃的地区有所对应。

具体到行业来看，1858—1937年间，上海新设企业数量与涵盖行业均为长三角之最，注册资本高达24438万元。共新创企业800余家，超过苏浙皖新设企业总和，涉及行业广泛，包括纺纱业、染治业、丝织业、缫丝业、面粉业、机器工业、橡胶业、制革业、碾米业、造纸业、印刷业、卷烟业、榨油业、砖瓦制造业、制搪瓷器皿、烛皂业、制药业、制材业、水电业、杂项工业、航运业、银行业、保险、信托、储蓄会、证券交易、投资各业。由此可见，从近代开始上海就具备较浓厚的创新创业氛围，通过榜样效应为其他长三角城市经济建设提供了实践经验。

表2-10　代表性近代新设企业

行业名称	成立年份	名称	所在地	现所在地	资本（千元）
上海					
纺纱业	1890	上海机器织布局	上海	上海	1427
染织业	1918	恒兴染织厂无限公司	上海	上海	10
丝织业	1920	中华工业厂	上海	上海	440
缫丝业	1882	公和永	上海	上海	426
面粉业	1898	阜丰面粉公司	上海	上海	350

行业名称	成立年份	名称	所在地	现所在地	资本（千元）
碾米业	1898	源昌碾米厂	上海	上海	400
造纸业	1882	上海机器造纸局	上海	上海	154
印刷业	1919	太平洋印刷公司	上海	上海	30
卷烟业	1919	中国振华卷烟公司	上海	上海	10
榨油业	1899	同昌榨油厂	上海	上海	130
机器工业	1914	招商局内河机器厂	上海	上海	53
橡胶业	1922	启明橡胶厂	上海	上海	10
制革业	1925	信孚机器制革厂	上海	上海	10
砖瓦制造业	1920	轮兴砖窑	上海	上海	30
制搪瓷器皿	1918	益泰信记厂	上海	上海	10
烛皂业	1901	祥盛肥皂厂	上海	上海	140
制药业	1888	中西大药房	上海	上海	50
制材业	1927	中国造木股份有限公司	上海	上海	56
水电业	1907	上海内地电灯公司	上海	上海	100
杂项工业	1922	上海利民草帘工厂	上海	上海	15
航运业	1912	邵查理	上海	上海	800
银行业	1926	意诚银行	上海	上海	5000
江苏					
面粉业	1913	惠元面粉厂	无锡	无锡	150
榨油业	1926	三和	无锡	无锡	30
染织业	1913	江苏省立第七工厂	铜山	徐州	80
制蛋业	1917	宏裕昌制蛋无限公司	江苏铜山	徐州	112
燃料等采掘业	1882	利国驿煤矿	徐州铜山	徐州	210

续表

行业名称	成立年份	名称	所在地	现所在地	资本（千元）
烛皂业	1903	宝升皂烛厂	武进	常州	10
水电业	1913	武进振生电灯公司	江苏常州	常州	100
银行业	1921	江苏典业银行	苏州	苏州	500
精盐业	1919	乐群	江苏江都	扬州	300
丝织业	1918	光华织绸厂	镇江	镇江	42
缫丝业	1917	富成	镇江	镇江	122
浙江					
丝织业	1925	锦云成绸庄	杭州	杭州	60
缫丝业	1895	光裕	浙江秀水	杭州	281
化妆品业	1903	杭州官脑局	杭州	杭州	50
水电业	1923	乾元电气无限公司	浙江萧山	杭州	24
航运业	1922	越济轮船公司	绍兴	绍兴	20
安徽					
碾米业	1917	同丰碾米公司	芜湖	芜湖	56
烛皂业	1913	大通肥皂厂	芜湖	芜湖	20
金属采掘及冶炼	1918	宝兴铁矿公司	当涂	马鞍山	84
水电业	1924	沚净电灯公司	宣城湾沚	宣城	20
燃料等采掘业	1923	宣城水东煤矿公司	宣城东南	宣城	800

注：由于新建企业过多，表中仅选取部分行业的代表性企业进行展示。

资料来源：根据《民族资本主义与旧中国政府（1840—1937）》（杜恂诚著，上海社会科学出版社1991年版）整理而成。

对于江苏省、浙江省和安徽省来说，1858—1937 年间，江苏新设企业360 余家，浙江 160 余家，安徽 70 余家，涉及轻、重工业大部分行业，虽低于上海，但依旧处于全国前列。新企业设立过程中形成的商业资源、创业文化不仅极大推动长三角近代工业化水平的提升，而且各城市间频繁的贸易往来，也为现代长三角的一体化建设奠定扎实的基础。

2.3.3 长三角的现代经济一体化发展

在经济新常态背景下，长三角城市群经济面临着产业同质化竞争、经济转型升级等压力，如何实现可持续发展，建立现代化经济体系尤为迫切。2018 年 11 月 5 日上午，习近平主席出席首届中国国际进口博览会开幕式并发表主旨演讲。习近平主席在讲话中指出，上海作为中国最大经济中心和改革开放前沿将继续扩大开放，将支持长江三角洲区域一体化发展并上升为国家战略，着力落实新发展理念，构建现代化经济体系。2019年，长三角地区三省一市的经济总量已达到了 23.76 万亿元，占到了全国 GDP 总量的 24.1%，近四分之一的水平。

表 2-11　长三角地区现代创业率

单位：家/万人

地区	2004 年	2008 年	2013 年	地区	2004 年	2008 年	2013 年
全国	6.464	6.570	14.194	绍兴市	12.819	11.018	25.197
长三角	10.964	9.363	18.708	金华市	12.954	9.137	31.923
上海市	71.452	25.755	27.401	衢州市	8.206	7.443	16.407
江苏省	11.980	10.083	20.662	舟山市	14.862	11.962	19.890
南京市	18.834	13.536	19.657	台州市	9.363	8.304	18.666
无锡市	21.194	15.491	29.232	丽水市	7.609	5.425	16.296
徐州市	6.271	5.066	24.042	安徽省	4.714	7.077	13.432
常州市	14.269	12.438	31.915	合肥市	9.912	14.220	27.694
苏州市	24.376	24.782	39.840	芜湖市	5.812	12.549	20.561
南通市	15.339	6.975	16.297	蚌埠市	2.838	4.471	12.844
连云港市	5.405	5.465	16.087	淮南市	2.184	4.165	12.682
淮安市	5.141	5.719	16.850	马鞍山市	10.953	13.127	19.423
盐城市	9.061	10.238	9.577	淮北市	2.705	5.672	12.971
扬州市	9.562	7.944	16.338	铜陵市	12.143	11.640	25.637
镇江市	13.476	10.187	19.287	安庆市	3.535	3.271	7.218
泰州市	9.216	8.933	11.770	黄山市	5.067	10.055	13.320

续表

地区	2004 年	2008 年	2013 年	地区	2004 年	2008 年	2013 年
宿迁市	3.595	4.298	17.717	滁州市	2.974	7.072	9.447
浙江省	13.354	10.348	23.283	阜阳市	2.657	2.914	4.939
杭州市	19.052	16.181	31.257	宿州市	1.234	3.511	6.534
宁波市	23.290	17.818	32.269	六安市	2.430	3.673	5.159
温州市	10.844	7.923	23.841	亳州市	1.543	3.393	7.355
嘉兴市	16.978	12.381	21.541	池州市	3.822	7.290	19.213
湖州市	10.919	6.231	18.828	宣城市	5.614	6.207	9.911

资料来源：中国经济普查数据（2004 年、2008 年、2013 年）和《中国城市统计年鉴》（2005 年、2009 年、2014 年）。

从表 2-11 可以看出，长三角地区在一体化过程中延续了历史商帮和近代工业化的商业传统。长三角地区 2004—2013 年的创业率始终高于全国平均水平，上海市的创业水平在 2004 年达到了全国的 10 倍以上，即使在 2008 年经济低迷时期也有 4 倍，但随着创业水平的整体提升，2013 年其保持在近 2 倍的水平。江苏省和浙江省的创业率均稍高于全国平均水平，而安徽省的创业情况延续了近代的萎靡态势，低于全国和长三角的平均水平。可见上海仍为长三角乃至全国的创业龙头，江苏省和浙江省紧随其后，而安徽省稍稍落后。江苏省的苏州市、常州市和无锡市，浙江省的杭州市、宁波市和金华市，安徽省的合肥市、铜陵市和芜湖市均为创业水平相对较高的城市，与近代工业化情况相似，可见创业活动有一定的持续性。

从时间发展趋势来看，上海市的创业率逐渐与苏浙皖三省趋近，表明长三角地区的经济发展向一体化方向发展，各地在资本流动和市场互通的过程中共同稳步前进。

从宏观经济发展的角度来看，整体经济发展水平较高的城市与创业活动较活跃的城市基本对应，说明长三角地区从历史商帮和近代工业化时期继承而来的商业传统为当今的经济发展提供了原动力，其保有的江南文化的良好基因为长时间的稳定发展打下了坚实的基础。2018 年，人均 GDP 最高的三个城市均在江苏省，即苏州市、无锡市和南京市，且实现了对上海市的超越。江苏南部、浙江北部、安徽东部的几个城市处于第二梯队，可见长三角一体化进程是以上海市为中心，以向周边辐射的形式呈现。随着国家战略的不断推进，距离上海较远的地级市将会跟进，实现整个地区的经济繁荣。

2.4 江南文化基因对长三角一体化发展的启示

2.4.1 追溯江南文化的多重起源，理解长三角神秘历史基因

对于长三角一体化发展而言，其发展不是无源之水、无本之木，寻找支撑其一体化发展的内在发展理念和发展逻辑，对于促进长三角地区的发展具有重要的意义。前文的分析已经揭开了江南文化历史基因的神秘面纱。

其一，近代工业化之前的农业生产要素是小农经济时期影响江南文化的重要因素。一方面，紧张的人地关系促使江南地区从中国历史上典型的农业社会向"农商并重"的二元经济转型。另一方面，以水稻种植为主的种植结构促使江南地区形成了与北方不同的信任模式，形成了强集体、强信任的江南文化。同时，江南地区棉纺织生产这种高附加值的劳动改变了江南文化的性别观念。

其二，近代通商开埠浪潮带来的西学东渐深刻影响了江南文化的发展。江南地区的港口虽只占9个，规模却是最大的，这些城市诞生了一大批现代企业及企业家。近代通商开埠通过商业繁荣、企业文化、人力资本和交通基础设施对苏、浙、徽等江南腹地的经济发展具有明显的带动作用。

其三，江南地区贫乏的矿产资源使得其逃脱"历史的诅咒"。资源禀

赋是地区自然条件的重要内容，矿产自然资源相对稀少是江南地区形成小型产业结构的重要原因。而这样的产业结构可以通过产业组织、人力资本和创业文化，影响江南文化的形成，使得长三角地区在长期发展中不太依赖于资源相关产业，能够在改革开放初期快速赋能。

江南地区丰厚的发展历史，鱼米之乡、丘陵地貌和密集的水网共同形成了长三角城市群发展的地理共同体。与江南文化历史起源相关的农业生产条件、重视集体的信任环境、先进的性别观念、繁荣的企业文化、便利的基础设施以及特色的小型产业结构形成了长三角城市群历史上的文化和经济共同体。历史的地理共同体、治理共同体、经济共同体和文化共同体共同构成了当今长三角一体化发展的基础，为长三角地区经济一体化发展提供了绝佳的发展机会，也是长三角城市群得以快速发展的动因所在。

2.4.2 复刻江南文化的人文价值，塑造长三角独特地区性格

2.4.2.1 复刻地区人格的精华

历史上江南文化中与统治者愿望背道而驰的一种特殊的地区人格的兴起，与商人地区间的流动和商品经济的发展具有重要的联系。同时，长三角地区现代人格中较低的顺同性恰好对应了历史人格刻画的"疲"和"难"，即江南文化的敢于反抗，勇于突破旧思维和旧模式等特点，为后来长三角地区的经济和社会发展埋下了伏笔。江南人在"开眼看世界"过程中的开放包容、海纳百川，从"红色起点"、浦东的开发开放、乡镇企业的异军突起和苏南模式的成功中彰显的敢为人先、开拓进取，"实业救国"道路上的尚德务实、义利并举，都是江南文化宝贵的人格底色，值得现阶段"新江南人"的继承与复刻，有利于地区人与人之间的认同和长三角一体化的发展。

2.4.2.2 注重人力资本的积累

江南自古就有崇文重教的浓郁风气，崇尚"诗礼传家""耕读传家"。苏商、徽商和浙商都有重视教育的传统，沪商融贯中西的教育理念更是培育了中国第一批适应现代工业社会的人才。自从科举制度创立以来，江南

诞生的科举状元几乎半分天下。从近代的初、高级小学生，改革开放初期的科学工作人员到现代的大学生，江南文化源源不断地孕育了高层次人才和创新技术，"崇文重教、精益求精"是江南经济社会持续快速发展的动因所在。在当前经济发展中，人才是现代社会竞争与发展的重要生产力，人的因素在各种商业文化的传播和传承中扮演着至关重要的角色，而长三角地区优秀的人才资源将成为长三角地区经济发展的底气和一体化进程中的重要推手。

2.4.3 延续江南文化的商业传统，助推长三角现代经济发展

中国和一些发达国家的研究表明，地区的商业活动在百年历史中常常表现出非常强烈的延续性，即使战争等外部冲击也不能改变这种趋势，研究将这种商业活动的地区持续性归结于地区商业文化的影响。从前面的分析可以看出，由于地理和历史原因的影响，长三角地区具有悠久的商业文化传统。从历史商帮的独秀枝头，到近代工业化的一马当先，长三角地区现代经济活动繁荣的基因早已蕴藏于其长久以来的地区商业文化之中。在未来发展过程中，认清长三角商业文化的基因，并在结合当前发展环境的基础上将其延续并发扬光大，是长三角地区可持续发展的助推器。

2.4.3.1 重视市场竞争，培育中小企业

竞争是市场经济的基石，历史实践证明，公平的市场竞争环境才能促进地区创新，激发出地区发展的活力，在此基础上发展出来的数量众多的中小企业才是地区韧性的重要组成和地区商业文化繁荣的主要力量。长三角地区非垄断性的商品使市场竞争成为长三角商业文化的精髓，而开埠后西方商业文化的影响和现代商业秩序的建立进一步强化了长三角地区自由竞争的商业文化。因此，营造长三角地区良好的营商环境，保持长三角地区市场竞争的优良传统，重视中小企业的培育和发展是长三角地区经济发展的助推器之一。

2.4.3.2 认清历史局限，打造异地商会

随着经济活动的发展，城市化水平的提升和流动人口的本地化融合，

当前长三角地区已经成为一个比以往任何时代都联系更加紧密的经济共同体。在这样的背景下，过去狭隘的以地域、宗族、血缘为传承基础的商业文化已经不再适应于现代社会的发展需求。在现代的发展背景下，如何通过企业家构建一体化发展的联系网络，是促进地区一体化发展的重要议题。在这一方面，历史上的江南地区盛行的商会从微观视角为长三角地区的一体化发展提供了重要支撑。需要依靠科技创新、金融支持为企业家提供更多的发展机会；通过改善区域营商环境，构建多层次的区域合作体系为企业家提供更好的发展环境；建立健全政府与异地商会沟通的长效机制，充分发挥异地商会的桥梁纽带作用。通过宣传和引导提高长三角地区商业软实力，为长三角成为世界级城市群注入活力，形成适应新形势发展的"长三角商业新文化"。以长三角各地的企业家为主体，以共有的商业文化为依托，以当今的异地商会发展为桥梁，将有力地促进长三角地区一体化发展。

参考文献

［1］Chinitz, B., "Contrasts in Agglomeration：New York and Pittsburgh", *American Economic Review Papers and Proceedings*, Volume 51（2）, 1961.

［2］Krugman, P., "Increasing Returns and Economic Geography", *NBER Working Papers*, Volume 99（3）, 1990.

［3］Minniti, M., "Entrepreneurship and Network Externalities", *Journal of Economic Behavior & Organization*, Volume 57（1）, 2005.

［4］Nunn, N. and Puga, D., "Ruggedness：The Blessing of Bad Geography in Africa", *Review of Economics and Statistics*, Volume 94（1）, 2012.

［5］Stuetzer, M. M., Obschonka, D. B., Audretsch, M., Wyrwich, P. J., Rentfrow, M. and Coombes, M. S., "Industry Structure, Entrepreneurship, and Culture：An Empirical Analysis Using Historical Coalfields", *European Economic Review*, Volume 86, 2016.

［6］Talhelm, T., Zhang, X., Oishi, S., et al., "Large-scale Psycho-

logical Differences within China Explained by Rice versus Wheat Agriculture",
Science, *Volume* 344（6184）, 2014.

［7］Xue, M. M., "High-value Work and The Rise of Women: The
Cotton Revolution and Gender Equality in China", *Social Science Electronic Pub-
lishing*, 2016.

［8］陈方丽、金渊博主编：《温商之道：温州商人的文化传承故事》，
科学出版社 2017 年版。

［9］陈志武：《金融的逻辑》，国际文化出版公司 2009 年版。

［10］程虹、李唐：《人格特征对于劳动力工资的影响效应——基于中
国企业—员工匹配调查（CEES）的实证研究》，《经济研究》2017 年第
2 期。

［11］丁从明、周颖、梁甄桥：《南稻北麦、协作与信任的经验研究》，
《经济学（季刊）》2018 年第 2 期。

［12］杜恂诚：《民族资本主义与旧中国政府（1840—1937）》，上海
社会科学院出版社 1991 年版。

［13］葛剑雄：《中华文明中的江南文化》，《中国社会科学报》2019
年 12 月 10 日。

［14］胡恒：《清代政区分等与官僚资源调配的量化分析》，《近代史研
究》2019 年第 3 期。

［15］王世华：《富甲一方的徽商》，浙江人民出版社 1997 年版。

［16］景遐东：《江南文化传统的形成及其主要特征》，《浙江师范大学
学报》2006 年第 4 期。

［17］李涛、张文韬：《人格特征与股票投资》，《经济研究》2015 年
第 6 期。

［18］梁方仲编著：《中国历代户口、田地、田赋统计》，中华书局
2008 年版。

［19］刘瑞明、石磊：《国有企业的双重效率损失与经济增长》，《经济
研究》2010 年第 1 期。

［20］刘士林：《江南与江南文化的界定及当代形态》，《江苏社会科
学》2009 年第 5 期。

［21］吕福新等：《浙商的崛起与挑战——改革开放 30 年》，中国发展出版社 2009 年版。

［22］王福成、马素洁：《浅析中国耕地和人口变化对小农经济转型升级的影响》，《农村经济与科技》2020 年第 11 期。

［23］王彦威纂辑，王亮编：《清季外交史料》，书目文献出版社 1987 年版。

［24］吴松弟：《北方移民与南宋社会变迁》，文津出版社 1992 年版。

［25］吴松弟：《中国近代经济地理（第一卷：绪论和全国概况)》，华东师范大学出版社 2015 年版。

［26］吴跃农：《论苏商文化精神》，《江苏省社会主义学院学报》2013 年第 3 期。

［27］夏怡然、陆铭：《跨越世纪的城市人力资本足迹——历史遗产、政策冲击和劳动力流动》，《经济研究》2019 年第 1 期。

［28］严文明：《再论中国稻作农业的起源》，《农业考古》1989 年第 2 期。

［29］叶德珠、师树兴：《文化与经济增长》，《暨南学报（哲学社会科学版)》2016 年第 2 期。

［30］张海鹏、王廷元主编：《徽商研究》，人民出版社 2010 年版。

［31］中国第二历史档案馆、中国海关总署办公厅：《中国旧海关史料》，京华出版社 2002 年版。

［32］中华续行委办会调查特委会编：《1901—1920 年中国基督教调查资料》，中国社会科学出版社 2007 年版。

［33］朱宝炯、谢沛霖：《明清进士题名碑录索引》，上海古籍出版社 1980 年版。

［34］朱国栋、刘红编著：《百年沪商》，上海财经大学出版社 2010 年版。

3

品牌：江南文化与长三角世界级城市群的品牌建设

3.1 江南地区的形成历史与文化源头

3.1.1 江南地区地理范围的历史衍变

"江南"一词依托自然山川而生，单就字面含义，多指长江之南，而"南"作为地理方位词，没有明确的地域边界划分，然而在历史上，江南在不同朝代被赋予不同的地理范围，不断变化且具有伸缩性。早在先秦时期的史书《吴越春秋》中有记载，江南是指东周时期包含吴国和越国在内的诸侯国领地。在秦汉时期，江南指长江中游南部地区，为楚国领地，包括湖北南部、湖南全域，而长江下游江南地区被称为江东。魏晋南北朝开始，江南向东部扩张版图，囊括江浙一带，直到唐朝才出现相对明确的江南概念。

据《旧唐书》记载，贞观元年（627 年），太宗将大唐分十道，设立江南道，此时江南道已经完全处于长江南部，范围西起四川及贵州直至海滨，也是从此时开始了江南地区由北向南压缩的过程。鉴于江南道过大的地理范围导致其内部社会经济文化存在较大差异，在开元二十一年（733 年），江南道细分为江南东道和江南西道，江南东道包括福建、浙江以及江苏南部、安徽南部和上海，江南西道包括湖北东南部、湖南、江西等地。天禧四年（1020 年），由于行政制度的变革，宋太宗改道为路，设有江南东、西路，其中，江南东路管辖一府（江宁府）七州（宣、歙、江、池、饶、信、太平）二军（南康、广德），范围包含现今安徽、江苏及江西东北部区域；江南西路辖区主要范围包括今江西省全域，彼时，苏南、上海、浙江地区属于两浙路。宋室南渡后，两浙路分为浙东路和浙西路，《宋史》记载浙西路包括四府（临安、平江、镇江、嘉兴）三州（湖州、常州、严州）一军（江阴），主要指如今上海、江苏南部和浙江北部地区。从元代开始，江南地区明确地指向浙西和三吴地区，至元二十二年（1285 年）忽必烈开创行省制，将浙东路、浙西路、江南东路和福建路纳入江浙行省。明清时期，江南地区的地域范围进一步缩小。朱元璋建立明朝以后，以凤阳府为核心建州，设京师，称直隶，后于洪武十四年（1381 年）调整浙江行省，将苏州、常州与润州剔除后加入湖州和嘉兴。永乐十九年（1421 年）朱棣迁都北京，将直隶改为南直隶，至此原本渐而清晰的江南概念变得混乱。直到清顺治二年（1645 年），将南直隶命名为江南省，地域范围包括江苏、安徽和上海，此后清政府在江南省设左右布政使分管，左布政使分管九府四州（今安徽及苏北），驻江宁，右布政使分管五府（镇江、常州、江宁、苏州、松江），驻苏州，此时为江南分省的开端。乾隆二十五年（1760 年），江南省完全分立，后人根据地理特征和行政区划将八府（应天府、镇江府、常州府、苏州府、松江府、嘉兴府、湖州府、杭州府）一州（太仓州）作为江南地区，也就是现在的长三角地区的核心区。

3.1.2　人口迁移与江南经济发展

东汉末年三国时期，黄巾起义爆发，朝廷派官军镇压，兵荒马乱，社会动荡，无辜百姓枉死，据《三国志·魏志·文帝纪》记载："灰黄巾盛于海岱，山寇暴于并冀，乘胜转攻，席卷而南，乡邑望烟而奔，城郭睹城而溃，百姓死亡暴骨如莽。"紧接着"董卓之乱""李榷郭汜之乱"，再到后来曹操角逐中原与辽东，接连的战乱不仅使得黄河流域人口死亡惨重，也使得在北方的农民和地主看中江南地区稳定的社会状况纷纷南渡，其迁移的路线主要分为西南和东南两个方向，一部分人迁徙到长江中游巴蜀地区，尽管这里存在军阀割据，但相对稳定且自然条件优越、生产经济发展良好，难民的流入使得巴蜀地区人口激增。另一部分人迁徙到东南地区的扬州、杭州及岭南，此方向的迁徙是三国时期的最大流向，《三国志·魏志·华歆传》中记载"四方贤士大夫避地江南者众"。曹魏政权税赋繁重且频频欲内迁移民，于是便有了史书中写的"江淮间十余万众，皆惊走吴"，"民皆相惊，十余万众皆东渡江，江西遂空，合肥以南唯有皖城"。相比三国时期相对零散且规模较小的迁徙，西晋时期的"永嘉之乱"中原士族第一次大规模南迁。西晋周边部族欲篡位夺取西晋政权，朝廷受胁迫带领士族臣民由洛阳南渡，迁都建康（今南京），便有了史记中记载的

"永嘉之乱，衣冠南渡"。

　　唐代中期爆发的"安史之乱"导致第二次大规模的人口迁徙。由于唐政府昏庸腐朽，对贫困百姓剥削严重，民不聊生，同时节度使势高盖主，唐天宝十四年（755年），"安史之乱"爆发且持续时间长达八年之久。社会的强烈动荡，经济受到重创，大量人口迁徙，主要从江南、江西及蜀中一带迁移到长江下游地区。此次迁徙使得南北地区人口分布发生较大的变化，南方人口增长了26.7%（由41.6%增加到68.3%），而这些避难人中有三分之一选择了苏州，据史料记载，苏州户由76421户增加到了100808户，增幅达到31.9%。除苏州外，江西也是主要的北人南迁地。北宋末年至南宋期间的"靖康之难"导致历史上第三次大规模人口迁徙。靖康二年（1127年）金军入侵汴京，烧杀抢掠，废宋钦宗帝位并驱逐北返，后南宋建都杭州，加之此时蒙元入侵中原，致使汉族南迁，此时江南地区成为新的政治经济中心。至此，古代人口迁移进程结束。

　　历史上这几次大规模人口迁徙对江南经济、文化等方面的发展影响深远。在周秦时期，长江中下游地区为丘陵地带，湿热异常，地广人稀，农业发展落后，大片国土尚未开发，人口重心以及经济重心都在黄河流域，为躲避三国时期的战乱，贫民和小地主南渡，江南地区的土地开垦度初步增加。到后来的魏晋南北朝时期，南迁的人口除去饱受战乱的贫民，还有北方士族，他们为江南地区带去了大量劳动力和先进的技术，江南土地大规模被开发，同时改变了原来的刀耕火耨的耕作方式，开始兴修水利，相应的农作物种类和产量上升，江南地区农业得到发展，为经济重心的南移奠定基础。破坏强度大且持续时间久的安史之乱令江南地区的人口净增四倍多，激增的人口使江南地区的农业进一步向精耕细作发展，同时江淮和太湖地区的土地被开垦，当地民众也开始发展商业和海运业等多种产业，经济一片繁荣。另外，隋唐大运河的开通也对当地的发展起到重要的推动作用。唐后期，以扬州为首的江南的经济发展就已经超越了北方。南宋时期，经济重心的南移基本完成，江南地区经济发展已超过北方地区，明清时期南方经济得到进一步巩固和发展，商品经济蓬勃发展，资本主义萌芽产生。

3.1.3 江南地区的文化起源与发展

江南地区独特的文化是由其特有的地理因素和历史因素造就的。早在新石器时代，长江下游太湖流域的文化就呈现出显著的区域特色，包括马家浜文化、崧泽文化以及后来的良渚文化，陶瓷制品及丝织制品工艺精湛，纹路风格以素面为主，文化类型丰富且自成一体。相比之下，宁镇地区的文化遗存较少，包括丁沙地文化、北阴阳文化等，从陶瓷制作来看，工艺较为粗糙，花纹以素面为主，其特征与江淮及中原文化有相似之处，而造成这种差异的原因是，太湖流域因水网密布相对封闭，受到其他文化影响小，而宁镇地区地处交通要塞，与中原文化接触多，故而受其影响较大。到了商朝，宁镇地区湖熟文化的文化渊源主要是延承了新石器的晚期文化并融合了中原文化，而太湖流域的马桥文化主要融合了几何印纹陶文化与夏文化，文化发展出现倒退。其后，吴、越两国崛起，在长江中下游形成吴文化与越文化，但彼时吴、越文化的影响力仅限于江南地区，随着吴、越两国的扩张，开始有意识地吸收中原文化。"永嘉之乱"时中原士族南迁，给江南地区带来了优秀的人力资本和先进的思想，融合本土文化，形成了以士族精神、书生气质为内核的江南文化，同时，江南地区一改原来崇武好勇的习惯，开始崇文，完成了江南文化的初次转型，成为汉文化。唐代中后期江南凭借优越的自然地理条件有了长足发展，尽管唐末藩镇割据、各路军阀混战，江南依旧持续稳定发展，人口大规模南迁，江南地区发展迅速，形成了以太湖流域为核心的财赋重地，江南文化逐渐占据主导。

经过长期社会动荡和文化变迁，明清时期的江南文化达到鼎盛状态。此时的江南地区是一个囊括丰富聚落层次、丰富产业形态、发达水运网络和多元城乡关系的大市场，发达的经济与江南地区文化的变迁有着千丝万缕的联系，同时纷繁的江南文化类型相互独立、相互碰撞、相互渗透、相互融合，最终形成了具有创造力和影响力的江南文化。

一是江南地区的商业文化。与儒家文化不同，江南地区重商且商业氛围浓厚，形成了初期的资本主义工商业模式。在这个过程中，徽商崛起，开始向苏州靠拢，在苏州及江南市镇形成了一个商业网络。作为盛世江南的重要推动者，徽商除了给江南地区带来人气和财富，也在江南地区催生出了徽州文学、艺术在内的徽州文化，江南文化也因为徽文化的融入而更加生动丰富。

二是江南地区的市民文化。基于不同的地域环境和生活阶层，人们生活不尽相同，早期农业时代，农民疲于劳作没有时间念书，宋代以后江南地区商品经济发达，市民阶层多是有文化的，他们居住相对集中，拥有作坊和商店并且雇佣劳动力，这形成了市民文化。他们培养自己包括读书、书画在内的风雅项目，推动了当地竹刻业的发展，例如，嘉定的竹制品为最，培养出了秦一爵、沈大生、封颖谷在内的一大批竹刻名家，还有杭州及徽州出版业的发展，不断满足市民生活的需求。另外，这种版刻业的联动和市民相互的交流融合，促进了客源文化与土著文化的碰撞和渗透。

三是江南地区的运河文化。四通八达的水运是江南地区经济繁荣的基础，除去长江、京杭大运河等大江大河之外，江南地区还有包括黄浦江、秦淮河、灵江、青弋江等交错密布的河流及包括太湖、洪泽湖在内的众多大小湖泊，共同构成江南密布的水网，形成了江南地区的水运及海运产业，由此派生出了有江南特色的移民文化、水文化及码头文化。

四是江南地区的精英文化。一方水土养一方人，受湿润气候和地方风俗的影响，江南地区在长期发展中培养出一大批具有江南特色的文人才子。江南才子聪明智慧、内敛儒雅，明清时期，江南地区的状元人数约占全国一半，有着数量多、水平高的特点，同时江南开放的态度使得这一地区涌现了众多文学家、思想家在内的各种学术大师，提出了一系列改革社会制度和经济体制的言论，引领时代发展。

晚清到民国时期，军阀割据，此时的经济文化中心已经从苏州和扬州转移到了上海地区，派生出一种新的文化——海派文化。后来孙中山在南京建立国民政府，江南地区更成了政治、经济、文化中心，展现出了极强的开放性、包容性以及领先性。江南地区成为引领中国的江南，其文化也成为引领先进文化的江南文化。

3.1.4 江南文化与长三角一体化

从江南地区的历史演化过程和江南文化的特征来讨论现在的长三角一

体化问题，具有很强的历史借鉴意义。

（1）从区域文化看，根据最新的《长江三角洲区域一体化发展规划纲要》的区域划定，长江三角洲包括浙江、安徽、江苏及上海，共 41 个城市，区域范围与历史上的江南省相似。所划分的长三角区域文化类型中囊括了吴文化、越文化、徽文化、海派文化在内的多种文化类型，尽管长江三角洲地区均属于丘陵和平原地区，但是历史上的行政区划的存在影响了文化本身的同一性，江南内部行政壁垒的存在影响到了城市间的人口流动与经济合作，造成了江南文化百家争鸣的现象。历史进程中吴文化、越文化、徽文化、海派文化在不同时期的流行，融合造就了江南文化，所以，相比于其他文化，江南文化更具有广泛的代表性和覆盖性。

（2）从心理认同上看，人与人之间通过交流来学习和分享，产生感情上的共鸣，长江三角洲地区就存在这种天然的优势。历史上江南地区地理临近，民风民俗相近，经济相融，语言相通，民众之间认同感强，交流无障碍，这显著降低了长三角一体化实施难度。

（3）从现实需求看，由于长三角城市群城市较多，因而长三角高质量一体化的实现，需要地区人民之间联系更加稳固，而维系关系的纽带就是依靠共同的文化。在文化、经济对区域发展越来越重要的今天，实现文化的融合及协调发展对促进长三角地区发挥竞争优势有重要作用，如果没有良好的协调机制，经济发展水平存在差距的城市将很难做到利益共享。

3.2 江南城市的兴起与发展演化

3.2.1 江南城市的兴起

城市，一个复杂的系统，是在漫长的历史过程和特定的地域文明环境下，由最初的聚落形态逐渐演变为以统治中心为依托的社会综合体。江南城市的产生经历了从以血缘为依托的原始部落，到具有地域特征的城邑，再到具有区域性特质的城市演变过程。

3.2.1.1 先秦时期江南城市的产生

在旧石器时代，江南先民们居住在洞穴中，直到新石器时代，江南地区的人类活动变得活跃，磨制工具且初步掌握了水稻栽培技术。原始手工业和农业的发展，加上部族人口的繁衍，使得原始聚落规模逐渐扩大，聚落分工程度加深，结构布局也更加复杂。伴随着江南地区文明程度的提高，不同形式的城邑相继出现，据《万历黄岩县志》记载，"在县南三十五里大唐岭东。外城周十里，高仅存二尺，厚四尺，遗隍断堑隐约可稽"。春秋时期，吴越两国崛起后，江南的城邑数量显著增多且超越了它最初的职能，社会经济取得了较大进步。据史载，春秋中期，吴国境内就有包括姑苏在内的大规模城邑10余处，越国境内有埤中、会稽山上城、会稽山北城、摇城、东顾等城邑数个。这些城邑的建设多具有较强的政治特性，且初步具有了城市的特征，有代表性的埤中是越王允常的都城，会稽山上城和山阴是越王勾践的都城，姑苏是吴国都城。在吴越两国统治下，江南地区土地开发程度加大，农业也从原始农业向传统农业过渡，同时冶炼、造船、纺织、陶瓷等手工业有了较大发展。

尽管在先秦时期城市形态还不成熟，且只属个别现象，但是城市的出现是江南地区社会发展的重要体现，同时城市的产生带来商业发展更集中及市民的出现等一系列社会的变化。

3.2.1.2 秦汉六朝时期江南城市的初兴

秦灭六国后，在全国范围内推行郡县制，首批郡县城市确立。此时的郡县城市是早期城市的基本形式，同时部分郡县城市较为活跃。如会稽郡依靠自身丰富的物产、便利的交通和发达的社会经济成为"通渠三江五湖"的都会；钱唐（唐以后改为钱塘）因是会稽西部尉的所在地，又有水军驻扎，因而朝港口城市发展，贸县和句章也因沿海且贸易活跃而成为港口城市。与中原地区相比，秦朝至西汉时期江南地区的发展较为缓慢。到了两汉时期，中原地区动荡，战乱四起，江南地区社会稳定，大量北人南迁，给江南地区带来了先进技术和劳动力。东汉时期，江南发展加速，牛耕推广，手工业（冶铁、铜镜制造、煮盐、制瓷、纺织、造船）也发展到了一定的水平，其中制瓷业工艺娴熟，制盐业也悄然兴起，社会开发加速，也推进了东汉时期江南郡县城市的发展。为便于管理，永建四年（129年）汉顺帝下令将会稽郡一分为二，江东设为新会稽郡，江西设为吴郡，这标志着江南政治地理的开拓加速。据统计，东汉末年较之初增加了7个郡县，包括原先认为不可设郡县的地方，城市的地域分布日趋广泛。除去新增设的郡县，原有郡县城市也有较大的发展，如杭州因为海塘的修筑使得港口贸易有了长足的发展，同时一批新的港埠（宝石山港、上堤港、前洋街埠）在此基础上应运而生。会稽郡沿海城市（句章、鄮、章安）的海上贸易发展迅速，其贸易范围和规模不断扩大。江南地区六朝分立，纷纷建都江南，从此江南地区变为王畿腹地，建康作为六朝都城，居住人口百万，规模超过长安和洛阳，成为大都市。吴、山阴、京口、东阳、永宁、毗陵、乌程、钱唐、章安等较具规模城市，商贸活跃，属于地区中心城市，还有一大批较小规模城市共同构成江南地区的城市体系。

六朝时期，史无前例的大规模人口迁徙浪潮使得江南地区人口激增，大明八年（464年）仅丹阳、会稽、吴、吴兴、东阳、临海、永嘉、新安诸郡，人口规模已经超195万，一些地方甚至出现了民多地少的现象。同时六朝政府为了加强统治而重视经济发展，鼓励垦田耕织，广修水利，大力发展农业，农耕技术走向成熟。另外，手工业发展较好，纺织、矿冶、制瓷、造船、造纸、制盐、制茶等都为当时先进水平，特别是吴郡、吴兴郡和会稽郡三城成为南方最发达的地区。

随着社会的不断开发，城市经济活跃，商贸兴盛，江南地区的商业文化始兴。建康城内一片繁荣，"小人率多商贩，君子资于官禄，市廛列肆埒于二京，人杂五方"，综合市场和专业市场共存；山阴城内商贾云集，店铺林立；吴兴郡城处于建康、吴郡与会稽交会处，大批商人往返于此，贸易兴盛。市场上交易的商品日见丰富，由粮食和日用品变为农产品和手工品。商贸的繁盛和水陆交通的改善，跨地区商贸也逐渐兴盛起来，规模不断扩大，整个江南市场联系紧密，逐渐出现了市场分工。

3.2.2　江南城市的发展

隋唐五代时期，江南持续发展，特别是太湖流域，其城市发展也到了一个新阶段。除去城市数量的增加，城市空间网络进一步完善，杭州和苏州全面兴起，城市经济更活跃。杭州因为在大运河的起点，是江南漕运的枢纽，与长江沿线及北方各城市联系紧密，在唐中后期发展成为商贸大都市。苏州工商业发展较好，众多的经营者每逢春秋季集会，有了早期商会的模样。随着商贸的繁盛，苏、杭两城不再以行政区划为活动空间，而是向跨地区中心城市发展，逐渐形成了以苏、杭为核心的城市群。港口城市也进一步发展，作为重要的海外贸易通商口岸，明州（今宁波）的往来贸易范围包括日本、朝鲜半岛、东南亚等地，台州和温州海外贸易亦很发达。

在商贸快速发展的同时，江南城市经济也呈现出分化趋势，主要表现为：（1）城市手工业持续繁荣。唐代手工业已经成为城市经济不可或缺的部分，特别是在苏杭这样的大城市，行业众多，比如，杭州的纺织业、越州的造纸业和制瓷业、明州的海产品加工业。（2）城市经济开始突破传统区划限制。唐朝中后期，江南城市中开始出现夜市类的市场活动。除去城市内的工商业活动，城市外郊区也受到这种文化的渗透。

3.2.3　江南城市的繁荣

3.2.3.1　宋代江南城市的兴盛与繁荣

经过前期的发展，江南城市在宋代达到一个繁荣阶段，整体水平显著提升并开始引领全国城市发展。尽管两宋时期的战乱使太湖流域周边城市受到破坏，杭州、苏州市民惨遭屠戮，但是这并未影响江南城市的繁荣。在江南城市中，大城市的发展凸显。临安作为彼时的都城，依靠其深厚的历史积累和政治优势，一跃成为南宋最为繁华的城市。大街坊巷店铺无一虚空，往来商贩无数。除原先已有闹市，在城南、城北形成大规模商业区，包括书铺、刻版、印刷、酒楼、商店等，全方位满足市民休闲娱乐需求。苏州和杭州的发展也较唐代更加繁盛。除去大都市，嘉兴、常州、湖州、镇江、庆元、温州等一般的州府城市也呈现兴盛景象。在这空前繁荣的时期，江南城市的形态悄然发生转变，部分江南城市开始突破原有的身份限制，城市功能分化，在南宋时期，形成了各具特色的多类型城市，包括综合型、经济型、港口型、政治型。

伴随着城市形态的转变，原有消费性商业已经难以适应现实社会的需求，这导致原有商业分化为流通业、批发业和零售业，分别构成城市商业体系的上游、中游和下游产业。商业分化直接推动了专业性商业街区的出现，如肉市、花市、米行、鱼行等各种门类一应俱全。与商业一样，南北宋时期的城市手工业也相当活跃，能够满足不同层次人的需求，且商品化程度极高，市场开放度高，产品销往各地。除去商业和手工业，江南城市还兴起了服务业、外贸业、文化业、旅游业、园艺业及作物种植业在内的多种产业形式，城市经济体系进一步完善。

值得一提的是宋代市民阶层的壮大。以工商业突破原有限制为代表的江南城市变革的实质是城市文明的进步，具体表现为，小农意识主导的农耕文明的突破，以商业精神为核心的城市文明的觉醒。从社会构成来看，市民的构成为工商业人员、部分具有商业观念的管理、文化人员、农业人员等，他们直接参与工商业活动，且有各自的领域和分工，与之相匹配的"行""团""作""社""会"之类的社会组织日渐活跃，其中，"行""团""作"属于工商业领域，"社""会"属于文化演艺领域，市民生活具有较强的自主性和丰富性。市民阶层的壮大和发展调整了传统的阶层结构，对新思想、新文化、新观念的产生有较大的推动作用。作为商业性文化娱乐的产物，市民文化的兴盛，社会风气和文化生活的扩散在一定程度上丰富了江南地区文化的内涵，提高了江南城市的影响力。

3.2.3.2 明清时期江南城市的成熟

在明清时期，江南城市的发展并没有质的提升，属于宋代江南城市的延续和成熟。朝代交替引发社会动荡，江南经济受创，江南城市在曲折中发展，但总体保持了在全国的领先地位，逐渐走向成熟，明代有名的工商业城市中，有近一半城市位于长三角，其中，苏、杭在内的大城市表现最为突出。

尽管在元代末期遭受战乱，苏州在明代建立以后恢复繁华景象，此时的苏州已经成为全国最大的丝绸、棉布、书籍、粮食、日用品市场，同时凭借其区位和经济优势，成为江南地区不可或缺的商品集散地。手工业的发展也更加成熟，染坊、丝织等行业的从业人员更庞大。尽管杭州依然兴盛，到清朝，苏州超越杭州并在全国确立领先地位，辐射能力遍及全国，形成了一个多层级且成熟的市场经济体系。苏、杭之外，南京也崛起成为江南大都市。相比之下，上海发展较晚，清朝前期开始发展沿海贸易，成为太湖流域的农产品交易中心，据古籍《岛船志略》记载，"南北物资交流悉借沙船，每日满载东北、闽、广各地土货而来，易取上海所有百货而去"，上海开始向商贸大都市发展。基于中外贸易和经济文化的交流，原先经济发展水平还远不及苏州的上海在长三角地区快速崛起，成为长江流域的贸易大城。清末，西方列强侵华，驻扎且投资长三角，上海也因此成为中国最大的工业、贸易和金融中心，引领经济发展。

3.2.4 江南城市与长三角一体化

自先秦以来，江南城市形态和功能不断演进，从城市到大都市再到以大城市为核心的城市群，城市间分工协作、功能互补、合作共生，在经济、文化、社会发展等方面紧密的联系，造就了历史上江南地区的繁荣。江南城市与城市群的空前繁荣得益于以江南文化为母体繁衍出发达的共生与合作关系和城市间便捷的交通。经过漫长的朝代更迭和历史演变，江南文化在这星罗密布的江南城市集群中孕育出江南市民文化、商业文化、运河文化在内的多种文化，这主要依存于江南城市地理的邻近性和生活方式的相似性，不仅促进江南城市间的合作与共生，更促进了文化的融合。同时，城市间的经济、文化交流与各方面繁荣分工协作需要便捷的交通作为基础。太湖流域水网密布，城市间交通快捷，运河文化发达，且借助江南运河和海上丝绸之路，江南沿海城市还一度成为古代中国与海外联系的交通枢纽。

改革开放以来，古代江南地区的核心地带被冠以长三角城市群的称号，城市功能不断分化与完善。正是依托古代江南城市发达的经济和繁荣的文化，同时也正是与古代江南城市内在一致性的发展模式与文化生态以及先进的城市层级结构，成为如今长三角一体化实施的基础和重要借鉴，长三角城市群才能以率先发展的姿态引领中国都市化的进程。

3.3 长三角世界级城市群的
文化品牌建设

3.3.1 区域品牌的概念

从字面意思看，区域品牌包括区域和品牌两个内容，其中，区域代表一定的地理范围，品牌一般是指基于特色产业结构的产品及其名誉度。大多区域品牌都以区域产业集群的历史脉络、文化渊源、区域形象等为价值取向，将区位特征和产业类型相组合构建品牌名称。可以说，无论是在地区产业集群的发展还是企业成长过程中，区域品牌都发挥着重要的作用。

3.3.1.1 区域品牌的内涵

建立在地域产业集群类型和发展水平基础上形成的区域品牌，往往代表某一区域在该产业领域内具备较高的知名度和良好形象。相较于单个企业所形成的品牌效应，区域品牌的生命力更强、品牌效应更大，当成长到一定程度，能够产生规模经济效应进而带动本地经济的发展。结合国内外对区域品牌的研究，可以对区域品牌进行如下界定：区域品牌是在一定的地理范围内，由具有地域特色的、已经具备一定规模和足够影响力的产业集群所生产的产品和服务所形成的综合形象、标识及其给区域带来的名誉度。

3.3.1.2 区域品牌的性质

区域品牌具有区域性、产品特性和品牌特性三种属性。首先，区域性是指只有在一定的区域空间范围上形成的品牌才可以称之为区域品牌，这里的空间范围并非特指单个城市或者单个企业的狭义辐射空间，而是指超越城市和企业自然边界的范围。其次，产品特性是区域品牌的本质内容。这个性质实际上说明了区域和产品的不可分割性。具体来说，无论区域品牌的名称如何、呈现哪种表现形式，品牌的实际建设和效应实现都离不开物质载体，而最合适的载体正是产品。只有通过提供具体产品，区域品牌才能以实体形式进入市场，为消费者知悉，进而提高获得竞争力和经济效益的可能性。最后，品牌特性是区域品牌附加值和公众认可度的现实体现。品牌可以被认为是一种无形资产，是通过产品内容提供和市场竞争及反馈机制所形成的一种形象认知度。区域品牌的品牌价值越高，给区域产品带来的附加值就越高，客户忠诚度也越高。

3.3.1.3 区域文化资源和文化品牌

相对于其他资源，文化资源具有自身的独特性。当前，以精神文化为代表的"软实力"作为一种战略性资源，越来越成为影响区域竞争的重要因素。区域文化资源是伴随着一个区域出现、发展、成熟的过程而形成的精神载体和情感寄托，能够支撑和维系区域内的生命力和凝聚力。同时，文化资源也具有稀缺性，尤其是对历史文化传统资源的开发与利用，若坚持可持续发展理念合理地将其转化为文化资本，将产生巨大的经济效益。通过建立和发展区域文化品牌，将区域文化转化为特色产品和服务，不仅有利于为区域内文化企业带来溢价、产生增值，实现经济利益，还能增进消费者对于区域文化的了解和认可度，提高区域文化的知名度、美誉度，产生深远的社会效益。

3.3.2 江南文化对长三角世界级城市群的品牌价值体现

在城市化进程加速推进和区域竞争形势愈发复杂的背景下，对于经济发达的江南地区，如何在继承和保护的前提下充分开发并利用江南文化资源、形成长三角世界级城市群的文化品牌，提升区域综合竞争力，已成为区域可持续发展和融入国际平台的重点努力方向。

3.3.2.1 发展江南文化的现实诉求

发展至今，长三角城市群始终面临着一个悖论：作为经济发展的领头羊，坐拥丰富的文化资源，但文化软实力始终没有发挥出标杆性的作用。事实上，这源于长期以来文化建设方面的短板。第一，虽然拥有丰富的文化资源禀赋，但实际开发以粗放形态为主，成效不足，削弱了发展区域文化事业的动力。第二，文化产业得到一定发展的同时，仍存在具体形态上的同质竞争等问题，降低了文化产业发展的附加值。第三，虽然文化设施等硬件设施的投入不断增加，但对文化事业中的工作人员开展专业能力培训的重视不足，对于区域文化发展系统的整体设计和协同运作机制也有待加强。

研究并在实践中发展江南文化，契合新时代对区域经济社会发展提出的新要求。在以下几个方面的影响之下，挖掘江南文化的当代价值将变得越来越重要。首先，从地理空间上看，作为我国经济领头羊的长三角地区与古代江南的范围是基本吻合的，因此，研究和发展江南文化不仅仅是一个历史问题、文化问题，对于揭示长三角经济繁荣背后的精神文化因素将具有现实意义。其次，在城市化进程和城市间联系不断增强的推动下，以城市群为代表的城市区域已成为国家和地区参与全球竞争、增强国际影响力的重要平台，长三角地区更是提出了建立世界级城市群的宏伟目标。其中，文化"软实力"将是提升长三角城市群综合实力的一个重要维度，保护和合理开发文化资源，打造文化高地，将极大地提升长三角城市群对当代中国和世界的影响力。最后，经济决定文化，文化对经济具有重要的反作用。事实上，文化资源不仅能够通过转化为资本带来巨大的经济效益，还能通过发展公共文化事业改善文化环境、提高精神文明，对于良好社会风气的形成与居民心理健康的维护也具有深层作用。因此，在国际环境复杂多变、人口密度持续增加、生态保护形势严峻的现实背景下，无论是实现内部绿色循环发展还是形成外部竞争优势，长三角世界级城市群建设都需要将发展江南文化置于重要的战略地位。

3.3.2.2 江南文化的当代内涵

长三角城市群的历史、现状与未来，从经济发展到社会结构的演变，都与江南地区独特的人文地理、文化传统、精神范式是密切相关的。江南文化的当代内涵可以从以下几个方面理解：

其一是以江南诗性文化为代表的尚德务实、义利并举。从"非必丝与竹，山水有清音"到"先天下之忧而忧，后天下之乐而乐"，再到"天下兴亡，匹夫有责"等等，江南诗性文化在我国传统文化中自成一体，形成了较为发达的审美功能和正确的义利观，对地方居民的个体性格塑造发挥着潜移默化的作用。在盲目追逐经济利益的时代，开发和利用好江南诗性文化资源并为其赋予时代内涵，对于改善人民群众的精神生活具有重要意义。

其二是在长期历史进程中伴随着经济发展和社会变迁而形成的开放包容、兼收并蓄。长三角地区自古就具备独特的区位优势，水资源丰富，河湖体系发达，同时靠近海洋，交通便利，这为江南地区的造船业和贸易流动提供了得天独厚的优越条件，加之京杭大运河的南北贯通以及明代航海事业的大发展，江南人民的胸怀不断拓展、视野不断开阔。从泰伯奔吴到永嘉南渡，从运河漕运到赵宋南迁，饱经战乱的中华文明多次在江南得以深度融合、休养生息，孕育了江南人包容吸纳的精神特质。近代以来，在国人"开眼看世界"的进程中，江南人民积极学习和引进西方技术，有力推动了工商业的发展。改革开放以来，以浦东开发开放为龙头，国外先进技术和管理经验迅速推广至江南腹地直到整个长江三角洲，兼收并蓄的社会风气和人文观念逐渐形成。

其三是崇文重教和伴随着精工技艺发展而形成的精益求精精神。在教育方面，从晋元帝设立太学、唐肃宗设立府学到范仲淹创办郡学，江南书院文化纷起，文风日盛。近代以来，新式学校创办并培养了一大批人才，同时出国留学归来的人员也带回了许多科技文化知识，江南地区逐渐发展成为全国科教高地和人才高地。在制造业发展方面，从古代高超的铸剑、造船等技艺，到远销海外的丝绸、刺绣，再到近现代以精致著称的"上海制造"，都充分体现了江南人在细节之处的执着努力和对于技术进步的持续追求。在江南文化的孕育下，高层次人才和创新技术不断涌现，极大地促进了江南地区经济社会的持续快速发展。

3.3.2.3 江南文化的品牌价值

品牌价值是产品提供方和消费者相互联系、相互作用而形成的系统，它包含两方面内容：其一是企业通过品牌专有提供商品和服务进而获得基于品牌附加值的收益，其二是消费者通过购买和享受品牌之下的产品而获得特定功能和情感价值。作为社会历史的产物，江南文化只有将自己的属性根植于文化产品与文化服务的载体中，通过文化品牌建设进行推广和宣传，才能发挥其独特作用。

江南文化的品牌价值可以从两方面区分：第一种是以规模化的商品生产为主要内容的实体价值。以文化商品形式呈现的文化品牌实体价值主要体现为交换价值，以市场经济中商品的使用价值和经济交换价值为主要内容。文化虽然是无形的，但通过融入实体产品和服务，文化能够更加直接地为人所感受到。因此，实现文化的品牌价值，离不开产品生产和规模经济，只有当文化产业发展到一定规模，品牌建设才能取得阶段性成效。第二种是具有象征意义的符号价值。美国学者弗莱姆在《符号的战争全球广告、娱乐与媒介研究》一书中形象地点出了文化产品的符号本质，还敏锐地指出文化产业之间的战争正在不断上演。文化是品牌产生的基础，而创新是文化品牌不断成长的动力和源泉，文化的符号价值正是基于创意手段和表现技巧呈现出的文化资源的象征意义和精神价值。通过创新释放文化资源的生命力，丰富文化资源的表现形式，既能够增强文化品牌的表现力和吸引力，也能够为更好地继承和扬弃历史文化产生积极作用。

此外，江南文化的品牌价值也可以按照文化来源的开发、利用方式进行划分，具体而言可分为商业价值和公益价值。依托特定企业或产业集群，将江南文化资源转化为商品，印有地方民俗活动的图册、邮票、景区纪念品、旅游服务等，均是典型代表。当这些产品进入市场，被消费者购买，商业价值便得到了体现。然而，以人文精神、思想情怀、优秀传统等内容为代表的江南文化，是难以按照产品系统将其具体化的，其发挥作用的机制是通过植根于民间自发的继承、交流等渠道而非有目的的消费，典型的如前文述及的正确的义利观、开放包容的胸怀、精益求精的品质等方面。通过适当的公益宣传、讲座等非营利性质的传播方式，此类文化的品牌价值——公益价值——能够在人文生态环境的塑造中发挥潜移默化的作用，长期来看，对于人的性格塑造和民族性格的培养具有不可估量的积极作用。

3.3.3　提高江南文化区域品牌影响力的政策建议

提高江南文化的品牌影响力，不仅要注重对文化资源开发的量，也要重视解决文化资源利用中的质，具体来说，可以将以下三个方面作为努力方向：

第一，地方政府尤其是文化职能部门要明确地方文化资源开发利用清单。对于清单范围内的文化资源，在继承和保护原则之下加大开发力度，充实文化资源存量。同时，沪苏浙皖应就文化产业的发展结构进行协同规划，利用自身比较优势发展特色产业，重点解决文化产业的同质竞争问题。第二，以共同的地域文化为生发基础，沪苏浙皖协同打造江南文化品牌。在尊重历史传统文化的基础上，要适应开放经济条件下都市文化现代性的潮流趋势，进一步拓宽江南文化的表达载体和传播形式，发展以江南文化为核心的旅游产业集群，促进江南文化与现代技术、产业经济之间的融合发展。第三，适时对文化事业中的工作人员开展专业能力培训。如果将建成文化品牌作为发展江南文化的初步目标，那么如何确保文化品牌系统持续而富有效率的运转就将成为重中之重的任务。为了满足建设长三角世界级城市群的需求，必须加大对区域文化品牌建设中各类人才的培养，三省一市可以协同打造人才培训基地和人才协调机制，促进优秀的文化事业工作者自由流动，为文化产业的发展注入新鲜血液和动力，推动文化产业集群建设。

3.4 长三角世界级城市群的城市品牌建设

3.4.1 城市品牌的内涵

城市品牌是伴随着地区之间、国家之间不断增强的城市间竞争出现的。城市竞争引发了城市宣传和营销，即积极地向外部介绍本地身份和形象以提高吸引力。现代营销学之父菲利普·科特勒指出，城市营销包括规划、营销和目标市场三个阶段，这三个阶段是每个城市在营销自己的形象和身份时必须做到的重要工具，也是城市品牌建设的基础资本。一个城市必须建立一个品牌来应对全球化的挑战。有了一个强大且适用的品牌，城市便能够在与其他城市的竞争中获得优势，因为它能够通过捕捉城市的精神和特点，引导城市利益相关者的偏好和选择，增加城市的吸引力、竞争力、投资和自豪感。需要指出的是，在城市品牌中，利益相关者包括居民、企业、游客、投资者和环境支持者等多个主体。因此，城市品牌的建设必须兼顾到多方诉求，将消费者、供给方、政策保障等方面均纳入规划系统，并建立相应的市场反馈机制和评估机制。

根据美国市场营销协会（AMA）的说法，品牌是名称、术语、标志、符号或设计或所有这些的组合，旨在识别来自一个或一群卖家的商品和服务，以区别于其他竞争对手。在此基础上，结合国内外相关研究，可以将城市品牌界定为：利用城市的独特区位条件、要素禀赋、历史文化、产业结构等差异化要素，在不断的提炼、整合基础上所形成的能够代表城市形象、发展特色、比较优势的综合系统。另外，根据城市在国际、国内所发挥的政治、经济或文化作用，结合城市的个性特点，可以将城市品牌分为政治型品牌（如"欧洲首都"布鲁塞尔、国际机构云集地日内瓦）、经济型品牌（如中国的瓷都景德镇、钢都鞍山、美国的汽车工业城底特律）、交通型品牌（如地处连接印度洋和太平洋咽喉之处的新加坡、中国的郑州和武汉）、文化型品牌（如"世界历史名城"中国西安、水城威尼斯）等类型。

3.4.2 地域文化与城市品牌的关系

一方面，从文化与品牌的关系来看，地域文化是城市品牌形成和成长的源泉。下面将通过三个例子来详细说明这一关系。首先是上海市。作为中国共产党的诞生地、中共中央早期所在地和中国工人阶级的大本营，上海拥有丰富的红色文化资源和源远流长的红色文化基因。为了更好地传承和弘扬上海红色文化，上海发布了《全力打响"上海文化"品牌，加快建成国际文化大都市三年行动计划（2018—2020 年）》，提出要打响"党的诞生地"红色文化品牌，将上海的红色文化与时代精神紧密结合，全力打造"建党历史资源高地""建党精神（红船精神）研究高地""建党故事传播高地"。其次来看位于印度尼西亚的旅游胜地——巴厘岛。巴厘岛是印度尼西亚群岛最受欢迎的旅游目的地，自 1920 年外国游客首次来到巴厘岛之时起，这座岛屿迅速地成为世界范围内有名的旅游地，关于巴厘岛的自然之美和独特文化的信息很快传播开来，游客数量不断增加，巴厘岛一度被称为"众神之岛"。近年来，为了支持增加赴印尼游客数量的计划，当地政府不断提高旅游配套设施和基础设施的质量。2017 年 6 月 14 日，巴厘岛省政府与文化专家、学者和旅游利益相关者共同实施了一项新的城市品牌计划，命名为"Bali, The Island of Gods"（见图 3-1），其灵感来自

图 3-1 巴厘岛的品牌口号

一个从荷兰殖民时代就被熟知的术语。这一品牌也被认为可以和印尼国家品牌"Wonderful Indonesia"相适配，从而起到吸引更多外国游客来印尼旅游的目的。据统计，2018 年印尼共吸引国际游客约 1581 万人，比 2017 年增加了 12.58%，其中前往巴厘的外国游客人数达到 600 多万人。[①] 与巴厘岛的特有文化不同，新加坡是一个没有深厚文化传统束缚的国家，这促成了其广泛吸收多元文化体系的发展理念。1965 年新加坡从马来西亚独立后，在总理李光耀的领导下，新加坡实施了一项名为"付出额外一英里服务"的长期计划，旨在更多关注某些领域的服务，特别是基础设施领域，以建立城市形象。为了支持正在进行的城市品牌计划，新加坡旅游局在 2004 年推出了"新加坡独一无二"的口号（见图 3-2）。这一口号的发起是为了更新和增加新加坡的当代形象，强调了新加坡文化的多样性，旨在表现当地的美丽、和谐以及立足于现代化和国际化的独特性。在实践中，在继承历史底蕴的基础上，新加坡积极吸收其他国家的优秀文化，形成了

---

① 参见新华网：http://www.xinhuanet.com/travel/2019-03-18/c_1124248294.htm。

集多元民族文化和国际先进经验于一体的发展体系，鱼尾狮像、圣安德烈教堂、滨海公园、环球影城等著名景点，充分彰显了这座花园城市的多元特色。

图 3-2　新加坡品牌标志

资料来源：Hakim A，et al.，"From City Image to City Brand：Literature Review"，*The 12th International Symposium on City Planning and Environmental Management in Asian Countries*（AURG 2019），2019.

　　另一方面，良好的城市文化品牌对地域文化具有演绎、推广和创新的作用。首先，城市文化品牌建设是地域文化资源整合的主要目的之一。通过文化资源的有效整合来打造出特色鲜明、公众认同、符合城市个性和未来发展的城市文化品牌，有助于提高城市的竞争力和美誉度，这一点已在我国多个城市的文化发展实践中得到印证，详见表 3-1。其次，地方文化品牌以地域文化为"灵魂"，以文化产品为作用载体，是文化价值观念加产品经济所构成的现代文化形态，也是伴随着文化产业的出现、发展、成熟阶段而出现的阶段性产物。作为品牌，除了外在的符号象征意义之外，文化品牌的独特之处更在于它所具有的文化功能效益。通过整合、提炼和演绎地域文化，将地方特色文化融入多样化的文化产品中，并通过市场营销渠道扩大传播范围，文化品牌可以潜移默化地影响大批受众的思想和认知。当这种影响得到长期积累，人民大众的思想观念、价值取向、行为方式等方面将逐渐改变，并最终形成一种相对稳定的新的社会文化氛围和文化导向。最后，借助文化产业与科技的融合，城市文化品牌建设可以赋予传统文化资源以新的时代内涵和价值观念，更好地促进对传统文化的扬弃和与时俱进，提高文化软实力和城市综合竞争力。

表 3-1 基于文化资源整合的城市文化品牌建设案例

城市	文化资源	文化品牌
重庆	饮食文化、景观文化、旅游文化、民俗文化等，与巴渝文化、抗战文化、红岩文化、商埠文化和三峡移民文化，构成了重庆人文精神的内核和文化的多样性，特别是抗战文化、红岩文化在全国独具特色和魅力	依托富有活力的社会经济、深厚的文化底蕴、独具特色的城乡文化、，打造"活力重庆""红色重庆""书香重庆"三大城市文化品牌，以建设"山水城市""红色城市"为目标
石家庄	白佛口文化遗址、新乐古代遗址"伏羲台"、战国中山国文化、红色革命圣地西柏坡、燕赵文化等	以"红色开国文化"为城市主题文化，建设近代历史中心区，打造红色文化、绿色旅游等富有石家庄特色的文化品牌
景德镇	陶瓷文化遗存、陶瓷文化旅游和初具规模的陶瓷文化产业等	以陶瓷文化作为主题文化，做大做强"瓷都"品牌，利用国际陶瓷博览会等活动弘扬地域文化精神、推广文化子品牌，增强国内外影响力，提升城市软实力
防城港	"马援文化"：伏波祠、庙；平夷大夫祠、墓；"马留人"文化及七姓将军；潭蓬古运河；江山半岛古战场；那良"马援文化"遗存等	以"马援文化"为主干，结合防城港市历史文化与现代理念，利用传统媒介和新媒体加强宣传，打造"千年防城、魅力新港"新城市形象

资料来源：在熊花（2014）、戚建霞和王利敏（2011）、李天雪（2011）相关研究基础上进行了整合。

3.4.3 长三角世界级城市群内部的差异化城市品牌战略与发展政策

城市建设者应该认识到，城市品牌建设并非一劳永逸的，而应该视为一个长期的动态过程。这是因为，虽然城市品牌打造成功能够给地方发展带来巨大效益，但国际城市品牌打造的经验表明，一个成功的品牌形象也会给城市自身带来挑战，例如建设瓶颈、区域性的视觉超载和游客拥挤等问题。对长三角地区而言，根植于江南文化的历史底蕴，为各城市提供了巨大的资源禀赋，然而，由于江南地区历史文化和经济社会发展的整体性和共通性，如何在建设世界级城市群的框架之下赋予城市品牌以时代特征，打造各具特色的城市品牌，避免品牌的同质竞争，这给地方政府提出了挑战。总体而言，长三角各城市的品牌建设，不仅要结合本地实际情况厘清品牌形象、目标市场和宣传策略，也要完善配套的基础设施，并通过建立反馈机制及时分析和解决品牌成长中的一系列问题。

第一，因地制宜地发展城市特色，提高城市品牌质量。旅游景点、建筑风格、宣传媒介等相关设施建设要融入具有本地特色的城市文化要素，尤其要注重能够体现城市核心价值的要素，增强它们代表和强化城市品牌的能力。具体来看，以上海为主要代表的拥有丰富红色文化资源的城市，可以进一步挖掘红色文旅遗产，立足于具有代表性的红色遗址、人物故居和事迹等，积极开发文旅产品，例如设计红色旅游线路套餐、具有卡通视觉效果的名人文创商品、红色事迹 VR 体验馆等内容，创新文化服务方式，丰富文化产品种类。江苏省各城市可以充分利用淮扬地区的运河文化、金陵民间手工艺、太湖周边的水乡评弹文化等特色内容，建成集现代服务和民俗旅游为一体的城市文化品牌。对浙江省而言，在营造"西塞山前白鹭飞"的自然景观的同时，与江苏、上海等地建立旅游项目合作，充分利用"鱼米之乡""丝绸之府"的民间传统活动，重点发展"古意石桥月半弯"的江南古镇文化。安徽各地可以将徽派文化作为城市文化品牌的发展重点，按照城市文化底蕴和特色资源分布，将徽商精神、徽派建筑、徽州戏曲、徽州工艺、徽州村落、徽州民俗、徽菜等宝贵资源加以转化，通过人文、美食、民宿、民俗等方式串联形成徽州文化旅游专线。

第二，加强配套的服务机构和基础设施建设。首先，各城市可以设立专门的品牌发展机构，配备专职人员并明确相关人员在品牌建设、营销、日常运营中的各项职责，尤其对于涉及宝贵历史文化的品牌，应采取多种制度加强资源保护和品牌维护。其次，不同城市的文旅部门之间可以探索建立文化品牌建设的统筹规划平台，做好项目设计和利益分配工作，协同提升品牌实力，尽量避免文化品牌的重复建设和同质竞争。江南文化对长三角各城市和全体人民而言有着共同的归属感，立足于这一共通的宝贵资源，建设各具特色又能相互衔接的文化品牌产业链，是地方政府可以进一步考虑的方向。再次，文化品牌的建设需要一系列的配套基础设施，交通、医疗、餐饮、住宿等均是重点环节。因此，在以文化为主攻方向的同时，地方政府应着力改善一些人文场所、旅游景点的周边交通条件和服务设施，必要时可增设往返于主要交通枢纽和景点之间的一票通服务，既方便外地游客"引进来"，又利于本地文化"走出去"。另外，适时开展对文化服务人员的职业能力培训和服务意识培养工作，在文化服务场所建立和强化风险预警机制和问题处理机制，制订相关的行动计划、应急方案，也能够为城市文化软实力的提升和品牌发展提供积极的帮助。

参考文献

［1］Go，Frank M.，"City branding：Theory and cases"，*Place Branding & Public Diplomacy*，Volume 7（3），2011.

［2］Hakim A.，Trisutomo S.，Ihsan，et al，"From City Image to City Brand：Literature Review"，*The 12th International Symposium on City Planning and Environmental Management in Asian Countries*，2019.

［3］Kotler，P.，Rein，I. J. and Haider，D.，"Marketing Places：Attracting Investment，Industry，and Tourism to Cities，States，and Nations"，New York：Free Press，1993.

［4］Merrilees，B.，Miller，D. and Herington，C.，"Multiple stakeholders and multiple city brand meanings"，*European Journal of Marketing*，Volume 46（7-8），2012.

［5］Syahbana，B.，Yananda，M. R.，Beresaby，R. A.，Haryadi，R. and Dan Salamah，U.，"Branding Tempat：Membangun Kota，Kabupaten，Dan Provinsi Berbasis Identitas"，Jakarta Selatan：Makna Informasi（in Bahasa Indonesia），2014.

［6］Yuen，B.，"City brand"，2013.

［7］陈国灿：《中国古代江南城市化研究》，人民出版社 2010 年版。

［8］陈亚民：《符号经济时代文化产业品牌构建战略》，《经济社会体制比较》2009 年第 4 期。

［9］陈尧明、苏迅：《长三角文化的累积与裂变：吴文化——江南文

化——海派文化》，《江南论坛》2006 年第 5 期。

[10] 陈勇：《唐后期的人口南迁与长江下游的经济发展》，《华东师范大学学报（哲学社会科学版）》1996 年第 5 期。

[11] 党宁、楼瑾瑾、许鑫：《颂红色华章：文旅融合对上海红色文化品牌的提升》，《图书馆论坛》2020 年第 10 期。

[12] 傅崇兰、白晨曦、曹文明等：《中国城市发展史》，社会科学文献出版社 2009 年版。

[13] 葛剑雄：《江南文化的历史地理启示》，《世界华文文学论坛》2019 年第 1 期。

[14] 胡彬、仲崇阳：《长三角生态绿色一体化示范区跨界治理的需求层次与模式创新》，《科学发展》2021 年第 3 期。

[15] 胡敏：《长三角一体化背景下关于安徽博物院弘扬徽文化的新思考》，《中国博物馆》2019 年第 3 期。

[16] 胡正明、蒋婷：《区域品牌的本质属性探析》，《农村经济》2010 年第 5 期。

[17] 花建：《长三角文化产业高质量一体化发展：战略使命、优势资源、实施重点》，《上海财经大学学报》2020 年第 4 期。

[18] 雷亮：《地方政府行为影响区域品牌发展的实证研究》，《兰州大学学报（社会科学版）》2015 年第 1 期。

[19] 李天雪：《北部湾城市文化品牌建设研究——以防城港为例》，《广西师范大学学报（哲学社会科学版）》2011 年第 5 期。

[20] 刘士林：《江南文化的当代内涵及价值阐释》，《学术研究》2010 年第 7 期。

[21] 刘士林：《明清江南城市群研究及其现实价值》，《复旦学报（社会科学版）》2014 年第 1 期。

[22] 马强：《论汉末三国时期的人口下降与迁移——兼论我国古代经济重心南移的开端问题》，《汉中师院学报（哲学社会科学版）》1991 年第 2 期。

[23] 戚建霞、王利敏：《建设石家庄市城市文化品牌的思路与举措》，《商业文化（下半月）》2011 年第 2 期。

［24］沈昕、李庆、张梦奇：《江南文化助推长三角一体化发展研究》，《江淮论坛》2021 年第 2 期。

［25］孙丽辉、盛亚军、徐明：《国内区域品牌理论研究进展述评》，《经济纵横》2008 年第 11 期。

［26］王均、刘琴编著：《文化品牌传播》，北京大学出版社 2010 年版。

［27］吴锡标、陈国灿：《南宋时期江南城市工商业形态探析》，《江海学刊》2005 年第 4 期。

［28］冯贤亮：《明清时期的江南社会与文化》，《人民论坛》2021 年第 3 期。

［29］肖艳、张利群：《区域品牌经济发展机制探究》，《社会科学战线》2017 年第 9 期。

［30］熊花：《文化资源整合与城市文化品牌建设》，《重庆社会科学》2014 年第 2 期。

［31］徐茂明：《江南的历史内涵与区域变迁》，《史林》2002 年第 3 期。

［32］张剑光：《略论唐五代江南城市的经济功能》，《上海师范大学学报（哲学社会科学版）》2001 年第 3 期。

［33］张剑光：《隋唐五代江南城市的基本面貌与发展趋势》，《史林》2014 年第 1 期。

［34］张牧：《文化品牌的民族性及其对民族凝聚力的影响》，《理论探讨》2016 年第 2 期。

［35］张欣：《"安史之乱"引发的人口迁徙与技术革新及影响》，《陕西理工大学学报（社会科学版）》2020 年第 5 期。

4

产业：江南流域经济与长三角产业发展演化

流域是人类文明的发源地，在人类的历史进程中发挥着巨大的作用。农耕文明时期，流域为农业的发展提供农田灌溉、交通运输功能。现代工业的兴起，也通常最先发生在沿河两岸。人们兴修水利，对流域进行开发，充分挖掘流域蕴含的能量。随着工业化进程的推进，流域过度开发导致人与自然的关系失衡。面对急剧恶化的流域生态环境，人们开始对流域进行综合管理，更加注重流域经济的可持续发展。

　　长三角地区水系发达，自然条件优越，自古以来就是我国最富饶的区域之一，是典型的流域经济区。改革开放之后更是凭借良好的区位优势和经济基础，工业化、城市化进程不断加快，并带动整个中国经济的发展。但经济的飞速发展也使长三角地区的水环境不断恶化，区域内的江河湖泊水网均受到不同程度的污染。长三角地区在产业布局上还有非常大的进步空间。本章将对长三角地区的钱塘江流域、太湖流域和淮河流域三个主要流域经济区的产业发展演化进行分析，总结流域经济的产业发展演化规律，并从中获得启示，为长三角流域经济产业的进一步绿色发展提供政策建议。

4.1　长三角主要流域经济区产业发展演化

4.1.1　钱塘江流域经济区产业发展演化

4.1.1.1　流域概况

钱塘江位于浙江省西北部，是浙江省内最长的一条河流，流域范围介于东经 117°37′—121°52′，北纬 28°10′—30°48′之间。钱塘江北源新安江，南源兰江。南北两源在梅城汇合后，下行至浦阳江口东江嘴的河段称富春江，东江嘴以下称钱塘江（方晓波，2009）。干流有新安江、兰江、富春江和钱塘江。主要支流有横江、练江、寿昌江、江山港、乌溪江、灵山港、金华江、分水江、渌渚江、壶源江、浦阳江和曹娥江。干流全长 609 千米，流域面积 55491 平方千米（江蓝，2014）。

本小节的研究对象界定为钱塘江流域在浙江省境内的部分。主要市县包括杭州市、绍兴市、金华市、衢州市、慈溪市和遂昌县。表 4-1 为 2019 年钱塘江流域主要县市土地面积、总人口和 GDP。2019 年，流域内土地总面积为 48818 平方公里，约占浙江省土地总面积的 46.2%。其中，土地面积最大的为杭州市，占流域总土地面积的 34.5%。其他依次是金华市、衢州市、绍兴市、遂昌县和慈溪市，分别占流域土地总面积的 22.4%、18.1%、17.0%、5.2% 和 2.8%。钱塘江流域内城镇众多，人口集中。2019 年，主要县市总人口为 2122 万人，占全省总人口的 42.1%。人口最多的是杭州市，占流域内总人口的 37.5%。其次是金华市，占 23.2%，其余依次为绍兴市、衢州市、慈溪市和遂昌县。杭州市区是流域内经济最发达的地区。2019 年杭州市区 GDP 为 14349 亿元。诸暨和义乌的综合实力在全省也居前列，均为 2019 年全国百强县。2019 年钱塘江流域实现 GDP 29308 亿元，占全省 GDP 的 47.0%。流域内主要市县人均 GDP 为 13.8 万元，高于全省人均 GDP10.8 万元。

表 4-1　2019 年钱塘江流域主要县市土地、人口与 GDP

市县名称	土地面积（km²）	占比	总人口（万人）	占比	GDP（亿元）	占比
杭州市区	8292	17%	657	31%	14349	49%
建德市	2314	5%	51	2%	383	1%
桐庐县	1830	4%	42	2%	386	1%
淳安县	4417	9%	46	2%	255	1%
慈溪市	1361	3%	106	5%	1899	7%
绍兴市区	2965	6%	224	11%	3426	12%

续表

市县名称	土地面积（km²）	占比	总人口（万人）	占比	GDP（亿元）	占比
诸暨市	2311	5%	108	5%	1312	4%
嵊州市	1789	4%	72	3%	589	2%
新昌县	1214	2%	43	2%	451	2%
金华市区	2049	4%	100	5%	878	3%
兰溪市	1312	3%	66	3%	386	1%
东阳市	1747	4%	85	4%	638	2%
义乌市	1105	2%	84	4%	1421	5%
永康市	1047	2%	62	3%	630	2%
武义县	1568	3%	35	2%	262	1%
浦江县	918	2%	40	2%	230	1%
磐安县	1195	2%	21	1%	115	0%
衢州市区	2354	5%	85	4%	740	3%
江山市	2019	4%	62	3%	303	1%
常山县	1097	2%	34	2%	150	1%
开化县	2231	5%	36	2%	147	1%
龙游县	1143	2%	40	2%	232	1%
遂昌县	2540	5%	23	4%	125	5%

资料来源：《浙江省统计年鉴（2019）》。

4.1.1.2 钱塘江流域产业发展演化

（1）古代

钱塘江流域农林牧渔业的开发源远流长，最早可追溯到史前，当时就有以稻为主的农业结构。钱塘江流域的农业开发在历史上绝大部分时期都处于全国领先地位，隋唐以后钱塘江流域更是全国著名的粮食产地。尤其是在唐宋时期，全国经济重心南移，杭绍地区粮食产量极高，享有"苏湖熟、天下足"的美誉。唐宋元时期，水利设施的大力兴修使钱塘江流域的农业不再受季节降水不均匀的困扰，稻业因此继续得到发展。在早稻的基础上还进一步培养出了中稻和晚稻。除稻田农业外，钱塘江流域还有养蚕植桑和茶叶的发展。自隋到明中后期，绍兴一直是钱塘江下游的丝织业中心。茶叶方面，钱塘江中游的天目山地区在唐代就是一个重要的茶叶产区，下游地区的杭州也产名茶。此外，居民的消费还催生了蔬菜和水果等经济作物的种植。明清时期，钱塘江流域的农业生产在行业和内容上有了更加多样化的特点。除水稻、蚕桑外，还兼有麦、豆、烟草、棉花等多种作物的生产。促使农业多样化发展的一个直接因素就是人口的增加。明清时期，钱塘江流域的人口急剧增长。一方面，人口的增长导致耕地紧张。如表4-2所示，随着荒地的开发，浙江省的耕地面积在不断增加。但耕地面积的增加越来越少，且增加速度远远低于人口的增加速度，这也造成了乾嘉时期钱塘江流域人均耕地面积明显下降，粮食短缺的现象。另一方面，人口的增加意味着劳动人手的增加，成为农村生产多样化的强大动力。总体来看，随着社会的发展和人口的激增，明清时期钱塘江流域农业生产区域扩大，经济作物在农业中的比重逐渐增加，农业商品化程度逐渐加深，但更多的是劳动密集型生产的结果，农业技术未曾发生技术性突破（姜锡东，2003）。

表4-2 清代浙江省人均耕地面积

年代	人口数（万人）	耕地面积（万亩）	人均耕地（亩）
顺治十八年（1661）	1088	4522	4.15（全国平均6.52）
康熙二十四年（1685）	1100	4486	4.07（全国平均6.49）
雍正二年（1724）	1103	4589	4.14（全国平均6.76）
乾隆三十二年（1767）	1652	4624	2.80（全国平均3.53）
嘉庆十七年（1812）	2626	4650	1.77（全国平均2.91）

资料来源：陈修颖等：《钱塘江流域人口迁移与城镇发展史》，中国社会科学出版社2009年版，第353页。

手工业方面，钱塘江流域手工业的发展也是建立在农业生产资料以及自然资源的基础之上。钱塘江流域的手工业中最兴盛的就是纺织业和造纸业。纺织业在隋唐时期就已经得到发展，以麻织和丝织为主，并且有非常丰富的种类。到宋元时期，丝织业发展非常迅速，尤其是官营丝织业。明清时期，钱塘江下游的杭州已经成为江南的丝绸业中心，也是全国的丝绸业中心。金华和衢州地区的丝织业虽然无法与宋元时期相比，但因棉花的种植，棉纺织业得到了发展。此外，由于竹木资源丰富，造纸业在古代钱塘江流域也非常兴盛，尤其是上游的衢州地区。但由于人口压力促使的山区荒地开垦和造纸业的发展对钱塘江流域的森林资源造成了极大的破坏。根据清代文献记载，宁绍地区在清代几乎无森林可言。除纺织业和造纸业外，钱塘江流域的古代手工业还涉及陶瓷业、造船业、印刷业、火腿业等众多行业。

商业方面，钱塘江流域的商业开发在宋元时期就已经高度繁荣。经过春秋至隋唐五代的水路建设，到了宋元时期，钱塘江流域已经形成了以杭州为心脏，以京杭大运河、浙东运河、钱塘江、东苕溪等为水路动脉，以杭—苏驿路、杭—越—明驿路、杭—湖驿路等为陆路动脉的交通网络①，这为钱塘江流域的商业发展提供了基础保证。明清时期，钱塘江流域要为都城北京提供粮食、棉织品、丝绸等生活物资，这使钱塘江流域的商业贸易到达了一个黄金阶段。除北方外，钱塘江流域与南方的福建和广东有着密切的经济联系。福建、广东需要江南的棉花、棉布、生丝等工业原料，而江南需要福建、广东的木材、纸张、染料、水果等商品。

总体来看，古代钱塘江流域与全国一样，是以农业为主的经济结构，商业和手工业的发展也是以农业为基础。农业的发展促使了商品贸易的产生，同时为手工业提供了大量的原料。许多商人为获取更多的利润，还投资造纸等手工业，因此商业的发展对手工业的发展也有一定的促进作用。此外，由于农业技术的限制和人口的急剧增加，人们只能通过开垦荒田、兴修水利、围湖垦田等对自然资源充分利用的方式来提高粮食产量。这也造成当时钱塘江流域森林资源被破坏，还出现了许多被污染的废弃湖泊，流域生态环境遭到了严重的破坏。

（2）近代

鸦片战争后，中国的政治、经济、社会发生了巨大的变化。时局的动荡也导致钱塘江的农业在近代的发展非常缓慢。盲目和功利性的土地开发也致使钱塘江流域的自然灾害频发。因此整体上看，近代钱塘江流域的农

---

① 朱华友等：《钱塘江流域经济开发史》，中国社会科学出版社 2009 年版，第 218 页。

业比较落后，但也有非常明显的变化。其中一个突出的特点就是由于进出口贸易的扩大，茶叶、棉花等经济作物的种植在农业中的比重逐渐增加，农产品也因此进一步商品化。以茶叶为例，开埠以前，浙江的茶叶主要以内销为主。开埠以后，浙江的茶叶外销兴起。根据《浙江茶叶志》记载，1861—1910 年，浙江的茶叶由年均出口量 85.8 千担增加至 225.7 千担，增长约 1.5 倍。1910 年后浙江的茶叶出口有所衰落，抗日战争时期又遭到严重破坏，但仍然是主要的农产品。

钱塘江流域作为对西方列强开放较早的区域，鸦片战争后也开启了坎坷的近代工业发展道路。时间上来看，浙江的工业发展与上海相比，起步较晚。1885 年前后，宁波才出现浙江的第一家机器轧花厂。杭州开埠后，1897 年成立了一家丝织厂。整体来看，钱塘江流域的工业发展可以分为三个阶段①。第一阶段为 1900 年以前。从钱塘江流域 19 世纪前创办的工业企业数量和资本来看，纺织业是绝对主导行业。1900 年以前创办的 40 家企业中，有 23 家纺织类工厂，18 家轮船局，1 家火柴厂，1 家电灯公司和1 家印刷厂。其中，纺织厂的投资数额远远高于其他工厂，轮船局虽然数量很多，但资本数额非常小。第二阶段为 1900—1911 年。这十年中，工业企业仍然以纺织类为主，还涉及烟草、造纸等轻工业，肥皂、煤矿、电力和机器制造等化学或重工业开始出现，但投资规模较小。第三阶段为1912—1926 年。这一阶段仍然以轻工业为主，但与第二阶段不同的是，这一时期的电力行业发展非常迅速。据统计，这一阶段，钱塘江流域创办发电厂约 20 家。三个阶段综合来看，钱塘江流域的工业发展主要以具有传统优势的丝织业为主，涉及织染、面粉、火柴、烟草等众多轻工业行业。机器制造、电力、翻砂等机器制造重工业数量较少，投资规模也很小，较为薄弱，但产业结构因这些部门的加入也更加合理。

商品经济的兴盛还促使了钱塘江流域金融、交通运输、邮电通信业的发展。金融方面，工商业的发展使传统的钱庄业依旧活跃。据统计，1912年浙江省拥有 245 家钱庄，1931 年增加至 889 家。1920 年杭州有 40 多家

---

① 三阶段中涉及的工厂数据系笔者根据朱华友等著《钱塘江流域经济开发史》（中国社会科学出版社 2009 年版）第 245—262 页资料整理得到。

钱庄，1932 年增加至 60 多家。① 除钱庄以外，银行业也陆续在钱塘江流域兴起。开始时银行业的实力较弱，但至 20 世纪 30 年代，银行业的实力已和钱庄相当。除金融业外，商品的流通需要运输业的支撑。19 世纪 20 年代后，钱塘江流域的铁路和公路运输有了非常快的发展，出现了铁路、轮船等新式交通工具，连通江浙沪赣地区。例如浙江通过沪杭甬铁路向上海运输大量生活物资和丝织等产品，同时也通过上海进口产品。此外，在商品经济的运行中，信息沟通非常重要，电报业随之兴起。

　　总体来看，近代钱塘江流域经济发展以商品经济为主。以丝织为主的轻工业产品逐渐丰富，并在产品贸易的基础上，交通运输、邮电通信、金融等第三产业迅速发展，产业部门的增多使产业结构相对古代更加合理。

　　（3）现代化发展

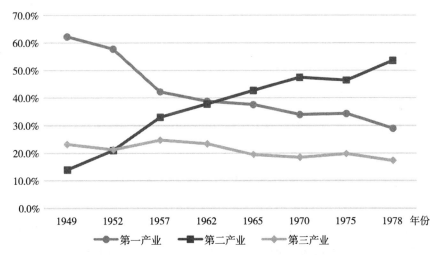

图 4-1　钱塘江流域 1949—1978 年产业结构变化

注：由于资料限制，本图中数据仅包含杭州市、衢州市、慈溪市和遂昌县。

资料来源：《浙江 60 年统计资料汇编》。

　　新中国成立后，钱塘江流域的产业结构也有了非常明显的演变。由图 4-1 可知，1949—1962 年流域内第一产业仍然占据主导地位。但第一产业

――――――――――

　　① 参见戴鞍钢：《中国近代经济地理（第二卷）——江浙沪近代经济地理》，华东师范大学出版社 2014 年版，第 200 页。

的发展为第二产业的建设提供了珍贵的资本、原材料和劳动力等廉价生产
要素供给。第一产业的总体趋势也随着第二产业比重的提高而不断下降。
1962 年之后，受重点发展重工业的计划经济政策影响，第二产业比重首次
超越第一产业。此外，根据《浙江 60 年统计资料汇编》的统计资料，浙
江省全省在 1977 年才实现第一产业比重被第二产业比重首次超越。这也表
明钱塘江流域仍然是浙江省发展较快的区域，对整个浙江省的经济发展有
着非常大的拉动作用。

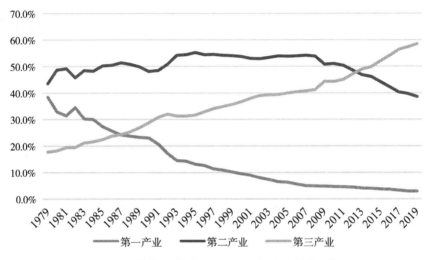

图 4-2　钱塘江流域 1979—2019 年产业结构变化

资料来源：《浙江 60 年统计资料汇编》、2010—2020 年《浙江统计年鉴》。

改革开放后，钱塘江流域的产业结构继续向高端化发展。大致可以分为
三个阶段，1979—1987 年，产业结构为"二一三"。这一时期，流域内的第
二产业维持在相对稳定的状态，内部结构变动趋于停滞，开始出现固化的迹
象。第一产业的比重随着第三产业比重的提高而不断下降。第二阶段为
1988—2013 年，第三产业的比重超过第一产业，产业结构为"二三一"型。第
三阶段为 2013 年之后，流域内的主导产业发展彻底更新，产业结构初步实现高
级化目标。至此，浙江省真正实现了以知识经济为主要驱动力的新业态。

总体来看，新中国成立后，钱塘江流域的产业结构变动具有阶段性。1962
年之前以农业为主导；1962—2013 年，以重化工业为主导，这一阶段第二产业

趋于稳定，农业比重进一步降低，第三产业比重明显上升；2013 年之后，流域内经济发展进入新常态，以高度加工型和信息产业为主导，产业结构实现"三二一"排序。钱塘江流域的产业结构演化在一定程度上也可以体现浙江省和中国的产业结构演化，但每一次重要变化都要早于浙江省整体。

4.1.2 太湖流域经济区产业发展演化

4.1.2.1 流域概况

太湖介于北纬 30°55′40″—31°32′58″和东经 119°52′32″—120°36′10″之间，湖泊面积 2427.8 平方公里，水域面积为 2338.1 平方公里，湖岸线全长 393.2 公里，是中国五大淡水湖之一。太湖流域北抵长江、东临东海、南涉钱塘江、西以天目山为界，是我国著名的平原河网区（张根福等，2014）。太湖流域自然条件优越，物产丰富，交通便利，是历史上著名的富庶之地，有"上有天堂，下有苏杭"的美誉。从地域上看，太湖分属江苏省、浙江省、上海市和安徽省，其中，江苏部分包括无锡、苏州、常州及丹阳；浙江部分包括嘉兴、湖州两市全部及杭州市的一部分；上海部分包括除崇明区以外的区域；安徽涉及较少，仅占总面积的 0.6%。本研究的研究对象界定为无锡、苏州、常州、镇江、嘉兴、湖州和上海全部。

太湖流域是我国人口密度最大、工业生产发达、国内生产总值和人均收入增长最快的地区之一，其经济发展总量在全国举足轻重。图 4-3 显示了 2009—2019 年太湖流域常住人口和 GDP 变化趋势。2009 年流域常住人口为 4929 万人，2019 年为 5422 万人，流域常住人口稳定在全国总人口的 3.7%—3.9%。2009 年太湖流域 GDP 达 3.4 万亿元，约占全国的 4.9%。2019 年 GDP 为 8.5 万亿元，约占全国的 5.4%。

4.1.2.2 太湖流域产业发展演化

（1）古代

太湖自唐代以来就是我国发达的农业区之一。明代万历年间，杭州、嘉兴、湖州、苏州、松江、常州与镇江七府的垦田数已达 3805 万亩。[①] 由

---

① 张根福等：《太湖流域人口与生态环境的变迁及社会影响研究：1851—2005》，复旦大学出版社 2014 年版，第 29 页。

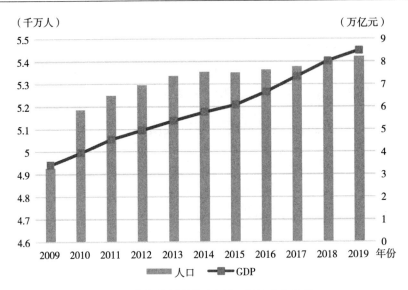

图4-3 太湖流域常住人口与GDP变化趋势

资料来源：《浙江统计年鉴》《江苏省统计年鉴》《上海市统计年鉴》。

于粮食产量极高，明清时期太湖流域也是国家的财赋重地。明末苏州、松江、常州、镇江、嘉兴与湖州六府的粮额数达6571610石，约占全国总粮额数的23%，其中苏州府和松江府分别是全国粮额数最高和排名第三的府州，苏州府粮额数高达3502980石。[①]农业生产中，水稻一直是太湖流域的主要粮食作物。随着耕种、育种技术的提高和肥料的合理实施，太湖地区的水稻亩产量从唐代至明代也一直上升。唐代亩产276斤，宋代亩产450斤，明代亩产已上升至667斤，清代有所下降，亩产550斤，但仍高于唐宋时期（闵宗殿，1984）。除粮食作物外，明清时期太湖流域人多地少的局面还促进了经济作物的种植。清代松江、太仓等地的棉花种植比例高达60%，嘉兴、湖州和苏州府是太湖流域蚕桑业的生产中心。

随着生产技术的进步，农作物的产量大幅增加，这为手工业和商业的生产和分离提供了原料和动力。明代万历时期，太湖已经成为全国性的纺织中心和棉布市场。商品的生产、交换的发展，也使太湖地区许多城镇商业非常繁荣。各个城镇也根据自身的特点有着不同的功能。例如，盛泽、

---

① 梁方仲编著：《中国历代户口、田地、田赋统计》，中华书局2008年版，第358页。

震泽、南浔等由于丝织业发达而成为丝织业中心；青浦县朱家角则是棉布交易中心；松江则地处交通要道，成为交通枢纽。除丝织、棉织等手工业外，冶铁、铸铁和制瓷业在明清时期的太湖地区都有一定的发展，但丝织业和棉织业更为发达。

总体来说，古代太湖流域的经济结构是以自然经济为主导，农业与家庭工副业相结合。与钱塘江流域一样，农业生产以水稻、蚕桑、棉花为主。富庶的原料催生了丝、棉手工纺织业的发展，商业活动也是以粮食、棉纺织品在流域内部或与其他地区间的交换为主。但与钱塘江流域有所不同，太湖流域发达城镇的数量较多，且分布密集，功能各不相同，使城乡之间的经济沟通不受行政体制的束缚，沟通更为便利。

（2）近代

鸦片战争以后，中国被迫卷入国际市场，在国内外商品生产和交换的推动下，太湖流域农产品的商品化程度进一步加深。因此，太湖流域蚕桑、棉花等经济作物的种植进一步扩大，还发展出一批棉花种植专业区。松江、太仓一带，农民改种粮食为种棉花，松江和太仓也成为当时最主要的商品棉产区。20世纪20年代初，江苏省产棉量位居全国第一，而苏松地区、通海地区和沪宁沿线的产棉量则占江苏全省的80%。除棉花种植外，养蚕收入也明显高于种粮，桑蚕业也迅速发展。1913年，无锡、吴县、吴江、溧阳四县有超过40%以上的人从事养蚕业。经济作物的种植势必挤压粮食的生产，因此这一时期太湖流域需要从苏北地区购买大量粮食来保证粮食供应。

工业方面，上海开埠后，成为中国对外贸易第一港口，承担着商品输出的功能。与此功能相联系的是上海早期工业的两大支柱产业——船舶修造业和产品加工业。19世纪50年代就有外商在上海经营船舶修造业。1843年至1894年，外商在上海共设立27家船舶修造厂，1894年资本总额已达323.3万元，占同期上海外资总额的三分之一。① 另外，各地尤其是江南地区的茶叶、丝等农副产品需要从上海出口，由此上海的茶叶加工

---

① 戴鞍钢：《中国近代经济地理（第二卷）——江浙沪近代经济地理》，华东师范大学出版社2014年版，第107页。

业、机器缫丝业、轧花、制革以及打包工厂等出口加工业也迅速崛起。此外，虽然上海为近代中国工业中心，但重工业方面也仅涉及化工、冶金等，且产量较小，许多重要工业部门也非常缺乏。

进入近代以后，手工业和交通运输业的发展，也为江苏近代工业的崛起奠定了基础。太湖流域中，苏南部分的近代工业始于 19 世纪末。1896 年，洋务派在苏州创办了苏伦纱厂和苏经丝厂，此后镇江、无锡等地的缫丝厂也相继创办，其中缫丝工业发展最迅速的是无锡。但时至清末，苏南的近代工业并未有较大起色。除缫丝业外，纺织和面粉也是苏南近代的主要轻工业。进入民国时期，国民政府颁布了一系列有利于工商业发展的法律法规，再加上第一次世界大战期间西方列强无暇顾及中国市场，苏南甚至我国的近代工业发展有了非常良好的环境。如表 4-3 所示，到 1930 年，苏南地区的无锡、武进、镇江和苏州已经分别有工厂 153、39、11 和 27 家，工人总数超过 5 万人，资本总额超过 2000 多万，出品产值高达 1.24 亿元。据统计，1933 年，苏、锡、常三市以及常熟、昆山、太仓、吴江、江阴、宜兴、武进等县镇集中了江苏省工业总产值的 79%，工业投资额的 75%。苏南地区的三大轻工业，棉纺织业、面粉业和缫丝业分别占江苏省同类产品总产值的 64%、71.5% 和 100%。[①]

表 4-3　1930 年上海及苏南 4 城市工厂概况

地名	工厂数	工人总数	资本额（元）	出品总值（元）
上海	837	211 265	222 411 452	100 415 273
无锡	153	40 635	12 177 436	74 365 278
武进	39	6 120	4 452 000	9 372 280
镇江	11	1 847	2 693 111	2 253 360
苏州	27	6 420	1 500 543	38 724 000
总计	1067	266 287	243 234 542	225 130 191

资料来源：戴鞍钢：《中国近代经济地理（第二卷）——江浙沪近代经济地理》，华东师范大学出版社 2014 年版，第 120 页。

---

① 段本洛主编：《苏南近代社会经济史》，中国商业出版社 1997 年版，第 379 页。

（3）现代化发展

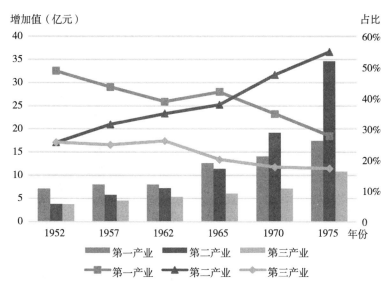

图 4-4 太湖流域苏南部分（苏州、无锡、常州、镇江）1952—1975 年产业结构
资料来源：《数据见证辉煌——江苏60年》。

新中国成立至改革开放前，太湖流域发展受计划经济体制的影响，偏重于发展工业生产。由图4-4可知，1952—1975年，苏锡常和镇江第二产业产值有明显的上升。1975年第二产业产值为34.66亿元，大约是1952年3.75亿元的9倍。而这一时期第一产业产值仅上涨了145%。这一时期第三产业也没有得到明显的发展，1975年第三产业产值为10.88亿元，相对于1952年的3.75亿元，上涨约200%。从产业结构来看，偏重于工业生产，因而忽略了第三产业的发展，"大跃进"等政策上的失误也使第一产业发展缓慢，因此产业结构严重失衡。1952年第一、二、三产业占比分别为49%、25%和26%，1975年第二产业占比上升至55%，而第一产业和第三产业分别为28%和17%。这段时期内，产业结构主要由"一二三"演变至"二一三"。

改革开放后，太湖流域经济进入新的发展阶段。1978年，苏州、无锡、常州、镇江、湖州和嘉兴6市的GDP为108.8亿元，2000年达4590.41亿元，2020年则高达49057.16亿元。在经济发展过程中，太湖流

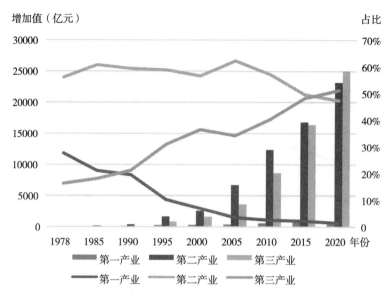

图 4-5　太湖流域江苏浙江部分 1978—2020 年产业结构

注：本图中数据包含苏州、无锡、常州、镇江、湖州和嘉兴 6 市。
资料来源：《江苏省统计年鉴》《浙江统计年鉴》。

域的产业结构得到逐步调整。1978 年第一、二、三产业占比分别为 21%、56%、18%，2020 年第一、二产业分别下降至 2% 和 47%，第三产业上升至 51%。具体来看，改革开放初期，第一产业占比明显下降，第三产业占比明显上升，第二产业仍然处于统治地位。1990 年左右，第三产业占比超越第一产业，产业结构由"二三一"演变为"二三一"。2005 年后，第二产业占比明显下降，到 2015 年左右，第三产业超越第二产业，正式形成了"三二一"的产业结构。

再来看上海市。改革开放之前，上海是全国的工业中心，多项工业指标位居前列。新中国成立后，中央将上海定位为全国的重要工业基地，主要为全国输出工业产品、技术和人才。直至改革开放前，上海经济一直以工业为主导、以重工业为重点，第二产业产值明显上升，其中"大跃进"时期（1958—1960 年）上升得最为明显，而第三产业占比急剧萎缩。由图 4-6 可知，1949—1977 年，第二产业所占比重由 45% 上升至 77%，而第三产业由 46% 下降至 20%，第一产业则一直在 4%—7% 之间波动。从工业结构内部来看，新中国成立初期上海以纺织业为主，从 1952 年开始，冶金、化工等原材料工业快速发展，重工业逐渐取代轻工业占据统治地位（曾刚和倪外，2009）。

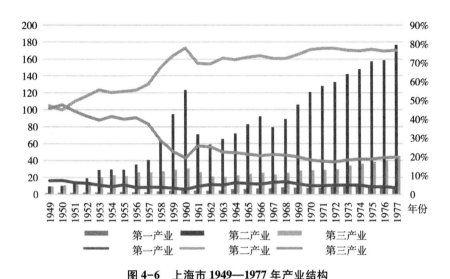

图 4-6 上海市 1949—1977 年产业结构

资料来源：《光辉七十载——上海历史统计资料汇编》。

1953—1977 年，上海经济以工业为主导、以重工业为重点，产业结构偏离了上海经济应有的战略地位。改革开放以来，上海加速进行产业结构调整，产业结构高级化日趋明显。1978 年以来，尤其是在 1990 年以后上海市第三产业发展迅速，以信息服务、金融、商贸流通为重点的现代服务业不断发展，高附加值产业发展显著。第三产业产值由 1978 年的 50.76 亿元上升至 28307 亿元。第三产业 1978 年占比 18.6%，1990 年占 30.9%，之后迅速发展，2002 年上海的第三产业占比超过第二产业，正式形成"三二一"的产业结构。2020 年，第三产业占比已高达 73.1%，第二产业占比为 26.6%。第三产业发展的同时，第二产业也逐渐高端化，由改革开放初期的以纺织、机械制造、黑色金属冶炼以及化工业为主导向先进制造业逐渐发展。现如今，先进制造业和现代服务业已经成为支撑上海经济持续发展的重要力量。

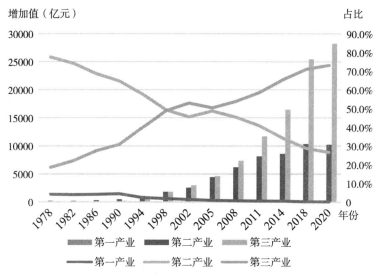

图 4-7　上海市 1978—2020 年产业结构

资料来源：《光辉七十载——上海历史统计资料汇编》《上海统计年鉴》。

4.1.3　淮河流域产业发展演化

4.1.3.1　流域概况

淮河流域为中国七大流域之一，流域地处中国中东部，北纬 30°55′—36°36′，东经 111°55′—121°52′，介于黄河与长江流域之间。全流域分为淮河及沂沭泗河两大水系，流域总面积 26.96×10⁴ 平方千米，其中淮河流域约 19×10⁴ 平方千米，沂沭泗河流域 8×10⁴ 平方千米。流域以平原为主体，平原面积约为 60%。流域涉及江苏、安徽、山东、河南、湖北 5 省，40 个地级市，189 个县、市（市区）。

由于前文对钱塘江流域和太湖流域的研究已涉及上海市、浙江省和江苏省相对发达的城市，因此本小节重点研究安徽省，研究对象界定为淮河流域在安徽省境内的部分，包括合肥、蚌埠、淮南、淮北、滁州、阜阳、宿州、六安、亳州共 9 个地级市。2020 年淮河流域安徽部分 9 个地级市的常住人口共 4457 万人，GDP 为 25942 亿元，占安徽全省 GDP 的 67%。

4.1.3.2 淮河流域产业发展演化

（1）古代

淮河流域是我国古人类的重要发祥地之一。考古工作者在这里发现了南召猿人、沂源猿人、新泰乌珠台人和泗洪下草湾人等古人类的化石和众多的旧石器时代遗址。流域内的新石器时代遗址的分布更为密集。以安徽蒙城尉迟寺遗址为代表的新石器文化反映了早在六七千年以前淮河流域的原始聚落、原始农业和原始手工业已经发展到了相当成熟的阶段。

先秦时期是淮河流域初步开发的时期。春秋时期，楚国开始向淮河流域扩张，经过与齐、晋、宋、吴等诸侯国的激烈争战逐渐控制淮河流域。芍陂、期思、零娄等水利工程的兴建促进了流域农业生产和社会的发展（王鑫义，1999）。两汉大一统的历史条件下，淮河流域经济出现了一个繁荣局面。铁农具和牛耕得到进一步推广，淮河流域的农业经济整体水平在全国居领先地位，远高于关中（任重，1999）。魏晋南北朝这个大分裂的时期，淮河流域的经济发展经历了一个迂回曲折的历程。从总体上说，战争频繁，社会动荡，总要影响社会经济的正常发展。隋唐时期是淮河流域经济的一个辉煌时代。农业生产进一步发展，水利灌溉发达，重要水利工程有 30 多处。交通航运发达也使淮河流域成为全国最发达的交通枢纽。淮南的亳州、申州等城市，与运河带城市构成了一个贸易关系密切的大商业区。明朝初年，为了振兴淮河流域这块"龙兴之地"，统治者除了实行兴修水利、鼓励垦荒、开展屯田这些常规性的复兴经济的政策以外，还实行了向流域地区移民垦荒，及营建凤阳中都城的特殊政策，促进了流域经济的恢复和发展。流域人口和垦田大幅度增加，粮食产量提高，税粮增长。清朝时期，自康熙至嘉庆年间，由于实行了"摊丁入亩""班匠银"等制度，农民和手工业者的人身依附关系削弱，流域内农业和手工业生产的商品化倾向更为明显。农作物的品种增加，经济作物种植更加普遍。淮安府的造船业、制盐业继续发展，制镜业、制鼓业也很发达。淮安府、凤阳府、扬州府的榨油业、酿酒业占有重要地位。由于乾隆时期矿业开采政策松弛，宿州、怀远、凤台等地的煤矿开采规模扩大。淮河南北的商业城市再度崛起，农村集市贸易也有进一步发展（骆平安和李芳菊，2007）。但明清时期人口的急剧增加，也使淮河流域的人地关系日益紧张。到乾隆时期，淮河流域土地的开垦已基本达到饱和状态（吴海涛，2010）。乾隆五十六年（1791 年），安徽总人口已近 3000 万，占各直省总人口的 10%。[①] 耕地的增长大大落后于人口的增长。在这种情况下，人们开始毁林开田，围湖造田，致使河湖面积日益缩小，夏秋大汛，水无所受，造成重大灾难。

（2）近代

近代以来，随着国外市场的打开以及国内市场的扩大，淮河流域的纺织、制茶等传统手工业一方面沿着原有路径扩大生产，同时另一方面转向机器生产。传统手工业方面主要包括制茶、榨油、酿造、土布等。随着经济社会的发展，部分行业开始向机器工业转变。但相对于钱塘江流域和太湖流域，淮河流域的近代工业起步较晚，发展缓慢。以卷烟业为例，在西方机制烟的冲击下，淮河流域安徽的晾晒烟开始向机器烤烟转变。但直到 1925 年，蚌埠才创办第一家机器烟厂。总体而言，近代淮河流域企业以机器做动力较少，工业化程度较低。

除轻工业的发展外，电力、煤炭等工业也应运而生。淮河流域与钱塘江流域和太湖流域在资源禀赋上有很大的不同，淮河流域煤炭储量丰富，是中国主要的煤炭基地。鸦片战争后，西方列强开始对中国矿产资源进行掠夺。清政府也制定了相关法规，鼓励私营采矿，并有条件地允许外资进入。这些法规在一定程度上促进了淮河流域采矿业的发展。清代时期，安徽已是南方产煤最多的省份，而产量较高的煤矿则集中在淮河流域的淮南、淮北和池州等地。北洋政府统治时期，安徽矿业获得了一定的发展，从 1916 年开始，各地陆续有公司注册开办煤矿。1912—1919 年的 8 年间，安徽省共采煤 32.27 万吨，其中产量最大的是淮河流域的宿县烈山普益公司，产煤 15.95 万吨。[②] 国民政府时期，淮河流域的煤炭开采上了一个新台阶。如表 4-4 所示，1935 年，淮南煤矿已是全省最多，产量高达 20 万吨。1936 年和 1937 年，随着新井的开凿和淮南铁路的建成通车，淮南煤矿的产量又大大增加，月产量在 6 万吨左右，全省总产量突破 100 万吨。这也是民国时期安徽采矿业最鼎盛的时期，随着全面抗战的爆发，安徽采

---

① 梁方仲编著：《中国历代户口、田地、田赋统计》，中华书局 2008 年版，第 262 页。

② 章建：《铁路与近代安徽经济社会变迁研究（1912—1937）》，合肥工业大学出版社 2005 年版，第 185 页。

矿业的发展大打折扣。

表4-4 1935年安徽重要煤矿统计表

公司名称	资本总数	产品种类	产量	销量
大通煤矿公司	140万元	烟煤	18万吨	18万吨
淮南煤矿局	200万元	烟煤	20万吨	20万吨
灰山煤矿公司	24万元	烟煤	1.5万吨	1.5万吨
馒头山煤矿协记公司	50万元	白煤	7.4万吨	6.8万吨
烈山煤矿公司	150万元	柴煤、烟煤	14万吨	12万吨

资料来源：《中行月刊》第十二卷第三期，1936年3月，第135—136页。

电力工业方面，进入20世纪后，淮河流域的电力工业也开始起步，并逐步得到发展。淮河流域安徽的电力企业主要分布于蚌埠、宿州等地。如表4-5所示，20世纪10年代起，蚌埠、滁州和亳州等地相继开办电灯公司，但因发电能力有限，主要用于商会及政府机关的照明。1928—1937年，淮河流域电力工业发展速度加快，原有电力企业扩大生产规模，同时新的电力企业纷纷成立，电力工业从照明转入动力领域。如表4-6所示，规模最大的振通电灯公司资本达到10万元。进入抗战时期后，淮河流域电力工业遭到日军破坏，虽然日军也建立了一些电厂，但这种畸形的模式对淮河流域电力工业的发展没有益处。

表4-5 淮河流域安徽主要地区首办电力企业一览表

厂名	设立时间	设备	用途	主办者
蚌埠光华电灯公司	1915年	蒸汽发电机一套	照明和粮食加工	
凤阳淮上火柴公司和自备电厂	1916年	火力发电机	生产、照明	私商
临淮镇实验农场小发电厂	1930年	德国柴油机组	生产、照明	政府
门台子烤烟厂自发电	1917年	美国柴油发电机、蒸汽发电机	照明	外商
滁县大成面粉厂	1926年	从南京购2千瓦直流发电机1台	照明、生产	私商

续表

厂名	设立时间	设备	用途	主办者
宿州宿城电灯公司	1920 年	煤气机、发电机		私商
亳州荣记电灯公司	1923 年			
涡阳涡光电灯厂	1935 年	动力机、发电机	照明	
立煌电力厂	1941 年	德国产 36 千瓦三相交流发电机 1 台	照明	
淮南九龙岗煤矿电厂	1930 年	7.5 千瓦直流发电机 1 台	通风、照明	

资料来源：王成：《当代安徽淮河流域工业发展研究——以年鉴、方志等史料为中心》，安徽大学博士学位论文，2014 年。

表 4-6　1933 年淮河流域安徽部分电灯公司一览表

名称	所在地	资本（元）	名称	所在地	资本（元）
耀淮电灯公司	蚌埠	35 000	耀宿电灯公司	宿县	30 000
振通电灯公司	大通	100 000	安平电灯公司	宿县	10 000
光怀电灯公司	怀远	20 000	正阳电灯公司	正阳关	20 000
光华电灯公司	凤阳	30 000	先远电灯公司	怀远	—
光华电灯公司	临淮关	20 000	涡光电灯公司	涡阳	—

资料来源：吴春梅等：《近代淮河流域经济开发史》，科学出版社 2010 年版，第 269 页。

　　商业方面，近代以来，随着外国资本主义对华商品和资本的输出，民族工业的发展和交通的改进，以及中央和淮河流域地方政府对商务的重视，淮河流域商业有了新的发展和进步。淮河流域广大内陆地区的中小城市以及淮河流域城市金融业，也在缓慢地向前发展。1927 年以后，中国共产党还在淮河流域开辟有一些革命根据地，实行新民主主义的商业贸易和货币政策，新民主主义公营和私营商业都获得了一定程度的发展。

　　（3）现代化发展

　　新中国成立后，40 多年来，在淮河干支流上游地区淮河流域进入新的发展阶段，淮河流域的工农业生产迅速发展。特别是改革开放以来，淮河流域呈现出欣欣向荣的景象。淮河流域是全国重要的粮食生产基地，同时也是棉花、油料、水果、蔬菜的重要产区。在工业方面，先后建立了平顶山、淮南、淮北、徐州、枣庄、兖州等大型煤炭基地，并在上述六大煤炭基地建设了一批大型坑口火力发电站，淮河流域已成为我国重要的能源基地。其他工业部门如钢铁、机械、纺织、制革、食品、卷烟、酿酒等及交通运输方面的铁路、公路、航空都得到了迅速发展。

但总体来看，淮河流域第二产业和第三产业的发展要落后于钱塘江流域和太湖流域。在改革开放初期，淮河流域第一产业占比仍然呈现上升趋势。这种上升趋势一直持续到1985年，1985年后第一产业占比明显下降。第二产业和第三产业分别在1995年和1999年超过第一产业。2000—2007年，淮河流域的产业结构呈现一个相对稳定的状态，第二产业和第三产业占比相差不大，均在30%—40%之间，而第一产业占比由2000年的28%下降至2007年的19%。2008—2018年，安徽淮河流域一直呈现"二三一"的产业结构。第二产业占比先上升后下降，第三产业则先下降后上升。近几年随着产业的发展转型，第三产业占据主导地位，安徽淮河流域呈现出"三二一"的产业结构形态。

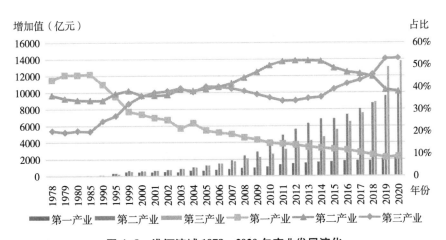

图4-8　淮河流域1978—2020年产业发展演化

资料来源：《安徽60年（1949—2009）》《安徽省统计年鉴》。

4.2 长三角主要流域经济区产业发展演化规律

本节按时间轴线从古至今对长三角流域经济区产业体系的发展演化规律进行总结，探寻不同历史条件下的产业体系内涵和产业演进规律。

4.2.1 古代

古代，长三角主要流域经济社会以农业为主导，因此也可以称为农业文明时期。

在远古农业时期，各个流域的产业体系完全是自然经济的产物。这一时期的产业体系中居主导地位的农业（包括林、牧、渔）所占的比重是压倒性的，手工业和商业依附于农业，所占比重很小。这一时期，各个流域根据自身的自然资源、气候条件以及劳动力情况大力发展农业。工业方面主要为手工业。最早的手工业可以追溯到商周时期，发展出冶金、纺织、陶瓷等产业，且在当时远远领先于世界其他国家和地区。但远古农业时期各个流域的发展并不是一帆风顺的。社会环境因素和自然因素制约着流域经济的稳定发展。例如历史上淮河流域的发展几度大起大落。每当一个新王朝建立时，由于统治者励精图治，国家统一，政治清明，社会安定，人民负担也比较轻，于是流域经济就处于一个发展、繁荣的局面。每当统治阶级腐化堕落，并引发了尖锐的阶级或民族矛盾，战争频繁，社会动荡或王朝更替时，流域经济就进入了一个停滞或衰落的低谷（王鑫义，1999）。自然环境因素包括水系生态环境和植被生态环境，同样深刻影响着流域经济的开发。流域为人类带来丰富水资源的同时，也会将灾害带给社会。例如在北宋以前，淮河独流入海，水系稳定，洪涝灾害少，因此社会环境也比较稳定。这时流域经济就出现一个快速发展的阶段，成为国家的重要财赋基地（如汉、唐、北宋时期）。但当水系生态和植被生态环境被破坏时，灾害就会频发且难以治理。例如，1194 年黄河南泛破坏了淮河干支水系，侵夺了淮河下游入海水道，致使洪涝灾害频发，造成淮河流域经济停滞不前。再如，由于农业技术的限制和钱塘江流域人口的急剧增加，人们大力开垦荒田、兴修水利、围湖垦田，通过对自然资源充分利用的方式来提高粮食产量。这也造成当时钱塘江流域森林资源被破坏，还出现了许多被污染的废弃湖泊，流域生态环境遭到严重的破坏。

明清时期，产业体系中居主导地位的农业所占的比重仍然是压倒性的，居辅助地位的工业、商业所占比重仍然很小，但已经在一定程度上摆脱完全依附于农业的地位，具有相对的产业独立性。① 以太湖流域为例，随着生产技术的改进，农作物的产量大幅增加，手工业和商业的生产和分离有足够的原料和动力。因此到明代万历时期，太湖流域已经出现很多充当商品交换功能的城市，甚至成为全国性的纺织中心和棉布市场。太湖地区许多城镇商业非常繁荣，各个城镇也根据自身的特点发展出不同的功能。例如，盛泽、震泽、南浔等由于丝织业发达而成为丝织业中心；青浦县朱家角则是棉布交易中心；松江则地处交通要道，成为交通枢纽。再如钱塘江流域，明清时期，钱塘江流域已经产生专门从事商业的群体。商人与北方进行粮食、棉织品、丝绸等生活物资的贸易，同时与南方的福建和广东进行棉花、棉布、生丝等工业原料贸易。一些商人为获取高额利润还投资造纸、纺织等手工业，这也促进了手工业与农业的分离。

4.2.2　近代

1840 年鸦片战争后，西方资本主义入侵中国，在中国设立工厂，是中国近代工业之始。此时长三角的流域经济实际上是处于前工业化时期，流域产业体系因工商业文明萌芽，开始摆脱自然经济的束缚。因而，前工业化时期产业体系中居主导地位的农业所占比重逐步缩小，工业、商业所占比重加快扩大，农业逐步失去绝对主导地位。三次产业之间开始呈现交织融合的结构形态。

近代，由于中国被迫卷入国际市场，进出口贸易逐渐扩大。因此这一

---

① 杨娜曼：《长江经济带现代产业体系发展研究》，经济管理出版社 2020 年版，第 68 页。

时期第一产业最大的特点就是茶叶、棉花等经济作物的种植在农业中的比重逐渐增加，农产品也因此进一步商品化。手工业方面，近代之前，中国传统手工业并未能走上机器生产的发展道路。鸦片战争后，外国商品和机器化生产方式输入，中国近代工业进入萌芽阶段。但流域的手工业生产并未因为机器的冲击日渐衰落。鸦片战争后尤其是 20 世纪初，在外国工业品占领城乡市场、国内机器工业兴起并获得初步发展的情况下，手工业并没有立即被取代。相反，由于资金短缺，机器价格高昂，劳力成本低廉，部分机器工业在中国特殊环境下蜕变为手工业或手工机器生产。机器或工厂生产只是在少部分的工业行业里存在，且大多位于沿海口岸城市。据截至 1933 年的统计，中国工业总产值中，工厂占 25%，手工业占 75%。① 以上海为例，截至 1937 年，上海有工厂 5525 家，作坊 16581 家，即手工作坊占全市工业总户数的 75.3%，涉及行业多达 14 类。② 除了生产工具向铁质机器发展外，近代长三角各个流域手工业的另一大特点是手工工场规模的扩大。工厂逐步由独资经营转向合资经营，由个体家庭户生产向手工作坊、手工工场演变，融资渠道多元化，生产规模不断扩大。③

　　工业方面，近代长三角的工业由萌芽阶段逐步趋于稳定，基本呈现以下三个特征：一是现代工厂数量明显增多。以太湖流域为例，19 世纪末，苏州、镇江等地才陆续出现第一家纺织或缫丝工厂。但至 1930 年，苏南地区的无锡、武进、镇江和苏州已经分别有工厂 153 家、39 家、11 家和 27 家，工人总数超过 5 万人（见表4-3）。二是从所办工厂的行业分布来看，各个流域开办工厂较多的行业均是轻工业。但各个流域由于自身条件的不同，行业发展程度也有所差异。钱塘江流域的造纸工业发展较好，太湖流域纺织、缫丝业发达，而淮河流域由于盛产粮食，因此食品加工业较钱塘江流域和太湖流域更为发达。三是省内流域经济区要比非流域经济区发达。据统计，1933 年，江苏太湖流域集中了江苏省工业总产值的 79%，工

① 中国社会科学院科研局组织编选：《巫宝三集》，中国社会科学出版社 2003 年版，第41 页。

② 戴鞍钢：《近代上海与江南：传统经济、文化的变迁》，上海人民出版社、上海书店出版社 2018 年版，第 210 页。

③ 吴春梅等：《近代淮河流域经济开发史》，科学出版社 2010 年版，第 241 页。

业投资额的75%，其中缫丝业则全部位于太湖流域。①

4.2.3　现代化发展

1953 年，中国开启第一个五年计划，标志着中国正式开启工业化时代。工业化初期，产业体系已经完全摆脱自然经济的束缚。长三角主要流域以工业为主的第二产业迅速发展并占据主导地位，而第一产业占比则迅速缩小。由图 4-1 和图 4-4 可知，钱塘江流域和太湖流域（苏南部分）在"一五"（1953—1957）和"二五"（1958—1962）时期，第二产业占比迅速上升，至"三五"计划结束（1970 年）时，钱塘江流域和太湖流域（苏南部分）的第二产业占比已经完全超越第一产业，三次产业趋向于新的平衡。

长三角工业化中期的产业体系开始从工业化初期的传统产业体系向现代产业体系转变升级，因技术革命和高科技产业的兴起，加快了向现代产业体系转变升级的进程（杨娜曼，2020）。改革开放以来，我国的经济体制由计划经济向市场经济过渡，由于中央政府对地方政府的放权，民营企业、乡镇企业、私营企业蓬勃发展，国家鼓励个人下海及对外开放等各种原因，激发了长三角地区大力发展经济的激情（杨上广，2011）。这段时间是长三角流域经济发展的转折点。上海市第一产业比重基本保持不变，第二产业比重呈现下降趋势，第三产业则呈现上升态势。太湖流域和钱塘江流域的第二产业比重基本保持不变，第三产业占比迅速上升，形成第二、第三产业并重的结构形态。淮河流域的工业发展与钱塘江流域和太湖流域相比较为缓慢，在改革开放初期，淮河流域仍然以第一产业为主。

工业化后期，长三角现代服务业、高科技产业、先进制造业发展迅速。新的产业体系中，由于现代服务业的继续扩大，第三产业规模持续上升，逐步替代第二产业占据工业化后期现代产业体系的主导地位。由图4-2、图 4-5 和图 4-8 可知，钱塘江流域、太湖流域和淮河流域的三次产业规模分别约在 2012 年、2015 年和 2018 年发生标志性的产业结构变化，即第三产业规模超越第二产业规模，形成"三二一"的现代产业结构体

---

① 段本洛主编：《苏南近代社会经济史》，中国商业出版社 1997 年版，第 379 页。

系，步入工业化后期阶段。

总结来看，若不考虑时间差距，钱塘江流域、太湖流域和淮河流域的产业发展演化大致相同：农业文明时期以农业为主的产业体系—工业化初期"二一三"的产业结构体系—工业化中期二三产并重的产业结构—工业化后期"三二一"的现代产业体系。

4.3　长三角主要流域经济区产业发展启示

4.3.1　主导产业突出，副业产品专业生产兴盛

主导产业的概念最先由美国经济学家赫希曼提出，他对主导产业的定义为"产业延伸链条较长，带动作用较大的产业"。其后很多主导产业理论研究者也对主导产业的概念进行了定义，但无论主导产业如何界定，都是强调其应当具有快于其他产业的发展速度，占据优势地位，能够带动整体经济增长的特征。

明清时期的江南是全国最为富庶的经济区。当时江南经济发达的一个重要原因就是以桑棉种植为主的主导产业非常突出，并带动了其他副业产品生产的兴盛。明清时期，江南水利失修，原本适宜种稻的田地只适合种耐旱的棉花，当地农民充分利用地力，放弃种植水稻，大力发展棉花和桑树的种植，确立了桑棉种植在当时的主导地位。据推算，整个明代，江南植棉的面积高达 160 万亩，入清后持续增长，到清中期时多出明代整整一倍。桑树的种植面积在明清之际也高达 160 万余亩。[①] 桑棉的大面积种植，也带动了棉布、丝绸等专业产品的生产，甚至在部分不产棉花的州县也生产棉布。明代，松江年产棉布 2000 万匹，除松江以外江南等地商品布约有

---

① 范金民：《明清江南商业的发展》，南京大学出版社 1998 年版，第 12—15 页。

500 万匹。清代整个江南年产布兴盛时高达 7800 万匹，进入市场的商品量在 7000 万匹左右。除棉布生产外，江南也是全国最重要的丝绸产地，且生产方式在不断改进，种类也非常丰富。明末时丝绸品种多达十种，色彩已达 120 余种。此外，种植业带动下所产生的酿酒、榨油、造纸等副业对江南地区的经济发展也有重要的作用。总体来看，明清时期的江南，以桑棉种植为主的主导产业非常突出，并带动了棉布、丝绸的生产，副业产品的生产也非常发达，呈现出主导产业突出，副业产品专业生产兴盛的特点。

如今的长三角地区作为中国的第一大经济区，以其制造业优势成为全球重要的先进制造业基地。然而，伴随着长三角经济多年的高速发展，其自然资源、劳动力优势等都在逐渐下降。近年来，长三角地区已陆续出现了制造业增长速度降低、经济效益下滑、外资引进增势减缓、外贸进口增幅下降等新问题。由于经济与高科技的发展导致的劳动力、资金、技术、知识等要素资源的扩散和集聚，长三角地区正在不断地进行产业结构的升级和调整。未来长三角若想实现合理分工并具备自身独特的竞争力，同时发挥城市群的集聚效应，主导产业的选择尤为重要。畅通三省一市优势主导产业的上中下游产业链，也是打造世界级城市群，确保区域经济良好发展的关键所在。

4.3.2 交通便利是产业发展的前提

社会经济的发展需要以交通开发为先行，便利的交通是江南社会经济发展走在全国前列的重要前提。

长三角以江南水乡著称，境内江河纵横、湖泊众多，与国内大水系大多有河道相通。舟楫便利的河道水系是江南地区得天独厚的自然地理条件。明清时期，江南建立了以本区域为中心的商运路线。当时全国江南、江北水路 100 条，其中以江南为起点或终点的就有 23 条，占五分之一以上。① 总体来看，有以下三条主要通道助力江南商品流通：北上沿运河抵北京，沟通华北广大地域；南下经浙东、江西到福建，沟通福建地区；西向溯长江到江西湖口，南下越梅岭到广州，沟通华中华南广大地区。进入

① 范金民：《明清江南商业的发展》，南京大学出版社 1998 年版，第 54 页。

近代，江浙沪在铁路、公路及航空运输方面，较中国其他地区也相对发达。区域内部，沪宁铁路和沪杭甬铁路的修建和接通，为长三角内部增加了便捷的交通干道。据统计，沪宁铁路 1912 年客运人数 488 万次，1920 年增至 820 万次，增长率 68%。以商品和煤炭运输为主的货运更加突出，1912 年货运约 49 万吨，到 1920 年增至 140 万吨。[①] 沪杭铁路的货运量也由 1915 年的 48 万吨上升至 1920 年的 59 万吨。[②] 此后，公路的修建以及水路、铁路和公路的联结使长三角内部的交通联系更加便捷，对推动近代长三角的经济发展和产业结构的丰富发挥了重要作用。

长三角地区作为我国最大城市群，尤其是在安徽省全部加入长三角后，交通一体化在优化三省一市间的资源配置、提高协作质量和效率方面的重要作用更加突出。区域内高效的交通运输，能够带动城市之间人才资源、产业经济、商品贸易、高新技术等的流通，使城市与城市加速融合，从而激发出更强劲的城市新动能。长三角城市群作为一个整体，要充分发挥产业经济密集的整体作用，很重要的一点是要发挥中心城市的辐射带动作用。经济产业的辐射带动需要便捷的交通体系来支撑，使周边中小城市与核心城市间的交通联系更加便捷。加强中小城市与核心城市之间的交通联系，才能更好地发挥核心城市的辐射带动作用，进而推动整个长三角地区更加协调发展。

4.3.3 市场经济为主导的产业发展

明清时期，江南市场机制非常完善，包括劳动力、原材料等生产要素市场、货币市场以及商品交易市场。江南市场自成体系，又成为全国市场的一个重要组成部分。首先，明清时期的江南，具有层次分明的市场体系。明中后期兴起的大量中小市镇，以自身的商业功能将彼此分散的居民村庄联结在一起，形成具有一定经济功能的多边形经济体，保障农民生活供需的平衡。这类初级市场还将从中、高级市场得到的信息输送到最基

---

① 戴鞍钢：《中国近代经济地理（第二卷）——江浙沪近代经济地理》，华东师范大学出版社 2014 年版，第 71 页。

② 徐雪筠等译编：《上海近代和社会经济发展概况（1882—1931）》，上海社会科学院出版社 1985 年版，第 219—220 页。

层，使江南地区的各个角落都得到商品市场的信息（孙竞昊，1996）。这类初级市场在明后期约有 250 个，清乾嘉时期约 400 余个。① 非农业人口较多的一种或几种专业性商业活动繁荣及专门性商业设施较为齐全的专业性市镇市场，构成了江南市场体系中的中级市场。这些中级市场将初级市场的产品输入高级市场，同时将高级市场的经济信息反馈到各初级市场，对整个区域经济的发展起着平衡、调节的作用，是区域经济平衡发展的重要环节。苏州、杭州两大中心城市则构成了江南市场体系的高级市场。作为江南地区的中心城市，它们将江南地区的丝、棉纺织品输向全国，将江南商品经济引入到更大的市场环境，打破了江南经济区域发展的封闭性，使区域内经济与全国经济发展更加协调（张海英，1990）。总之，明清时期江南地区经济的繁荣，是各级市场共同努力的结果，完善的市场体系功不可没。

如今，伴随着长三角一体化发展的不断深化以及更高质量一体化发展的新要求，长三角内部也逐渐暴露出隔离、竞争多于合作的问题。在现有的行政区划体制下，长三角内部统一决策的沟通成本依然较高，资源优化配置与区域共同市场建设碰到瓶颈困难，产业结构同质化竞争在局部区域甚至愈演愈烈。地方行政壁垒对资源要素跨区域流动、市场主体跨区域经营形成阻碍。投资、技术等高端生产要素的跨区域流动，很容易受到特别的限制。因此，要实现长三角三省一市产业结构的进一步优化，避免产业同构，发挥地方的比较优势，必须打破区域行政壁垒，建设统一、开放、竞争、有序的市场体系。

4.3.4 坚持绿色发展

从历史上来看，开发并非都是有益之事。特别是对于河流水系的上游地区而言，开发往往意味着破坏的开始。适度的开发可以在保持生态环境相对稳定的前提下，有效地推进社会经济的发展，但在清代的浙西地区，山地被无节制地开发，给当地的生态环境带来了恶性影响，同时阻碍了当时的经济发展。明清时，浙江人口增长迅速，人地关系紧张，人们转向山

---

① 范金民：《明清江南商业的发展》，南京大学出版社 1998 年版，第 132 页。

地要粮，山地广泛得到发展。如明初，浙南仙霞岭地区已是满山粳稻，清代浙东浙西山地开垦更加厉害，连高山陡坡皆开垦成田（张芳，1995）。太平天国运动后，大量客民入居浙西等地乡村，肆意的开发垦殖，加剧了环境恶化。总之，明清时期的浙江在人地关系方面已经达到了一个十分紧张的状态，而清代中期人口的膨胀，又促使越来越多的人被迫寻找更多谋生的途径，不断地向自然界索取，结果导致环境急剧恶化，造成严重的水土流失，水旱灾害增多。这些经验教训值得如今的长三角去探讨总结。

工业革命后，随着人口规模的增加、技术水平的提升，人类的经济系统对自然环境系统产生的影响突破了环境可以自净化的阈值，环境问题逐渐从局部问题演化为区域问题，又进一步成为全球性的问题。长三角作为我国区域一体化程度较高的区域，环境污染也呈现一体化的特征。尤其是在水污染方面，随着工业化、城市化进程的不断加快，长三角地区的水环境也不断恶化，区域内的江河湖泊水网均受到不同程度的污染。污染物在相互连通的水系中流动、转移，导致跨行政区的污染，跨行政区河流断面上的水污染也最为严重（林兰，2016）。这在一定程度上也制约了长三角地区的可持续发展。虽然近年来，在三省一市政府的努力下，长三角地区的环境污染一体化治理机制不断完善，区域生态环境也得到了明显改善，也有新安江生态补偿的成功案例，但长三角的污染治理仍然存在很大的进步空间。例如，在长三角太湖流域和淮河流域，还未明确推行跨行政区生态补偿机制。总之，长三角地区要实现区域经济的高质量发展，必须通力合作，建立区域环境管理体系，对生态环境进行协同高效治理，否则环境污染将成为制约长三角地区可持续发展的重要因素。

参考文献

［1］陈修颖、孙燕、许卫卫：《钱塘江流域人口迁移与城镇发展史》，中国社会科学出版社 2009 年版。

［2］戴鞍钢：《近代上海与江南：传统经济、文化的变迁》，上海人民出版社、上海书店出版社 2018 年版。

［3］段本洛主编：《苏南近代社会经济史》，中国商业出版社 1997 年版。

［4］范金民：《明清江南商业的发展》，南京大学出版社 1998 年版。

［5］方晓波：《钱塘江流域水环境承载能力研究》，浙江大学博士学位论文，2009 年。

［6］江蓝：《钱塘江流域经济发展与环境污染关系研究》，浙江大学硕士学位论文，2014 年。

［7］姜锡东：《中国传统经济的再评价问题》，《中国经济史研究》2003 年第 1 期。

［8］梁方仲编著：《中国历代户口、田地、田赋统计》，中华书局 2008 年版。

［9］林兰：《长三角地区水污染现状评价及治理思路》，《环境保护》2016 年第 17 期。

［10］骆平安、李芳菊：《明清时期古商道在河南的分布与中小城镇的形成——探询明清时期河南的古商道、商业通道、商业重镇》，《安阳师范学院学报》2007 年第 1 期。

［11］闵宗殿：《宋明清时期太湖地区水稻亩产量的探讨》，《中国农史》1984 年第 3 期。

［12］任重：《两汉时期淮河流域农业经济在全国国民经济中地位问题探讨》，《农业考古》1999 年第 1 期。

［13］孙竞昊：《明清江南商品市场结构与市场机制探析》，《华东师范大学学报（哲学社会科学版）》1996 年第 5 期。

［14］王成：《当代安徽淮河流域工业发展研究——以年鉴、方志等史料为中心》，安徽大学博士学位论文，2014 年。

［15］中国社会科学院科研局组织编选：《巫宝三集》，中国社会科学出版社 2003 年版。

［16］吴春梅等：《近代淮河流域经济开发史》，科学出版社 2010 年版。

［17］吴海涛：《元明清时期淮河流域人地关系的演变》，《安徽史学》2010 年第 4 期。

［18］戴鞍钢：《中国近代经济地理（第二卷）——江浙沪近代经济地理》，华东师范大学出版社 2014 年版。

［19］徐雪筠等译编：《上海近代社会经济发展概况（1882—1931）》，上海社会科学院出版社 1985 年版。

［20］杨娜曼：《长江经济带现代产业体系发展研究》，经济管理出版社 2020 年版。

［21］张芳：《明清时期南方山区的垦殖及其影响》，《古今农业》1995 年第 4 期。

［22］张根福、冯贤亮、岳钦韬：《太湖流域人口与生态环境的变迁及社会影响研究：1851—2005》，复旦大学出版社 2014 年版。

［23］张海英：《明清时期江南地区商品市场功能与社会效果分析》，《学术界》1990 年第 3 期。

［24］章建：《铁路与近代安徽经济社会变迁研究（1912—1937）》，合肥工业大学出版社 2015 年版。

［25］朱华友、徐宝敏：《钱塘江流域经济开发史》，中国社会科学出版社 2009 年版。

［26］《中行月刊》，1936 年 3 月。

［27］曾刚、倪外：《新中国成立以来上海城市经济发展研究》，《经济地理》2009 年第 11 期。

5

旅游：江南文化与长三角文旅一体化发展

5.1 长三角文旅一体化发展基础分析

5.1.1 长三角文旅资源禀赋分析

文化资源有物质类和非物质类两大类，主要包括历史文化资源、建筑文化资源、宗教文化资源、文学艺术文化资源、民族民俗文化资源、科技及工程文化资源（如大运河、都江堰）等；旅游资源主要包括自然风景旅游资源和人文景观旅游资源。长三角地区①不仅是中国经济发展最活跃、开放程度最高、创新能力最强的区域之一，也是文化和旅游资源高度集聚的地区之一，自然和人文景观类别齐全，尤其江南水乡和古镇特色突出，且文旅具有一定的全球影响力。

从总体上看，长三角文旅资源总体规模大、类型多、品质优良。截至2020年底，长三角地区拥有5A级景区56个，国家森林公园102个，中国著名古城古镇114个，中国传统村落1074个，中国优秀旅游城市66个，国际级旅游度假区13个，国家全域旅游示范区10个，国家一级博物馆39个，国家级非物质文化遗产277处，世界遗产（包含世界文化遗产②、世界文化景观遗产、世界文化与自然双遗产、世界自然遗产）7处，如著名的苏州园林、杭州西湖、安徽黄山等旅游风景区。长三角三省一市公共图书馆共370个，占全国比重11.6%（见图5-1）。如表5-1所示，长三角地区各类高品质文旅资源的全国占比较高，文旅资源种类丰富且数量多。具体而言，长三角地区有着丰富的红色文化资源和乡村文旅资源。据不完全统计，浙江省重要革命遗迹和纪念设施有100多处；上海保存完好的革

---

① 如非特别说明，本部分长三角地区范围为2019年颁布的《长江三角洲区域一体化发展规划纲要》中包含的的沪苏浙皖三省一市的全部区域。

② 世界文化遗产中国大运河由8省（北京、天津、河北、山东、河南、安徽、江苏、浙江）联合申报，在此安徽、江苏和浙江各计1项，长三角地区合计1项。

表 5-1 长三角地区主要文旅资源描述性统计

		上海	江苏	浙江	安徽	合计	全国	长三角占比
5A 级景区（个）		3	25	19	12	59	302	19.54
古城古镇（个）		29	31	34	20	114	—	—
国家森林公园（个）		4	21	42	35	102	897	11.37
中国优秀旅游城市（个）		1	27	27	11	66	337	19.58
国际级旅游度假区（个）		1	5	6	1	13	45	28.89
国家全域旅游示范区（个）		2	3	3	2	10	71	14.08
国家一级博物馆（个）		7	13	13	6	39	204	19.12
世界遗产	世界文化遗产（处）	0	1	2	1	2	32	6.25
	世界文化景观遗产（处）	0	0	1	0	1	5	20.00
	世界文化与自然双遗产（处）	0	0	0	1	1	4	25.00
	世界自然遗产（处）	0	1	1	1	3	14	21.43
国家级非物质文化遗产（处）		33	69	128	47	277	1372	20.19
中国传统村落（个）		5	33	636	400	1074	6820	15.75
国家历史文化名城（个）		1	13	10	5	29	136	21.32

资料来源：中国文化和旅游部官网、中国传统村落网、中国世界遗产网、中国博物馆协会官网和政府相关文件等。

命遗迹达 440 处；江苏省拥有革命历史类纪念设施、遗址和爱国主义教育基地 1000 多家；安徽走出了 130 位开国将帅；等等（李婷，2019）。长三角地区乡村文旅资源主要表现为江南水乡古镇特色和以安徽皖南古村落为代表的传统村落特色，以及浙江安吉的现代休闲度假模式的乡村旅游。同时，长三角地区还拥有其他种类众多、形式多样的文化资源，例如昆曲、评弹、黄梅戏等地方传统戏曲。除此之外，长三角文化和旅游资源表现出一定的融合度，上海科技馆同为 5A 级景区和国家一级博物馆；江苏苏州园林、浙江杭州西湖风景名胜区、安徽黄山风景区和皖南古村落（西递、宏村）均为属于世界遗产的 5A 级景区。江南水乡古镇中周庄古镇、同里古镇、无锡惠山古镇、乌镇古镇、西塘古镇、南浔古镇等均是 5A 级景区。

表 5-2 长三角地区 5A 级景区名单

省、市	景区详细名单
上海	上海东方明珠广播电视塔、上海科技馆、上海野生动物园
江苏	苏州古典园林（拙政园、虎丘、留园）、周庄古镇、钟山风景名胜区—中山陵园风景区、无锡影视基地三国水浒景区、灵山景区、同里古镇、夫子庙秦淮风光带景区、瘦西湖风景区、濠河风景区、溱湖国家湿地公园、金鸡湖景区、镇江三山风景名胜区、太湖鼋头渚风景区、太湖旅游区、沙家浜·虞山尚湖旅游区、天目湖旅游度假区、茅山风景名胜区、周恩来故里景区、中华麋鹿园景区、云龙湖风景区、连云港花果山景区、中国春秋淹城旅游区、惠山古镇、洪泽湖湿地公园、中华恐龙园
浙江	西湖风景名胜区、雁荡山风景区、普陀山风景名胜区、千岛湖风景区、乌镇古镇、溪口滕头旅游景区、横店影视城、南湖旅游区、西溪国家湿地公园、鲁迅故里——沈园、根宫佛国文化旅游区、南浔古镇、天台山旅游风景区、神仙居景区、西塘古镇、江郎山·廿八都风景区、天一阁·月湖景区、仙都风景区、刘伯温故里景区
安徽	黄山风景区、九华山风景区、天柱山风景名胜区、皖南古村落——西递宏村、天堂寨风景名胜区、龙川景区、八里河风景区、古徽州文化旅游区、三河古镇、芜湖方特旅游度假区、万佛湖风景区、长江采石矶文化生态旅游区

资料来源：文化和旅游部官网。统计时间截止到 2020 年 12 月 31 日。

表 5-3 长三角地区世界遗产名单

省、市	遗产名单	遗产属性
上海	—	—
江苏	苏州古典园林	世界文化遗产（1997.12）
	中国大运河	世界文化遗产（2014.6.22）
	中国黄（渤）海候鸟栖息地	世界自然遗产（2019.7.5）
浙江	中国丹霞	世界自然遗产（2010.8.1）
	中国大运河	世界文化遗产（2014.6.22）
	良渚古城遗址	世界文化遗产（2019.7.6）
	杭州西湖文化景观	世界文化景观遗产（2011.6.24）
安徽	黄山	世界文化与自然双重遗产（1990.12）
	皖南古村落（西递、宏村）	世界文化遗产（2000.11）
	中国大运河	世界文化遗产（2014.6.22）

注：中国丹霞由 6 省（贵州、福建、湖南、广东、江西、浙江）联合申报。
资料来源：根据中国世界遗产网整理。

表 5-4　长三角地区国家一级博物馆

省、市	博物馆名称
上海	上海博物馆、上海鲁迅纪念馆、中国共产党第一次全国代表大会会址纪念馆、上海科技馆、陈云纪念馆、上海中国航海博物馆、上海市龙华烈士纪念馆
江苏	南京博物院、侵华日军南京大屠杀遇难同胞纪念馆、南通博物苑、苏州博物馆、扬州博物馆、常州博物馆、南京市博物总馆、南京中国科举博物馆、雨花台烈士纪念馆、无锡博物院、徐州博物馆、常熟博物馆、镇江博物馆
浙江	浙江省博物馆、浙江自然博物院、中国丝绸博物馆、宁波博物馆、杭州博物馆、温州博物馆、杭州西湖博物馆总馆、中国茶叶博物馆、杭州工艺美术博物馆、宁波市天一阁博物馆、宁波中国港口博物馆、南湖革命纪念馆、舟山博物馆
安徽	安徽博物院、安徽中国徽州文化博物馆、安徽省地质博物馆、淮北市博物馆、宿州市博物馆、蚌埠市博物馆

资料来源：根据中国博物馆协会官网整理。

　　整体而言，长三角三省一市旅游圈内，上海作为国际化的大都市，主导都市旅游产品的开发；江苏主推园林文化和历史人文；浙江以精品乡村旅游和山水度假为主；安徽以山水观光和徽文化体验见长。三省一市各有侧重，旅游资源和产品的互补性较强，为长三角旅游一体化发展提供了资源禀赋条件（郭强和尹寿兵，2020）。

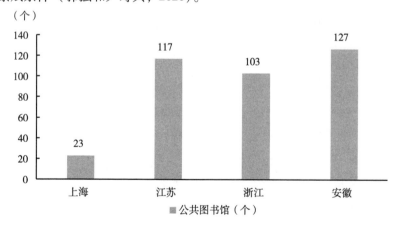

图 5-1　长三角地区公共图书馆数量（2019 年）

资料来源：长三角三省一市 2020 年统计年鉴。

5.1.2 长三角文旅合作发展基础

长三角三省一市不仅文化和旅游资源异常丰富，而且个性鲜明，如上海都市文化、浙江山水风光、江苏园林景观、安徽山水村落（叶虹，2020），文旅资源之间具有较强的互补性，为长三角地区文旅一体化发展提供了先天的物质基础。进一步来看，随着长三角区域一体化合作进程的推进，国家文旅部的组建，现代化综合交通体系的完善，以及相似的地域文化纽带的串联，逐步形成了长三角地区文旅合作发展的良好基础。

5.1.2.1 区域时代背景

从区域规划背景来看，长三角文旅一体化是伴随着长三角区域一体化进程发展起来的。改革开放以后，长三角地区发展经历了几个重要节点。1982 年国家提出编制以上海为中心的长江三角洲经济区规划并设立上海经济区规划办公室；1992 年建立长江三角洲 15 个城市协作部（委）主任联席会议制度，并于 1996 年升格为"长江三角洲城市经济协调会"；2003 年，16 城市共同签署《以承办"世博会"为契机，加快长江三角洲城市联动发展的意见》；2010 年 5 月，国务院正式批准实施的《长江三角洲地区区域规划》将长三角的范围确定为江、浙、沪；2016 年长三角地区进一步扩容，国务院常务会议通过《长江三角洲城市群发展规划》，包含苏、浙、皖、沪三省一市的 26 个城市；2018 年习近平总书记在首届中国国际进口博览会上提出"将支持长江三角洲区域一体化发展并上升为国家战略"；2019 年长三角一体化向前迈进了一大步，《长江三角洲区域一体化发展规划纲要》正式印发标志着长三角区域一体化正式上升为国家战略，区域规划范围为苏、浙、皖、沪三省一市的全部区域。该纲要提出，推动文化旅游合作发展，共筑文化发展高地，共建世界知名旅游目的地。

几乎与此同步的是，2018 年 3 月 13 日国务院机构改革方案提出，"为增强和彰显文化自信，统筹文化事业、文化产业发展和旅游资源开发，提高国家文化软实力和中华文化影响力，推动文化事业、文化产业和旅游业融合发展。将文化部、国家旅游局的职责整合，组建文化和旅游部，作为国务院组成部门。不再保留文化部、国家旅游局"，2018 年是国家层面文旅融合的元年。随后，全国各省市相继进行了文化部门和旅游部门的整合重组。2019 年，首次全国文化和旅游厅局长会议在京召开。旅游行业关心的是如何推广文旅融合，会议提出了"尊重规律、因地制宜、稳中求进、鼓励创新"四点建议。

2020 年 8 月，习近平总书记在主持召开扎实推进长三角一体化发展座谈会上指出，实施长三角一体化发展战略要紧扣一体化和高质量两个关键词，以一体化的思路和举措打破行政壁垒、提高政策协同，让要素在更大范围畅通流动，有利于发挥各地区比较优势，实现更合理分工，凝聚更强大的合力，促进高质量发展。随着长三角一体化国家战略的实施和国家及各地区文旅部门的组建，三省一市间经济社会发展的合作度、紧密度、融合度不断提升，区域内各类要素流动频繁，地区间的联动为文旅融合发展提供了良好的区域合作平台，长三角文旅一体化发展成为必然趋势。

5.1.2.2 区域交通条件

长三角地处"一带一路"和长江经济带的重要交会点，依傍着发达的水系，便利的铁路网、公路网、民航机场群、港口等，尤其是近年来高速铁路的快速发展，更大程度上满足旅客的出行需求，进而影响了人们的出行行为，为长三角文旅一体化提供了新的机遇。随着长三角一体化发展、长江经济带发展等国家战略的全面实施，区域交通条件逐步改善（见表5-5）。2008 年，合肥至南京高铁通车开启长三角高铁时代，到目前长三角地区已形成了全国最密集的高铁网。2019 年，商合杭高铁商合段、郑阜高铁和徐盐高铁、连镇高铁连淮段陆续通车。至此，长三角地区铁路营业里程突破 1.1 万公里，达 11632 公里，开通合宁、合武、甬台温、温福、京沪、沪宁、沪杭、合蚌、宁杭、宁安、杭甬、杭长、合福、郑徐、金丽温、衢九、杭黄、青盐等高铁线路达 24 条（其中联络线 2 条），高铁运营里程 4997 公里，居全国铁路之首。2020 年，商合杭高铁合湖段、皖赣铁路芜宣段、沪苏通铁路、衢宁铁路、连镇高铁淮安至镇江丹徒段、京港高铁合安段、盐通高铁等多条新线相继建成并开通运营，"高铁圈"不断延展。织线成网、互联互通、持续扩容的长三角铁路版图，让长三角地区三省一市陆域内除舟山市外其他所有地级市实现了"市市通动车"，上海、南京、杭州、合肥等中心城市之间基本实现 2 小时通勤条件，带动形成了半小时至三小时城际交通经济圈，同城效应不断扩大，为推动长三角高质

表5-5 长三角地区主要交通基础设施概况

交通方式	线路名称	运营时间	主要连接城市
高速铁路	合宁铁路	2008/4/18	南京、滁州、合肥
	甬台温铁路	2009/9/28	宁波、台州、温州
	沪宁高铁	2010/7/1	上海、苏州、无锡、常州、镇江、南京
	昌九城际铁路	2010/8/28	南昌、九江
	沪杭高铁	2010/10/26	上海、嘉兴、杭州
	京沪高铁	2011/6/30	上海、苏州、无锡、常州、镇江、南京、滁州、徐州、宿州、蚌埠
	合蚌高铁	2012/10/16	合肥、淮南、蚌埠
	宁杭高铁	2013/7/1	南京、无锡、湖州、杭州
	杭甬高铁	2013/7/1	杭州、绍兴、宁波
	宁安高铁	2015/12/6	南京、马鞍山、芜湖、铜陵、池州、安庆
	合福高铁	2015/6/28	合肥、芜湖、铜陵、黄山
	沪昆高铁	2016/12/28	上海、嘉兴、杭州、金华、衢州
	杭黄高铁	2018/12/25	杭州、黄山
	青盐铁路	2018/12/26	连云港、盐城
	郑合高铁	2019/12/1	阜阳、淮南、合肥
	商合杭高铁商合段	2019/12/1	亳州、阜阳、淮南、合肥、芜湖、宣城、湖州、杭州
	徐盐高铁	2019/12/16	徐州、宿迁、淮安、盐城
	连镇高铁连淮段	2019/12/16	连云港、淮安
	商合杭高铁合湖段	2020/6/28	合肥、马鞍山、芜湖、宣城、湖州、杭州
	沪苏通铁路	2020/7/1	上海、苏州、南通
	连镇高铁淮丹段	2020/12/11	淮安、扬州、镇江
	京港高铁合安段	2020/12/22	合肥、六安、安庆
	盐通高铁	2020/12/30	盐城、南通

续表

交通方式	线路名称	运营时间	主要连接城市
高速公路	宁洛高速	2006/9/30	南京、滁州、蚌埠、阜阳
	沪渝高速	2010/1/18	上海、苏州、湖州、宣城、芜湖、铜陵、池州、安庆
	京沪高速	2010/11/1	徐州、宿州、蚌埠、南京、镇江、苏州、上海
	沪昆高速	2011/9/8	上海、杭州、金华、衢州
	沪陕高速	2012/8/14	上海、南通、泰州、扬州、南京、滁州、合肥、六安
	常合高速	2013/12/1	苏州、常州、南京、马鞍山、合肥
	沪蓉高速	2014/12/27	上海、苏州、无锡、南京、滁州、合肥、六安
	杭瑞高速	2018/2/1	杭州、黄山
	京台高速	已通车（除台湾海峡段）	徐州、淮北、宿州、蚌埠、合肥、铜陵、池州、黄山、衢州
民用航空	上海：上海虹桥国际机场、上海浦东国际机场 江苏：南京禄口国际机场、苏南硕放国际机场、徐州观音国际机场、扬州泰州机场等 浙江：杭州萧山国际机场、宁波栎社国际机场、温州龙湾国际机场、舟山普陀山机场等 安徽：合肥新桥国际机场、黄山屯溪国际机场、阜阳西关机场、池州九华山机场等		

资料来源：参考郭强和尹寿兵（2020）并根据中国铁路局、高铁网等相关资料整理。

量一体化发展、世界级城市群建设等作出巨大贡献。高速公路成为连接沪苏浙皖四地的重要通道，根据《2020 年长三角交通一体化发展年度报告》，2019 年长三角旅客运输结构中，公路占比 70.2%；长三角货物运输结构中，公路占比 59.3%。客运、货运的公路占比双双过半，四通八达的高速公路网络功不可没。如表 5-6 所示，综合就铁路和公路的营业里程和客运量相比而言，长三角铁路和公路的客运量占全国的比重均远远超过了其营业里程的全国占比，表明铁路和公路交通基础设施在旅客运输上的相对密集性。

表5-6　长三角地区铁路和公路运输概况（2019 年）

省、市	铁路营业里程（公里）	铁路客运量（万人）	公路营业里程（公里）	等级公路（公里）	高速公路（公里）	公路客运量（万人）
上海	467	12834	13045	103045	845	3168
江苏	3587	23739	159937	157954	4865	94475
浙江	2842	24309	121813	121710	4643	72799
安徽	4844	13410	218295	217791	4877	45643
全国	139926	366002	5012496	4698725	149571	1301173
全国占比	8.39	20.30	10.24	12.78	10.18	16.61

资料来源：根据《中国统计年鉴2020》整理。

　　长三角地区公交一体化建设也为地区间的文旅合作提供了可靠保障，多条跨区临近区域公交专线的开通，为长三角交通出行、文旅消费带来了极大便利。吴江地处江浙沪两省一市的交界处，属于江苏直接接壤上海市和浙江省的主城区。长三角示范区5条区域公交线路（命名为"示范区1至5路公交"）的开通让公交畅游江浙沪已成为现实，开启吴江区、青浦区、嘉善县自由切换模式。除此之外，吴江区与浙江嘉兴市的乌镇和湖州市的南浔古镇的跨省公交，上海市嘉定至江苏太仓市、上海南站至江苏昆山的跨省毗邻公交，以及浙江湖州开行的由安吉至安徽广德的毗邻公交线路，促进了沪苏浙皖毗邻地区的人员交流，进而加速了长三角文旅一体化进程。

　　高速公路、高铁以及长三角地区的庞大机场群，有效吸引着更远距离的国内和国际游客。区域旅游交通网络的基本形成，大大增强了区域的可进入性，压缩了游客的时空距离，有效串联了"名城、名园、名湖、名江、名山"的世界级黄金旅游线。高铁、航空与汽车、地铁、公交、游船等多样化的交通方式相结合，快旅慢游、无缝衔接的区域交通极大促进着区域内外旅游要素的流动，并以优质的服务增强游客的体验感（郭强和尹寿兵, 2020)。进一步来看, 2020 年长三角地区的交通条件还在继续完善, 根据《长江三角洲区域一体化发展规划纲要》, 到 2025 年, 基础设施互联互通基本实现, 轨道上的长三角基本建成, 省际公路通达能力进一步提升, 世界级机场群体系基本形成, 港口群联动协作成效显著, 铁路网密度达到 507 公里/万平方公里, 高速公路密度达到 5 公里/百平方公里, 长三角地区三省一市总体形成一体化交通网络。

5.1.2.3　区域经济水平

从经济总量来看, 2020 年, 长三角三省一市共实现地区生产总值 24.5 万亿元, 占长江经济带和全国比重分别为 51.9% 和 24.1%; 社会消费品零售总额为 97982.3 亿元, 占全国比重达 30%; 进出口总额为 118543.37 亿元, 占全国比重 36.9%。分地区来看 (见表 5-7), 长三角各省市中, 地

表 5-7　长三角三省一市经济发展概况 (2020 年)

地区	GDP (亿元)	居民人均可支配收入 (元)	社会消费品零售总额 (亿元)	货物进出口总额 (亿元)
上海	38700.6	72232	15932.5	34828.5
江苏	102719	43390	37086.1	44500.5
浙江	64613	52397	26630	33808
安徽	38680.6	28103	18333.7	5406.4
全国	1015986	32189	391981	321557

资料来源: 根据长三角三省一市 2019 年和 2020 年国民经济和社会发展统计公报和政府相关文件整理。

区生产总值从高到低依次为: 江苏省、浙江省、上海市、安徽省; 社会消费品零售总额从高到低依次为: 江苏省、浙江省、安徽省、上海市; 进出口情况从高到低依次为: 江苏省、上海市、浙江省、安徽省。江苏省经济总量在长三角地区保持绝对领先优势, 安徽在经济总量上开始逼近上海, 上海作为长三角对外开放的"桥头堡", 其作用依旧显著, 在"双循环"战略中, 起到打造国内大循环的中心节点和国内国际双循环的战略链接的战略地位。从经济增长速度来看, 长三角三省一市地区生产总值平均增速为 3.2%, 高出全国 0.9 个百分点; 规模以上工业增加值增速为 4.8%, 高

出全国 2 个百分点；固定资产投资增速为 5.3%，高出全国 2.4 个百分点；社会消费品零售总额增速为 -0.3%，高出全国平均水平 3.6 个百分点；进出口增速为 7.2%，高出全国 5.3 个百分点。① 如表 5-8 所示，2010—2019 年长三角三省一市 GDP 占全国比重均超过 23%，远远大于其土地面积占比（约 3.7%）；除此之外，长三角地区龙头企业聚集度高，全国 500 强户数最多。在 2019 中国企业 500 强中，长三角地区共有 133 家企业上榜，占全国 500 强总数的 26.6%，超过京津冀（128 家）和珠三角（57 家）地区。沪苏浙皖的上榜数量依次为 49 家、43 家、31 家、10 家，在全国各省份排名分别为第 4、5、6、12 位。② 长三角地区 41 个城市的城镇化率达到 66%，城镇化水平和经济发展水平越高，居民的消费水平也相应地越高（郭强和尹寿兵，2020）。长三角地区三省一市常住人口在全国的占比达到 16.67%，而社会消费品零售总额却占到了全国的 24.2%，且居民人均可支配收入大幅超过全国平均水平（除安徽外），表明人均消费能力强劲，为文旅消费提供了经济基础。综合而言，较为发达的经济条件和文旅消费潜力为长三角都市文旅一体化发展提供着现实动力（李萌和胡晓亮，2020）。

表 5-8　长三角三省一市主要经济指标（2010—2019 年）

	地区生产总值 GDP（亿元）					社会消费品零售总额（亿元）				
	上海	江苏	浙江	安徽	占全国比重（%）	上海	江苏	浙江	安徽	占全国比重（%）
2010 年	17165.98	41425.48	27722.31	12359.33	23.9	6070.49	13606.84	10245.41	4197.70	21.73
2011 年	19195.69	49110.27	32318.85	15300.65	23.8	6814.81	15988.38	12028.00	4955.14	21.63
2012 年	20181.72	54058.22	34665.33	17212.05	23.4	7412.32	18331.33	13588.34	5736.56	21.43
2013 年	21818.15	59753.37	37756.58	19229.34	23.4	8556.96	20878.20	15970.84	7044.66	21.60
2014 年	23567.70	65088.32	40173.03	20848.75	23.3	9303.40	23458.07	17835.34	7957.03	21.54
2015 年	25123.45	70116.38	42886.49	22005.63	23.2	10131.50	25876.80	19784.70	8908.00	21.50

① 参见上海社会科学院长三角与长江经济带研究中心《长三角地区 41 个城市经济增长报告（2020 年）》相关成果，见 https://cyrdebr.sass.org.cn/2021/0520/c6129a105415/page.htm。
② 参见长三角区域税收经济联合分析课题组《长三角地区：经济总量领跑全国》相关成果，见 https://m.gmw.cn/2020-12-21/content_1301961170.htm。

	地区生产总值 GDP（亿元）					社会消费品零售总额（亿元）				
	上海	江苏	浙江	安徽	占全国比重（%）	上海	江苏	浙江	安徽	占全国比重（%）
2016 年	28178.65	77388.28	47251.36	24407.62	23.7	10946.60	28707.10	21970.80	10000.20	21.55
2017 年	30632.99	85869.76	51768.26	27018.00	23.5	11830.30	31737.40	24308.50	11192.60	21.59
2018 年	32679.87	92595.40	56197.15	30006.82	23.0	12668.70	33230.40	25007.90	12100.10	21.79
2019 年	38155.32	99631.52	62351.74	37113.98	23.9	15847.60	37672.50	27343.80	17862.10	24.20

资料来源：EPS 数据库。

5.1.2.4 历史文化纽带

文化是旅游的基本内涵和核心价值，旅游业为文化产业创造经济效益和影响力（张新勤，2021）。通过文化引领旅游，促进旅游的提质升级，为旅游体验增添故事与温度；通过旅游促进文化传承发展，提升旅游吸引力，增强文化自信，推动文化和旅游业融入经济社会发展全局（刘军和林英，2021）。因此在文旅运营中，文化是内容（灵魂），旅游是场景（载体）。长三角地区有着悠久的文化历史，文旅一体化发展需要重视文化认同的作用。从河姆渡文化、良渚文化、马桥文化等远古文明到今天被列入世界文化遗产的西湖、苏州园林、明孝陵、黄山、西递、宏村和京杭大运河，从古代海上丝绸之路起始港扬州到现代世界著名海运中心上海港，从历史悠久文化厚重的古村古镇到经济发达科技进步的现代城市，文化一直是支撑长三角地区经济社会发展的优势资源（王德刚，2019）。

长三角地区地缘相近、水域相通、人缘相亲、文脉相通，互为文化发扬地和旅游集散地。从方言历史上来看，吴语作为沪苏浙皖地区内最通用的语言，分布于今浙江、江苏南部、上海、安徽南部等地，其中吴语六片之一的太湖片为最大方言片，分布于以太湖为中心的上海、杭州、嘉兴、湖州、宁波、绍兴、舟山、苏州、无锡、常州和南通、镇江、南京三市的一部分，以及安徽省宣城郎溪、广德等地，连接着长三角地区的重要节点城市，在历史上为长三角地区间的经济交流合作提供了语言基础。随着历史的推演，江南文化、红色文化等逐渐成为推动长三角文旅高质量一体化发展的纽带。江南文化是长三角地区的共有基因、精神纽带。回溯江南文化，东晋时江苏以其文化艺术成就成为江南中心；到南宋时，临安（今杭州）立为皇城，造就一代江南风韵；明清时期徽商足迹遍布江浙沪，推动江南市镇发展；近代上海开埠，成就江南文化中心，人才汇聚，文化渊源深厚。在几千年来的文化累积和历史演进中，"江南"的文化内涵在不同历史时期呈现出不同的面貌和特征。作为长三角地区共同的文化资源，江南文化无疑是长三角一体化发展的文化基础（寿永明和卓光平，2021）。在形成江南文化共通性的同时，以"江南古镇""江南古城""江南戏曲"等为代表的江南文化资源为长三角文旅一体化发展提供了优秀遗产以及创造性资源（李萌和胡晓亮，2020）。除此之外，长三角地区的很多红色遗址遗迹也是不可分割的。上海是一座拥有深厚革命历史的红色资源城市，是中国共产党的诞生地，而沪苏浙皖是中国共产党领导下的新四军成立之后的主要根据地和战场，新四军与长三角地区紧密相连。再如上海龙华烈士纪念馆与南京雨花台烈士纪念馆也有着革命渊源，英烈们的先进事迹，让两家纪念馆在展现的历史和人物方面存在很大的交集。因此，这些为文旅一体化提供了坚实的价值根基和文化纽带，文化积淀下所激发的旅游资源开发和旅游市场创新已成为长三角文旅一体化的主要原动力。

5.2　长三角文旅一体化发展现状与制约因素分析

5.2.1　长三角文旅一体化发展现状分析

从旅游经济指标来看，2020 年新冠肺炎疫情的突发，使文旅产业受到了严重冲击，如表 5-9 所示，各项旅游收入和旅游人次指标均表现出明显的下降，尤其是旅游外汇和入境旅客人次。为客观反映长三角地区旅游整体现状，以及增强数据可比性，表中还列出了 2019 年长三角地区各项旅游指标。根据长三角地区旅游业数据统计，2019 年，长三角地区文旅产业取得了不错的成绩。一是沪浙苏皖旅游总人次、旅游总收入均实现较快增长。长三角地区三省一市接待旅游人次均超过 3.7 亿人次，旅游总人次达到 28.11 亿人次，同比增长 8.43%，占全国旅游总人次的 32.62%；旅游收入均超过 5300 亿元，旅游总收入达到 3.91 万亿元人民币，同比增长 12.3%，占全国旅游总收入的 36.63%。上海市接待旅游总人次 3.7 亿人次，同比增长 6.21%，旅游总收入 5367.1 亿元，同比增长 14.32%；浙江省接待旅游总人次 7.3 亿人次，同比增长 5.80%，旅游总收入 10911 亿元，同比增长 9.04%；江苏省接待旅游总人次 8.84 亿人次，同比增长 8.04%，旅游总收入 14321.6 亿元，同比增长 8.11%；安徽省接待旅游总人次 8.27 亿人次，同比增长 13.68%，旅游总收入 8525.6 亿元，同比增长 17.74%。二是 2019 年长三角地区国内旅游继续保持较快增长。安徽省国内旅游人次增速达到 13.6%，国内旅游收入增速达 17.9%，均列长三角四地增速首位。三是 2019 年沪浙苏皖四省市接待入境旅游者 2419.63 万人次，实现旅游外汇收入 191.76 亿美元。安徽省入境旅游人次增速超过全国 2.9% 的增速，江苏省、浙江省入境旅游人次较低，江苏省的增长率为负，上海市、安徽省旅游外汇收入增速均超过全国 3.3% 的增速。

表 5-9　长三角三省一市旅游市场整体情况

	2019 年				2020 年			
	上海	江苏	浙江	安徽	上海	江苏	浙江	安徽
国内旅游收入（亿元）	4789.3	13902.2	10726.7	8291.5	2809.5	8136.3	8263.9	4221.5
同比增长（%）	7.0	8.2	9.1	17.9	-41.3	-41.5	-23.0	-49.1
国内旅游人次（万人次）	36140.51	88000	72532.9	82000	23605.71	47000	56961.7	47000
同比增长（%）	6.4	7.6	5.5	13.6	-34.7	-46.2	-21.47	-42.6
旅游外汇收入（亿美元）	83.76	47.4	26.7	33.9	37.74	16.6	1.6	2.7
同比增长（%）	13.6	2.0	2.9	6.3	-55	-65.1	-93.9	-91.9

	2019 年				2020 年			
	上海	江苏	浙江	安徽	上海	江苏	浙江	安徽
入境旅游人次（万人次）	897.23	399.5	467.1	655.8	128.62	77	38.3	69.3
同比增长（%）	0.4	-0.3	1.9	8.0	-85.7	-80.7	-91.8	-89.4
旅游总收入（亿元）	5367.1	14321.6	10911	8525.6		8250.6	8275.1	4240.5
同比增长（%）	14.32	8.11	9.04	17.74		-42.4	-24.2	-50.3
旅游总人次（万人次）	37037.7	88399.5	73000	82655.8	23734.33	47077	57000	47069.3
同比增长（%）	6.21	8.04	5.8	13.68	-35.92	-46.3	-21.5	-43.05

资料来源：根据长三角三省一市 2019 年和 2020 年国民经济和社会发展统计公报和政府相关文件整理。

5.2.1.1　文旅合作事件

通过整理近年来长三角地区文旅合作的相关事件（见表 5-10），发现沪苏浙皖三省一市文旅相关部门通过联席会议、相关论坛与活动签署了一批合作协议，形成一批合作联盟，达成一系列合作机制（如长三角地区国家公共文化服务体系示范区（项目）合作机制）。区域间合作协调机制的制定，为长三角区域文旅一体化发展搭建了有效的合作平台与载体。从历年文旅合作主要事件来看，长三角区域内部文旅合作的平台与载体逐步丰富，越来越深入地推进文旅融合，加快了文旅一体化进程。在此基础上，从文化理念到文旅项目，从文旅项目到文旅产品，从文旅产品到文旅品牌，三省一市文旅相关部门在红色文旅、乡村文旅、高铁文旅等方面都提出了相关文旅整合产品。

表 5-10　长三角地区文旅合作主要事件

合作类型	时间	合作事件
联席会议	2011 年 5 月 10 日	长三角旅游合作联席会议
	2018 年 11 月 25 日	长三角旅游协会联席会议
	2020 年 5 月 26 日	长三角文化和旅游联盟联席会议

续表

合作类型	时间	合作事件
合作协议	2011 年 5 月 10 日	长三角地区旅游合作联席会议发布了《苏浙皖沪旅游一体化合作框架协议》，协议提出苏浙皖沪将共同打造以大运河、长江、东海、太湖、杭州湾等水资源为载体，以沿路、沿线、沿岸交通为纽带，以江南文化为核心，以历史文化名城、现代城乡景观为依托，以各大中心城市为节点的具有世界竞争力和影响力的旅游目的地
	2018 年 11 月 25 日	沪苏浙皖三省一市旅游协会发布《苏州宣言》，是长三角一体化发展上升到国家战略之后首个公开发布的行业间共识。该宣言提出五项共识，将设立长三角旅游事务协调共商发展机制、加强长三角跨区域旅游线路设计推广、打造长三角地区旅游发展共同体、建立长三角旅游信息共享平台、加快长三角旅游优秀人才的共同培养
	2019 年 5 月 20 日	三省一市文化和旅游部门签署了《长三角文化和旅游高质量发展战略合作框架协议》，进一步深化长三角文化和旅游合作与协同发展
	2019 年 10 月 11 日	三省一市社科联主要负责人共同签署了《长三角三省一市江南文化研究学术共同体合作框架协议》，旨在合作推进长三角"江南文化"研究学术共同体建设
	2019 年 10 月 11 日	长三角一体化文旅峰会发布了《长三角一体化文旅联合行动湖州倡议》，提出了江浙沪皖四地联动，共推文化和旅游产品一体化、平台一体化、市场一体化、品牌一体化、政策一体化以及组织一体化，进一步提升长三角旅游国际化、专业化水平，共建高品质有影响力的旅游目的地
	2019 年 11 月 22 日	《长三角文旅消费一体化框架协议》，针对长三角文旅消费一体化建设达成 4 项共识：推进长三角文旅消费一体共商、文旅资源载体网络共建、文旅消费惠民举措共享、文旅产业融合发展共赢

合作类型	时间	合作事件
合作协议	2020 年 8 月 7—8 日	《长三角产业合作区（一岭六县）文旅一体化联盟合作协议—安吉倡议》发布，代表着"一岭六县"将共同推动文化和旅游产品、政策、组织等一体化发展，进一步提升长三角产业合作区专业化水平，实现长三角区域文旅高质量发展。另外，广德市与长兴县、宜兴县签订了《长宜广文旅一体化发展合作协议》。郎溪县、广德市、溧阳市共同签订了《苏皖合作示范区文旅一体化发展合作协议》，"一地六县"文化旅游合作交流机制不断完善
合作联盟	2016 年 1 月 17 日	中国（长三角）高铁旅游联盟
	2018 年 6 月 20 日	长三角文艺发展联盟
	2018 年 8 月 17 日	长三角文学发展联盟
	2018 年 11 月 30 日	长三角红色文化旅游区域联盟（上海市虹口区、黄浦区、徐汇区及徐州、嘉兴、衢州、台州、六安 8 个首批会员单位）
	2018 年 12 月 1 日	长三角文旅产业联盟（上海、连云港、常州、丽水、湖州、温州）
	2019 年 7 月 26 日	长三角城市文化馆联盟
	2019 年 10 月 11 日	长三角国家级旅游度假区（推广）联盟
	2019 年 11 月 22 日	长三角文旅消费一体化联盟（上海、杭州、苏州、南京、合肥、宁波、芜湖、徐汇 7 城 1 区文旅局与阿里文娱集团）
	2020 年 5 月 26 日	长三角公共图书馆智库服务联盟（上海、南京、浙江和安徽图书馆）
	2020 年 9 月 12 日	长三角旅游推广联盟（三省一市文旅部门）
	2020 年 10 月 20 日	长三角江南文化研究联盟

资料来源：根据政府相关文件整理。

5.2.1.2　文旅一体化产品

沪苏浙皖三省一市以战略联盟的形式、实体化工作的机制、共推重点项目的方式，进一步深化长三角文化和旅游合作与协同发展，推出了11条长三角一体化精品线路，涉及长三角绿色示范区、高铁旅游、考古旅游、非遗文化旅游等"旅游+"的融合。2019年，三省一市联手推出长三角区域"名城、名镇、名村、名山、名湖、名园、名馆"国际精品线路；2020年，三省一市联袂推出长三角"高铁+景区""高铁+酒店"快捷旅游线路。这些一体化高质量的文旅专题产品，切实增强了长三角区域人民群众对一体化发展的获得感和认同感，提高了长三角文化旅游目的地的整体吸引力和竞争力。

（1）红色文旅。沪苏浙皖文旅部门在金寨组织"长三角红色旅游创新发展合作交流"活动，并发布22条红色旅游精品线路，包括2条长三角红色旅游线路、20条沪苏浙皖四地红色旅游精品线路。

表 5-11　长三角地区红色文旅线路

线路类型	主要文旅资源
长三角红色旅游线路	"上海'一大'会址—浙江嘉兴南湖—江苏淮安周恩来故里—安徽大别山金寨两源两地"之旅
	"安徽泾县新四军军部旧址—江苏溧阳新四军江南指挥部纪念馆—浙江长兴新四军苏浙军区旧址—上海新四军广场"之旅
沪苏浙皖四地红色旅游精品线路	上海市："初心之地、伟人足迹、精神传承、绿色青浦红色回忆、汽车历史的过去现在和未来"5条红色旅游精品线路
	江苏省："水韵江苏八百里英雄无敌新四军、英雄之城革命之都、红色淮安初心使命、感受民族品牌的科技力量、'水韵江苏'大运河美丽乡村之旅"5条红色旅游精品线路
	浙江省："千年圣地百年初心、不忘初心红动浙江、'两山'理念践行之旅、'烽火岁月'红色之旅、浙西南红色信仰之旅"5条红色旅游精品线路
	安徽省："'初心如磐'安徽大别山红色基因之旅、'铿锵铁军'安徽新四军红色沃土之旅、'峥嵘岁月'安徽淮海战役红色烽火之旅、'百万雄师'安徽渡江战役红色足迹之旅、'改革起源'安徽小岗村红色奋斗之旅"5条红色旅游精品线路

资料来源：根据相关新闻资料整理。

（2）高铁文旅。2020 年 8 月 5 日，三省一市文旅部门发布了策划设计的"60+6+1"的长三角高铁旅游线路。这些线路涵盖三省一市 50 余个设区市（区），包含 95 个热门景区、119 家酒店及精品民宿。60 条长三角"高铁+"旅游产品线路（包含 30 条"高铁+景区门票"快捷旅游产品线路、30 条"高铁+酒店"快捷旅游产品线路）、6 条长三角"高铁+"跨省主题游线路（包括"不忘初心之旅""穿山越水之旅""绿色生态之旅""江海小城之旅""文化康养之旅""扬子江名城之旅"）以及长三角"高铁+"自由行专列行动计划。值得一提的是，杭黄高铁线路的开通运营，让"一日看尽江南景"成为现实，在江南文化腹地"快旅慢游"成为常态。杭黄高铁沿线分布着西湖、西溪湿地、千岛湖、绩溪龙川、古徽州文化旅游区、黄山、西递宏村等 7 个 5A 级风景区、50 多个 4A 级旅游景区和 10 余个国家森林公园，全线绿化覆盖率超过 50%，这条高铁线成为串联名城、名湖、名江、名山的世界级黄金旅游线。这些高铁和文旅线路的完美结合，既丰富了文旅产品，又推动了长三角区域的联动发展。

表 5-12　长三角地区高铁文旅产品

线路类型	主要文旅资源
"高铁+景区门票"	世界自然或文化遗产、国家 5A 级景区、国家级旅游度假区、著名文博场馆、旅游新业态等
"高铁+酒店"	景观与文化并重的度假式酒店、性价比较高的度假村、深耕山野中的精品民宿等
"高铁+"跨省主题游	从上海虹桥站驶向浙江嘉兴南站的中共一大红色之旅、浙江杭州至安徽黄山的"西湖风景名胜区—千岛湖—古徽州文化旅游区—黄山风景区"黄金旅游走廊等

资料来源：根据相关新闻资料整理。

（3）乡村文旅。长三角区域是中国开展现代乡村旅游最早的地区之一，以传统村落为载体的乡村旅游在江、浙、皖等地区迅速兴起。江南六大水乡古镇成为我国最早以古镇村落为载体开展文化旅游的区域；安徽黄山西递宏村被列入世界文化遗产名录，是我国目前唯一以传统村落为载体的世界遗产；浙江舟山嵊泗列岛是全国唯一的国家级列岛风景区；等等（孙以栋和俞强，2020）。除此之外，随着乡村振兴战略的实施，涌现出莫干山民宿、田园东方、鲁家村等一批国内外知名的乡村旅游品牌，以及桐庐、安吉、舟山、江宁等多个乡村旅游目的地（冯学钢和吴琳，2019）。2020 年长三角文化和旅游融合发展总评榜获奖榜单中，"长三角文旅特色美丽乡村"分别是浙江省宁波市宁海县葛家村、上海市奉贤区吴房村、江苏省南京市黄龙岘茶文化旅游村、安徽省合肥市三瓜公社。

除了红色、高铁和乡村特色文旅外，2019 年 8 月，长三角三省一市文化和旅游部门联合推出"跟着考古去旅游"三条 3 日游精品线路，分别以"重拾文明火种""阅读王朝变迁""以诗歌纪行"为主题，串联起上海广富林文化遗址，浙江的"新科"世界文化遗产良渚古城遗址、新石器时期文化遗址之一河姆渡遗址，江苏的大报恩寺遗址公园，以及安徽的凌家滩国家考古遗址公园等，将长三角地区的文化、旅游、考古资源进行了有机结合。长三角地区文化和旅游部门还将与相关企业联合进行深度挖掘和策划，推出"跟着电影去旅游""跟着非遗去旅游"等新产品。

为进一步实现长三角地区文旅消费的同城待遇，长三角旅游推广联盟在成立之时，上海久事（集团）有限公司旗下上海都市旅游卡公司与长三角各城市合作推出了首款惠民旅游产品——"99 玩一城，悠游长三角"长三角 PASS 旅游年卡。该卡整合长三角 17 个城市的特色文旅资源，每个城市只要花费 99 元，就能一价全包多个景点。首批 17 个长三角城市涵盖上海，安徽黄山，浙江杭州、温州、湖州、绍兴、宁波、丽水、嘉兴、金华，江苏南京、苏州、南通、无锡、扬州、镇江、泰州，目的地囊括浦江游览、灵隐飞来峰、瞻园、棠樾牌坊群、雁荡山、云和梯田、南浔古镇等长三角各地知名景点，完整呈现长三角秀美湖光山色和深厚的人文底蕴。另外，与 PASS 年卡类似的旅游产品还有长三角旅游护照，如 2016 年长三角旅游景区联盟正式推出"珍藏·长三角百年景区旅游护照"、2019 年推出的"蒲公英长江三角洲旅游护照"等。这些旅游护照不仅为游客提供文旅消费上的便利，也是具有收藏价值的文创产品。长三角旅游护照的推出，既提高了区域旅游的服务水平，又成为区域文化推广的重要载体，是长三角地区借力技术优势、渠道优势打造区域旅游品牌、推动区域深度合作的一次有益探索，体现了"互联网+旅游"的大趋势。

5.2.1.3 文旅公共服务体系

公共服务体系建设是长三角文旅融合一体化发展的关键、基础领域，也是长三角一体化发展重点推进工作之一。长三角共同发布的"长三角PASS"旅游年卡，成立的"长三角文旅消费一体化联盟"，推出的"一票游玩长三角"文旅消费解决方案，以及推动各城市文化资源和消费者数据共享、文旅惠民，使长三角文旅消费"同城效应"不断放大（李萌，2020）。长三角三省一市积极探索在旅游服务与管理方面的一体化发展，推出苏浙沪旅游集散中心合作与发展（常州）行动纲要、《主要旅游景区（点）道路交通指引标志设置规范》等。在服务与管理领域实现了部分"无缝隙服务"，如旅游车进出景区不再限制、导游证跨省互认、旅行社在其他城市可开办分支机构、跨城市连锁经营的企业集团或联合体等（冯学钢和吴琳，2019）。

5.2.2 长三角文旅一体化制约因素分析

5.2.2.1 文旅产品供给

在文旅市场方面，长三角三省一市地缘相近、文脉相通，自然景观、人文资源相似程度高，文旅产品开发同质化现象突出，市场定位不清，造成文旅市场产品单一，区域内部竞争日趋激烈，阻碍了长三角文旅一体化进程。比如，近几年长三角地区江南水乡古镇、特色小镇、乡村民宿和森林公园的开发趋同现象明显，各地未能深度挖掘自身的文化和旅游特色，极易造成游客审美疲劳，也难以避免恶性竞争和资源浪费。

在融合发展方面，"文化+旅游"的融合度还不够，长三角区域"文化+旅游"尚未做到"宜融则融，能融尽融，以文促旅，以旅彰文"的目标（侯凤芝，2020），优秀文化题材没有足够的展现载体和表达方式，难从整体开发等。

在发展效能方面，长三角区域内的文化和旅游资源目前相对分散，集聚效应尚未凸显出来；旅游旗舰项目尚未成形，缺乏规模型、唯一性、独特性龙头项目。此外，长三角河湖相连、山脉同体，很多资源跨区域存在，相邻地区利益分配矛盾也构成了区域旅游资源共享的重要掣肘。例如，太湖横跨苏浙两省，形成了苏州吴中区太湖旅游区、湖州南太湖国家级旅游度假区、无锡（马山）太湖国家旅游度假区等多个国家级、省级旅游度假区，尚未形成高效的环太湖文旅发展大格局（冯学钢和吴琳，2019）。

5.2.2.2 区域发展不平衡

虽然长三角地区整体经济发展水平在全国处于领先的位置，但区域内部三省一市各地发展阶段不同，经济水平仍有差距，存在着明显的不均衡现象，比如从人均水平上来看，2020 年上海、江苏、浙江、安徽人均 GDP 分别为 159385 元、127285 元、110450 元和 60763 元，上海明显领先于其余三省，且上海接近安徽的 3 倍。除了省际之间的经济不平衡外，省域内部城市之间也存在着失衡现象，如苏南苏北、皖南皖北的经济发展存在明显的差距（栾开印，2021）。根据南京大学长江产业经济研究院发布的《长三角地区高质量一体化发展水平研究报告（2018 年)》，安徽尚未能深度融入长三角地区；长三角地区间产业结构存在明显的梯度差异，产业结构趋同化现象依然比较突出，尤其是江浙皖同构现象较为严重，地区间低水平同质化竞争较为激烈；长三角地区产业布局各有优势，存在着一定的互补性，但优势产业重合度依然较高；长三角地区规模以上工业企业在 R&D 经费方面的投入差距不断缩小，但地区间创新人才投入差距扩大；省际间贸易强度偏低，地区间对外贸易发展差距较大；文化基础设施的内部差距较大等。经济实力较强的省市的城市消费潜力更高，且基础设施与公共服务供给方面会更加到位，经济失衡会直接或间接导致文旅产业发展不均衡，阻碍长三角地区文旅融合和文旅一体化进程。

5.2.2.3 合作效率壁垒

长三角一体化发展面临的最突出障碍是市场分割，特别是要素市场的分割，使得要素流动受阻、配置效率不高。跨区域合作壁垒仍存在，空间一体化有待优化和完善。长三角区域各城市在经济社会等方面发展差距仍然较大，存在各自为政的现象，"诸侯经济"明显，一体化较难落到实处（冯学钢和吴琳，2019）。长三角一体化发展的行政壁垒的实质，主观来讲，是各行政主体的价值取向不同，存在不同行政主体的利益博弈；客观来说，各行政主体有不同的职责边界，这些职责边界和一体化的共同目标发生了冲突（高淑桂和周依尔，2018），区域内部无法真正形成利益共同体，最终导致了长三角区域间文旅合作机制运行效率低下。虽然三省一市政府在长三角文旅合作方面提供了良好的平台，但政府力量未能与市场很好地结合起来。目前长三角区域间旅游合作的机制体制仍局限在联席会议、政策文件等形式，由于区域发展水平差距、区域行政壁垒和市场分割的存在，相关部门在执行上约束力不强，具体的执行和协调过程中并不十分顺畅，尚未形成全局性的、高效的、具有高度执行力的合作机制（冯学钢和吴琳，2019；栾开印，2021）。再者，行政区划导致的各级管理边界模糊，文旅执法监管机制常常不能发挥及时到位的作用。以在线旅游市场监管举例，这种特定服务行为监管的执法主体为市场监管部门，而旅游投诉处理办法为调解。调解过程中，由于跨省跨区域，执法者在举证、执法协助、执法配合方面存在困难。

5.2.2.4 交通互联互通

长三角区域内还存在交通发展不平衡不充分问题，比如各地公路网建设快慢不一、疏密不同、结构差异较明显。长期以来，由于跨区域缺乏统一编制主体，各地发展需求有所不同，省际之间沟通机制不够顺畅，导致部分省际通道建设标准不统一、建设时序不一致、监督管理不协调。比如，在安徽与苏浙两省交界处，一些断而不通、通而不畅的"断头路""瓶颈路"，成为制约交通一体化的堵点和痛点（范克龙，2019）。

5.2.2.5 文旅人才与公共服务供给

一方面，长三角区域内文旅人才匮乏且流动性不足。在人才队伍方面，没有发挥长三角地区的人才优势，亟待解决"人员缺乏、专业不专"的问题（侯凤芝，2020）。比如，借助吴方言加以演绎的昆曲和苏州评弹是"江南文化"的璀璨明珠，方言不通就会导致很多外地游客尽管陶醉其中却始终不知其所以然，可以通过产学研相结合的方式培养一支能够在演出前做到为观众精准导赏的文化人才队伍（顾善闻，2021）。另一方面，长三角三省一市文化和旅游公共服务的配套建设不均衡，跨行政区的公共服务对接实践不足。区域合作壁垒的存在，使得文旅公共服务的共建共享还存在一些问题，未能完全达到文旅公共服务的公益性、均等性和便利性。尽管历年长三角文旅联盟会议提到了要加强公共文化服务之间的交流与合作，但在实际推进过程中，除了举办会议、比赛、培训之外，真正惠及百姓的举措（如馆际互借、电子资源互通等）并没有实质性地推进（栾开印，2021）。在供给方式上，三省一市未能发挥长三角的技术优势，在实现文旅公共服务供给的数字化、信息化和智能化方面还有所欠缺。

5.2.2.6　文旅品牌建设

长三角一体化发展规划刚性不足，统一的区域品牌形象欠缺。"体验上海""水韵江苏""诗画浙江""美好安徽"在旅游市场认知度不断提高，各省市的旅游品牌得以确立，但就区域旅游一体化发展来说，三省一市尚未形成统一的区域性旅游品牌，未实现"1+1+1+1>4"的品牌叠加效应，导致国际市场辨识度低、综合影响力远远不及其他5个世界级城市群（冯学钢和吴琳，2019）。

5.3　构筑江南文化圈助推长三角文旅一体化发展

关于江南文化的论说，首先需要理解作为自然地理概念的"江南"范畴。浙江师范大学江南文化研究中心陈国灿先生撰文指出：大致说来，目前学术界在讨论有关问题时所说的江南，有三个地域空间层次：一是所谓的"大江南"，泛指长江中下游地区，有时甚至包括长江上游部分地区；二是所谓的"中江南"，主要指长江下游地区；三是所谓的"小江南"，主要指以太湖流域为核心的长江三角洲及周边地区。其次从行政地理来看，这与唐代设立的江南东道辖境大体相当，即现在一般意义上包括江苏、安徽、上海、浙江等地的江南地区。从经济意涵上说，著名经济史学家李伯重认为长江三角洲和环太湖流域"八府一州"构成了一个比较完整的经济区，可以作为江南的固定区域。今天，长三角地区以上海市为中心、苏浙皖重要城市为经济腹地，构成了江南文化圈的主体范围（何俊杰，2019）。

　　江南文化是中华优秀传统文化的重要组成部分之一，其集中承载区为上海、江苏、浙江、安徽三省一市，具有鲜明的地域文化特色。从历史上看，上海地区始终位于江南的中心地带。浙江是江南文化重要的传承、发展和创新地，江南文化在浙江有着深厚积淀。盛世江南，安徽是重要的创造者和推动者。在整个江南文化的版图中，安徽具有不可替代的重要地位。江南文化与江苏更是密切相关。江苏是江南文化重要的创造者和引领者，是沟通南北经济、文化交流的枢纽。江南文化是长三角区域发展的历史基因，是三省一市居民的共同精神家园，也是吸引国内外游客的最重要元素（潘立勇，2020）。随着近现代工业、商业、服务业的发展，特别是改革开放以后经济社会的快速发展，江南文化又融入了劳动效率、科学技术、匠人精神等时代概念，江南文化处处体现着开放、创新、包容的精神特质。充分把握江南文化的时代特征，对江南文化进行创造性转化和创新性发展，必将为长三角区域一体化发展提供强大的精神动力和智力支撑。长三角文化旅游一体化具备了"共享江南文化"的历史渊源，文旅融合应该打造基于江南文化的大型战略布局，沪苏浙皖可以共同挖掘江南文化。

　　共建"江南文化圈"旅游目的地共同体要以江南文化为依托，重新审视、挖掘区域内各类资源要素的价值（何俊杰，2019）。在形成江南文化共通性的同时，以"江南古镇""江南古城""江南戏曲"等为代表的江南文化资源为长三角文旅一体化发展提供了优秀遗产以及创造性资源（李萌和胡晓亮，2020）。挖掘、研究、传播、利用好江南文化资源，塑造"江南文化圈"的空间区域，凝聚区域城市力量推进文旅融合发展，对于持续深化长三角区域高质量一体化发展具有重要意义（何俊杰，2019）。

5.3.1　推进长三角区域文旅合作交流

　　基于江南文化圈来推进长三角区域文旅合作交流，应适应当下区域一体化和文旅融合发展新趋势，强化江南文化研究，建设江南文化研究学术共同体，打造江南文化圈城市发展联盟，建立江南文化圈非遗一体化研究机制，以理论研究带动区域文旅合流。

　　各地区、部门及相关团体组织等在江南文化的区域合作交流层面做过不少的尝试，与高校探索建立江南文化研究机构，发挥长三角区域江南文化资源优势和高校智库优势，共建江南文化研究平台。浙江省浙江师范大学江南文化研究中心是海内外较早正式以"江南文化研究"命名的学术研究机构，并于 2020 年 10 月 20 日入选长三角江南文化研究联盟首批成员单位。该中心设立了江南文学与艺术、江南学术与文献、江南城市与社会三个重点研究方向，围绕江南地域文化的核心，探讨江南文学艺术的传统渊源与现代化进程，揭示江南文学艺术生成的地域个性与时代意义；搜集和整理江南区域的古籍文献，研究江南学术文化的地域生成与全国意义；探究江南城市发展的古今演进，剖析江南社会文化发展的内在精神与当下意义。除此之外，无锡江南文化研究中心于 2007 年 12 月挂牌成立，中心成立以来，已成为国内外较具影响力的吴文化研究、文化产业研究高地。

2018 年 10 月 25 日，上海市松江区政府与华东师范大学、上海戏剧学院、上海市文联分别签订"江南文化"发展战略合作协议，以松江深厚的江南历史文化资源为依托，共同建设发掘江南文化的研究基地、创作基地和展示基地，共同构筑 G60"江南文化"走廊①。2019 年 7 月，在打响"上海文化"品牌推进会暨"江南文化"学术研讨会上，华东师范大学—松江区"江南文化"研究基地、华东师范大学"江南文化"研究院、人文松江创作研究院正式揭牌。2019 年，长三角地区九城的文化和旅游部门已经共同签订"江南文化"协议，共建 G60"江南文化"走廊，努力推进走廊的高水平建设。上海正在建设国际文化大都市，松江是上海历史文化的发祥地，传承了"上海之根"的文化血脉，富含着"上海之根"的文化基因和精神财富，松江作为江南文化历史沉淀，与未来发展的重要阵地，有着非常丰厚的地域文化流传。松江书画文脉，绵延千百年，源远流长，在中国古代绘画史上曾出过众多书画名家和理论家，成为近代江南文化与海派文化发展的重要基础，也是江南文化的重镇。而 G60 科创走廊贯穿的其他城市如嘉兴、杭州、金华、苏州、湖州、宣城等地都是文化厚重、书香浓郁之地，各城市在文化方面也可以互补。

---

① G60"江南文化"走廊由 G60 科创走廊引申而来。G60 科创走廊沿线是中国经济最具活力、城镇化水平最高的区域之一。G60 科创走廊包括上海、嘉兴、杭州、金华、苏州、湖州、宣城、芜湖、合肥等 9 个城市，面积约 7.62 万平方公里。

与此同步的是，2019 年 7 月 2 日上海市青浦区与复旦大学签订《联合推进江南文化研究战略合作框架协议》，"江南文化研究院基地"正式揭牌。通过基地的设立，双方将协同推进江南文化学术研究，整合江南文化资源和高校学术资源，共同打造江南文化研究的"高地"。双方将从两个方面深化合作，一是合力推进市级层面的江南文化研究哲社系列课题研究；二是将共同开展江浙沪、上海不同城区及青浦地区的江南文化应用性课题研究，联合举办江南文化的相关论坛等。2019 年 10 月 11 日，长三角三省一市社科联举办的首届长三角江南文化论坛上，共同签署了《长三角三省一市江南文化研究学术共同体合作框架协议》，合作推进长三角"江南文化"研究学术共同体建设。学术共同体的宗旨是增进长三角江南文化认同，合作推进江南文化研究，为长三角高质量一体化发展提供强大的文化动力和理论支撑。根据三省一市社科联共同签署的框架协议，合作内容有四项，包括共同打造高端论坛，发布研究成果，提升江南文化研究的辐射度和影响力；建立智库联盟，聚焦长三角一体化中的重点问题开展跨学科、跨领域、跨地域的决策咨询研究；加强学术期刊合作联动，推动学术联合组织江南文化研究活动；推动江南文化研究的社科规划、社产普及，通过学术讲座，进学校、社区、园区，提高江南文化社会影响力。

2020 年 10 月 20 日举行的第二届长三角江南文化论坛公布了"长三角江南文化研究联盟"首批 23 家成员单位，"青浦—复旦江南文化研究院复旦基地""江苏省吴文化学会""浙江省文化产业创新发展研究院""安徽大学徽学研究中心"等 23 家单位入选（见表 5-13）。

表 5-13　三省一市首批"长三角江南文化研究联盟"成员名单

省、市	单位名称
上海市（5 家）	青浦—复旦江南文化研究院复旦基地、上海交通大学城市科学研究院、华东师范大学江南文化研究院、上海财经大学长三角与长江经济带发展研究院、上海师范大学中国近代社会研究中心
江苏省（6 家）	江苏省吴文化学会、江苏省历史学会、江苏历史文化研究基地、江苏省地域文化研究会、江苏省吴文化研究基地、江南大学江南文化研究院

省、市	单位名称
浙江省（6家）	浙江省文化产业创新发展研究院、浙江省委党校文化发展创新与文化浙江建设研究中心、浙江工业大学浙江学术文化研究中心、浙江省社会科学院浙学研究中心、浙江师范大学江南文化研究中心、杭州国际城市学研究中心浙江省城市治理研究中心
安徽省（6家）	安徽大学徽学研究中心、安徽师范大学历史与社会学院、安庆师范大学皖江历史文化研究中心、池州学院皖南民俗文化与旅游发展研究院、安徽省徽学学会、安徽省桐城派研究会

资料来源：根据相关新闻整理。

长三角地区"江南文化"正加速共享和联动，相关文旅部门可基于此在区域中大规模地布局具有江南文化特色的旅游区，由此不仅可吸引众多游客慕江南文化之名前来观赏，拉动区域旅游业发展，更可以宣扬江南文化、促进文旅融合，进一步推进区域文化旅游一体化，最终带动长三角地区一体化联动发展。

5.3.2　推进长三角文旅品牌标识一体化

打响长三角区域"诗画江南·乐迎天下"文旅品牌，统一"江南文化圈"文旅标识用语，共建共享"江南文化生态保护实验区"，将江南方言纳入"文化生态圈"的保护内容，更好传承弘扬江南文化。

江南文化是"诗性文化"，能提升旅游的审美性；江南文化是"柔性文化"，能提升旅游的享受感；江南文化是"轴心文化"，能保持旅游的创新力。从以六朝古都南京为中心的长江时代，到以扬州为中心的运河时代；从以南宋杭州为中心的之江时代，到以明清苏州为中心的太湖时代，最后到开埠以后以上海为中心的海洋时代，度尽劫波、数度绝处逢生的江南，为中华文明输送了源源不断的精彩。正是这种"轴心文化"的特征，使江南呈现出开放包容、灵动创新的禀赋，配得上物华天宝、人杰地灵的美誉。以品质优雅的江南文化为文化资源，建设高品质的长三角城市文化品牌，是新时代推进长三角高质量发展的必由之路。

基于江南文化诗性文化的本质，打响江南文化品牌，其一，要注重提升文化原创力。长三角有着丰富的物质文化遗产、非物质文化遗产和历史人文资源，要以此为基础，在保护好、传承好优秀传统文化的基础上，实现创造性转化、创新性发展，把原创力贯穿于文化建设与文化生产全过程，推出文化精品，筑造文化高地，蓄积文化力量，满足人民日益增长的精神文化需要，为推动长三角更高质量一体化发展凝神聚力，创造良好的软环境。其二，要注重发扬开放、包容、创新、合作的精神。借助有效的制度设计，将长三角地区各省市紧密联系起来，形成资源互补、协同创新的合作机制，凝聚并引领周边文化共同发展，实现文化共享，进而辐射全国、影响世界，彰显江南文化的博大胸襟和开阔视野。其三，要注重创新表达方式、拓宽传播路径。信息化时代提供了丰富多元的传播手段，使得人工智能、大数据等与文化元素的融合成为可能。今天的江南文化品牌塑造，要有效借助高新科技手段和新型传播渠道，把江南文化的故事告诉世界，提升其国际影响力，使长三角地区成为中国乃至世界的文化"引力源"。

挖掘和培育江南文化代表性元素品牌。深度挖掘江南文化资源，推荐能体现江南文化内涵的代表性元素，并通过媒体动员社会大众进行投票评选，遴选出"十大江南文化核心元素"或"百佳江南文化元素符号"。在长三角地区培育一批具有江南文化元素的文化示范园区，集聚文创企业和人才，开发江南文化特色创意产品，打造具有江南文化代表性元素标识的长三角文创品牌。吴语方言是吴地先辈留下的宝贵财富，亦是江南人身上流淌的文化血液。政府可将保护方言纳入地方文化发展战略，制定鼓励性政策法规，保障吴语方言的生存和发展。通过试点方言进校园、方言播报站点、开设电视广播方言类节目等方式，更好展示方言文化，发掘"最江南"故事。长三角城市也可考虑借鉴兄弟省市经验，共建共享"文化生态保护实验区"，将方言纳入"文化生态圈"的保护内容，更好传承弘扬"最江南"文化。长三角一体化发展区域与传统吴语方言区高度重合，传承江南文脉，唱响吴语方言，对于增进区域情感认同，凝聚共同体意识，提升发展自信，深化协同发展，进而助力长三角一体化发展战略全局具有不可替代的作用。

统一"江南文化圈"文旅标识用语，凸显江南文化元素。整合长三角地区具有江南文化元素的文旅产品，可以尝试"江南文化之诗词篇""江南文化之书画篇""江南文化之戏曲篇""江南文化之民俗篇""江南文化之民间艺术篇""江南文化之方言篇""江南文化之运河篇""江南文化之历史名人篇""江南文化之历史名城篇""江南文化之非遗篇""江南文化之红色文化篇""江南文化之水乡篇""江南文化之乡村文明篇""江南文化之都市文化篇"等文旅标识，从历史底蕴到近现代文明联动长三角文旅资源，强化江南文化圈的文化认同感。最后，江南文化品牌建设的具体实施中，应紧紧围绕江南品牌核心，建立完整的特许经营机制；深入开展营销宣传活动，提升江南文化特许产品价值；全面加强知识产权保护，维护江南文化特许产品形象（汤浩等，2020）。

5.3.3　推进长三角文旅产品一体化

依托 G15 沿海文旅产业带、大运河文化带、高铁唐诗之路文创带等三条文旅带，联合打造长三角城市群文旅联盟、长三角经典文化旅游产品体系、《印象江南》实景演出等时尚产品体系、"江南红色文化"文化旅游产品体系、乡村文化旅游产品体系和"江南非遗"文化旅游专项线路。

由于长三角一体化涵盖区域与大运河文化带江苏、安徽和浙江段核心区、拓展区与辐射范围大体重叠，近年来大运河文化带沿线城市成为长三角旅游的新热点，在江南文化圈内以大运河文化带建设打造一体化的文旅产品线路来推动长三角文旅一体化具有重要的现实意义。首先，文化作为社会关系的润滑剂可以增强凝聚力，增加认同感，因此需要以文化认同驱动一体化发展。大运河文化进一步扩展了江南文化的影响范围，从核心区、拓展区再到辐射区，几乎涵盖了长三角一体化的全部区域。其次，大运河文化带沿线城市在打造长三角文旅一体化产品上应该协作共建、协同推进：加强长三角区域大运河文化宣传，形成思想共识；加强长三角区域大运河智库的建设与合作，形成智库合力；建立长三角大运河文化建设协作机制，提升合作水平。

根据《浙江省诗路文化带发展规划》，浙东唐诗之路主要依托沿线东山、会稽山、天姥山、天台山、四明山等文化名山资源，书圣故里、谢安故里、阳明故里、鲁迅故里等名人故里（故居），大佛寺、十九峰、天台山、神仙居、临海古长城等重点景区，普陀山—朱家尖、桃花岛、岱山岛、石浦—檀头山岛、花岙岛、嵊泗列岛等沿海岛屿，串联打造集名人名作、佛宗道源、地方民俗、海岛风情、特色美食于一体的人文精品主题线路，推出一批高质量的诗词、文学、书法等文化作品。

江南红色文化，它的思想观念、组织方式、创新方式在全国具有先锋意义。一是江南在整个近现代中国的文化思潮中一直走在全国前列。如中国共产党成立之后的浙江萧山衙前农民运动、五卅工人运动，以及改革开放后的发展经济的温州模式等。江南的先锋性还表现在改革开放的攻坚克难方面。二是中国共产党领导的新四军总部在江南地区。新四军先是在安徽泾县，后来进入到江苏盐城，他们的活动主要在上海周围的江南地区；新四军在物资和兵源上依靠沪苏浙皖三省一市。长三角地区也是解放战争的决胜之地。三是江南红色文化的"互通性"。参加新文化运动的知识分子，关心国家前途命运的先进知识分子，大多出自江南，荟萃于上海。比如安徽人有陈独秀、胡适等；江苏人有瞿秋白、周恩来、陈云、张闻天等；浙江人有蔡元培、鲁迅、沈雁冰等。还有，上海工人也是从江南各地汇聚来的，同时他们又对苏浙皖产生广泛影响。应充分挖掘和发挥江南大地红色资源优势，在江南文化圈内将红色基因代代相传，在新时期不断丰富江南文化内涵。

沪苏浙皖的非遗项目具有很强的联系性。比如，江南丝竹就是由江苏省太仓市和上海市联合申报的第一批国家级非遗项目，流行于上海地区、江苏南部、浙江西部。又比如，苏州评弹产生并流行于苏州，同时也流行于江、浙、沪一带，上海的非遗项目评弹与苏州评弹之间具有密不可分的联系。此外，传统工艺门类中的竹刻同样流行于江南地区，上海嘉定竹刻、常州留青竹刻、无锡留青竹刻、徽州竹雕、黄岩翻簧竹雕，相互之间，血脉相同。随着近年来国家政策的推动，江南地区各地政府将非遗文化品牌的构建和发展提上日程并逐步走上正轨，"艺江南""长三角文博会"等一系列非遗相关活动的举办推动着江南地区非遗一体化研究平台的搭建，也激发了江南地区非遗文化品牌网络影响力提升的内在动力。《上海非物质文化遗产发展报告（2020）》指出，未来长三角非遗一体化会沿着两个方向发展：长三角区域非遗项目与资源的整合和长三角区域内部不同非遗文化圈的联动。

G15 沿海高速公路①在长三角区域内途经连云港、盐城、南通、上海、嘉兴、宁波、台州、温州等城市，沿线富有海岛、渔村、古村落等旅游风景资源；杭台高铁②串联起浙东唐诗之路上以文化名山、名人、名景、名岛等载体的旅游项目；G15 沿海高速与杭台高铁可以通过宁波、台州和温州等核心城市及辐射区域、杭台高铁与大运河可以通过杭州在江南文化圈内将 G15 沿海文旅产业带、大运河文化带、高铁唐诗之路文创带三者进行融合，通过江南文化圈内学术共同体和高校智库联盟，深度挖掘其中的江南文化共通点，提高圈内的文化认同；基于共同的江南文化因子，深化政府间文旅协作机制；联动博物馆、图书馆、美术馆和艺术馆等，策划江南文化系列高质量展览，推进大运河沿线城市博物馆联盟建设，举办大运河城市博物馆论坛，共同打造长三角城市群文旅联盟；建立与相关领域企业的合作，推出江南文化品牌与企业品牌的跨界合作，活化江南文化圈内的红色文化、乡村文旅和非遗文化，共建江南文化圈的文旅产品体系。

5.3.4 推进长三角文旅智慧服务一体化

依托长三角强大的互联网经济产业优势和 5G 应用及产业链，充分利用一体化创新发展的契机，打造江南文化圈信息共享平台，统一江南文化圈行业服务标准，不断提升区域文旅信息一体化水平。

智慧服务，通过基于物联网、无线技术、定位和监控技术，实现信息的传递和实时交换，让游客的旅游过程更顺畅，提升旅游的舒适度和满意度，为游客带来更好的旅游安全保障和旅游品质保障。智慧管理，通过信息技术，实现传统旅游管理方式向现代管理方式转变。可以及时准确地掌握游客的旅游活动信息和旅游企业的经营信息，实现旅游行业监管从传统的被动处理到实时管理转变。结合旅游信息数据形成旅游预测预警机制，

---

① G15 沈海高速公路，即沈阳—海口高速公路，途经辽宁、山东、江苏、上海、浙江、福建、广东、海南。

② 根据杭台高速铁路规划，沿线车站分别是绍兴北站（既有）、上虞南站、嵊州北站、嵊州新昌站、天台山站、临海站（既有）、台州站、温岭站（既有）、温岭西站、玉环站，2012 年 1 月 8 日，杭台高铁（绍兴北站至温岭站段）开通运营。

提高应急管理能力，保障旅游安全，实现对旅游投诉以及旅游质量问题的有效处理。

江南文化需要创新和丰富当代表达，才能实现文化事业与文化产业比翼齐飞，也才能真正打响"江南文化"品牌。放眼当今世界，信息技术的快速发展、媒介融合的趋势，使得文化产业不再单纯采用纵向链条式延伸的发展模式，而是呈现出纵向发展与跨行业横向渗透并行的复合型发展趋势。5G、大数据、云计算、物联网、区块链、人工智能等新技术的迅猛发展，不仅为文化传播提供了更多的渠道、更大的平台，而且作为一种新的基因注入文化发展的各个层面。这一切都在呼唤以数字化作为引擎，促进新科技手段在传统文化各行业的应用，提升传统文化行业发展活力，同时培育新型文化业态，推动产业结构转型和动力转化，为文化产业赢得更宽广的发展空间（金根，2021）。文化部颁布的《关于推动数字文化产业创新发展的指导意见》（2017年）指出，数字文化产业以文化创意内容为核心，依托数字技术进行创作、生产、传播和服务，呈现技术更迭快、生产数字化、传播网络化、消费个性化等特点，有利于培育新供给、促进新消费。《文化和旅游部关于推动数字文化产业高质量发展的意见》（2020年）进一步提出，文化产业以创新驱动推进供给侧结构性改革，与数字技术协同推进、融合发展，新型业态蓬勃兴起，为产业高质量发展注入新动能，数字文化产业成为优化供给、满足人民美好生活需要的有效途径和文化产业转型升级的重要引擎。

推动长三角文旅一体化发展，要打破现存的壁垒隔阂，逐步实现区域数据共享共用，协同信息资源规划，打造共享数据库，建立一体化服务、管理、保障协同工作机制。充分发挥各类联盟作用，如在"长"字号专项旅游产品开发和推广、旅游形象资源共建共管、旅游市场维护监管、刺激旅游消费活力等方面，以实体化工作机制，为重点项目建设保驾护航。同时，探索与周边地区新的合作模式和区域利益共享机制，切实保障长三角居民"一卡畅享"文化和旅游社会公共服务系统资源。尤其需要充分发挥长三角信息化、数字化、智能化新技术优势，依托各地电子政务改革最新成果，加强服务系统衔接兼容、服务平台开放共享、服务信息互联互通、文旅场馆相互开放；需要强化数字赋能，突出区域文旅数字平台建设，提升公共服务效能。

在具体实践方面，长三角文旅产业联盟旨在为长三角地区文旅企业、景区景点打造一个集信息资源共享、交流对话、供需配对洽谈为一体的服务平台。江苏省把 5G 和人工智能技术融入大运河文化开发，打造"5G 大运河沉浸式体验馆"，描绘"最精致"的江苏美感生活；浙江省建立"网络文学—数字出版—数字媒体—IP 衍生服务"全产业链条，形成以咪咕数媒、天翼阅读、浙报传媒等为代表的数字阅读产业中心；上海市大力发展音频服务消费市场，喜马拉雅作为中国最大的音频分享平台，已吸引用户超过 6 亿，其推出的"有声城市服务解决方案"小雅 AI 智能音响等新业态新产品，彰显了长三角数字文化产业在新时代惠民服务的广阔前景。长三角城市间的文旅智能化合作也初见雏形，如苏州在上海国家展览中心设立了集中展示"苏州制造"和"江南文化"的"苏作馆"。除了传统的线下展示功能，游客扫描二维码，苏绣、核雕、玉器等就能"诉说"自己的故事；站在多媒体展示柜前，苏扇制作流程就能全方位展示出来。同时，"苏作馆"开辟线上"云展览"，引进网络"直播带货"，打破展销边界，打通观展渠道。

参考文献

［1］范克龙：《打通"瓶颈路"，织密立体交通网》，《安徽日报》2019 年 12 月 9 日。

［2］冯学钢、吴琳：《长三角区域旅游一体化发展研究》，《科学发展》2019 年第 6 期。

［3］高淑桂：《打破行政壁垒，实现长三角社会治理一体化》，《社会科学报》2018 年 12 月 13 日。

［4］顾善闻：《产学研携手共进　打响"江南文化"品牌》，《苏州日报》2021 年 4 月 14 日。

［5］郭强、尹寿兵：《长三角旅游一体化的发展历程及路径探索》，《上海城市规划》2020 年第 4 期。

［6］何俊杰：《构筑江南文化圈　助推文旅融合发展》，《绍兴日报》2019 年 12 月 9 日。

［7］侯凤芝：《推进长三角文化旅游一体化发展》，《安徽日报》2020 年 5 月 26 日。

［8］金根：《文创+科创打响"江南文化"品牌》，《苏州日报》2021 年 4 月 22 日。

［9］李萌、胡晓亮：《长三角都市文旅融合一体化发展研究》，《江苏行政学院学报》2020 年第 5 期。

［10］李萌：《积极谋划实现长三角文旅"同城待遇"》，《中国旅游报》2020 年 8 月 27 日。

［11］李婷：《盘活利用好长三角的"红色资源"》，《浙江文物》2019 年第 1 期。

［12］刘军、林英：《文化自信视域下公共图书馆文旅融合发展研究》，《图书馆工作与研究》2021 年第 5 期。

［13］栾开印：《长三角文旅融合与一体化发展路径研究》，《中国国情国力》2021 年第 5 期。

［14］潘立勇：《文旅融合及长三角一体化发展刍议》，《江苏行政学院学报》2020 年第 5 期。

［15］寿永明、卓光平：《从吴越文化到"新江南"文化：长三角文化的演进与新构》，《名作欣赏》2021 年第 8 期。

［16］孙以栋、俞强：《长三角地区乡村文旅融合高质量发展策略》，《江苏行政学院学报》2020 年第 5 期。

［17］汤浩、姜君臣、施斌、定律：《从区域品牌的范式探讨江南文化品牌》，《大众文艺》2020 年第 19 期。

［18］王德刚：《着力构建长三角一体化文旅发展新格局》，《中国旅游报》2019 年 12 月 6 日。

［19］叶虹：《高质量推进长三角文旅一体化发展打造世界一流旅游都市群》，《中国发展》2019 年第 6 期。

［20］张新勤：《我国图书馆文旅融合研究述评》，《图书馆工作与研究》2021 年第 5 期。

6

金融：江南文化与长三角金融产业发展

文化是国家的灵魂、民族的核心凝聚力，是推动区域发展的重要力量。文化的重要性不言而喻。从 1982 年首次明确提出"编制以上海为中心的长三角经济区规划"至今，长三角一体化进程已走过 40 年，为区域合作积累了丰富的经验，长三角这一概念也广为人们接受，而今天对于长三角范围的界定在很大程度上是以历史上的江南文化为基础的。江南文化是长三角地区最具典型性和代表性的文化，人们对于江南文化的感知大多是立足于传统文化中的"江南意象"，使得江南成为一个比较朦胧而富有弹性的人文地理空间，而且文化本身也具有边界模糊性。对于江南地区的界定，最值得重视和关注的是李伯重（2003）的"八府一州说"。所谓"八府一州"，是指明清时期的应天府、常州府、镇江府、苏州府、松江府、杭州府、嘉兴府、湖州府以及原苏州府辖区的太仓州。后又有学者在此基础上加入了宁波府和绍兴府，是为"江南十府说"，可认为是江南文化圈的核心区域。从东晋至南宋，中国古代经济重心逐步实现了南移，江南地区进入大规模开发阶段，南方经济发展逐渐超过北方。鸦片战争后，近代上海率先对外开埠，江南地区成为东西方文明交流的窗口，对外贸易频繁。跨越大洋的远距离贸易，为江南地区带来了依赖商业信用和契约关系所形成的"陌生人合作纽带"，极大地超越了乡土经济和原住民社会的封闭性，江南文化与西方文明相互碰撞形成一种崭新的文化，由此诞生了"不贵空谈贵实行"，重商致用、兴利济民的文化基调。改革开放后，以上海为中心的江南地区走在了经济体制改革的前列，在江南文化这一文化内涵的基础上，江南地区逐渐扩容为现如今的长三角地区三省一市，区域经济蓬勃发展。那么，文化与经济、金融发展之间存在着怎样的关系，以及江南文化对长三角金融产业发展究竟起着怎样的作用是本章研究的重点。

习近平总书记在中共中央政治局第十三次集体学习时指出，"经济是肌体，金融是血脉，两者共生共荣"。本章对经济与金融之间的联系与区别不做严格的辩述，采用通常意义上的表述，视金融为国民经济的一个产业，即金融是经济活动的重要构成部分，研究文化与经济、金融之间的互动关系。本章第一节将着重分析文化与金融发展之间的互动关系；第二节梳理历史上江南地区的金融发展历程；第三节将简要回顾新中国成立至改革开放前我国金融体系的构建，后着重分析改革开放以来长三角地区金融业的发展；第四节将以商业信用这一具体文化元素，开展其对金融发展影响的实证分析；本章的最后一节，将从江南文化与金融产业融合发展的视角，提出推进长三角一体化的政策建议。

6.1 文化与金融发展的互动关系：分析框架

6.1.1 经济、金融中的文化概念

文化是人类社会特有的现象，是由人类进行特定活动时逐渐形成的，人类社会与历史的积淀物。对于文化问题的研究由来已久，具有广泛性且充满争议。文化几乎无所不包。广义的文化是指人类社会历史发展进程中所创造的物质和精神财富的总和。社会科学的所有领域几乎都涉及文化的概念和思想，但各学科间抑或是学科内部，其意义都不尽相同。根据Steinmetz（1999）的描述，文化有 160 余种定义。当一个术语过于灵活时，它最终将是无用的。如果它能解释一切，它实际上什么都解释不了——因为它的含义在波普尔的意义上是无法证伪的。因而，研究文化与人类活动之间的关系应从纯主观的角度去界定文化的含义。例如，从哲学视角解释，文化是借助特定时代和区域特性反映哲学思想的一种表现形式；从传播学视角解释，文化是人类文明拓展、传承的手段。

经济学研究框架下的文化问题，显然不适宜采用广义的界定方式。通过梳理文化与经济、金融关系的研究，可将经济学中文化的定义总结为以下四种：第一种以 Williamson（2000）、Guiso 和 Zingales（2006）等人的观

点为代表，他们认为文化是在社会中传递且被传承下来的信息，制度中的非正式约束即产生于文化；Throsby（2001）提出了第二种"经济学中的文化"定义，认为文化是划分并聚集人类群体的一整套价值观、信仰和传统习俗，并指出文化是一种识别聚合人类群体的过程；DiMaggio（1997）从认识论上提出了文化"约束"和"促成"的观点，认为经济本身就是一种"文化体系"，文化不仅"约束"了个人的行为，同时也"促成"了人们的行为、交流和决策等，随后 MacKenzie 和 Millo（2003）将这一观点引入到金融研究中；第四种关于文化的定义与前三种相比较为特殊，North（1990）从制度变迁的三种路径依赖类型出发，认为如果认知演化本身就表现出所有类型的路径依赖，那么文化就被定义为第三类路径依赖所产生的认知路径依赖以及认知模式间的网络效应，即个人行为"频率依赖"的前提是对群体属性的认知，而这种认知将通过制度的认知模型和制度的组织构成来实现，并指出这种"文化"是历史性制度变迁的主要原因。Grassa（2011）认为在研究主体的金融行为选择时，必须将文化及内嵌于其中的心智和认知模式作为研究的起点。

上述四种"经济学中的文化"定义虽有所不同，但他们都强调"种族、宗教和社会群体代代相传的习惯、信仰和价值观"，信仰和价值观这两个维度已被经济学家们引入标准新古典主义模型的研究中。

对于文化的构成，最常见的是"三层次说"，即物质文化、制度文化和精神文化，构成了社会价值体系的总和。上述学者的研究指明了经济学范畴内的文化问题主要是针对狭义的文化即精神文化。微观层面上，个体所具备的文化特征往往会直接影响其日常经济社会活动中的经济行为和经济决策；宏观层面上，一个国家或民族所具备的文化特征，也会直接影响该国的经济增长轨迹和政策实施效果。经济学框架下的文化问题研究，已从单纯地考虑文化产品的生产活动，延伸到了更深层次的微观层面个体文化特征和宏观层面跨文化特征的研究，实现文化因素与宏微观经济理论的融合。

6.1.2 文化对金融发展的影响

文化与经济活动之间存在怎样的内在关联，一直争议不断，最富有影响力的早期争论是马克思与韦伯关于文化与经济关系观点上的交锋。马克思在其著作《政治经济学批判》中指出，文化不能决定经济关系，而是物质生活的生产方式制约着整个社会生活、政治生活和精神生活的过程。他认为经济关系是社会关系的基础，掌握并控制了生产工具的社会统治阶级通过文化、宗教和意识形态等上层建筑表达其阶级利益。韦伯在《新教伦理与资本主义精神》一书中反驳了马克思的观点，论述了新教伦理与近代资本主义发展之间的生成关系，他认为宗教与文化因素对西方近代资本主义社会经济发展具有巨大的推动力，是新教伦理鼓励人们追求财富，并视为一种责任，从而促使企业家打破了原有的秩序。

1759 年，亚当·斯密在其著作《道德情操论》中阐述到"经济人"假设，并从"经济人"假设出发指出"特定的文化观念成为市场扩展和经济进步必不可少的条件"。马歇尔也认识到宗教、理想、道德、观念等文化因素和经济动机共同决定着人们的行为（高波和张志鹏，2004）。后来，韦伯（1997）明确考察了文化与现代资本主义社会兴起和经济发展之间的关系，"现代资本主义精神，以及全部现代文化的一个根本因素，即以天职思想为基础的合理行为，产生于基督教禁欲主义"，即宗教信仰的文化现象是资本主义兴起的思想根源。同时，他也探讨了儒教文化生成的精神阻力与东方资本主义发展之间的关系，认为中国的儒教文化阻碍了中国资本主义的发展。

现如今，普遍的观点是文化与经济、制度之间存在双向因果关系，个体的偏好、信念和价值观或者社会信任等文化因素都可以被价格体系所解释，从而引入到经济学的研究框架当中。文化可以从多个角度影响经济活动，而金融活动作为经济活动的重要构成部分，与经济活动具有一般共性的同时也具备自身鲜明的特征。根据 Stulz 和 Williamson（2003）的研究，文化主要通过以下三种途径影响金融活动：

第一，国家的主流价值取决于它的文化，从而产生非正式制度约束，影响经济交换的行为方式和准则。自韦伯以来，宗教一直被视为资本主义发展的关键决定因素，而宗教是价值观体系的重要组成部分。中世纪的欧洲教会对债权人的权利提出了一些要求，例如将禁止放高利贷视为一项基本原则，甚至规定任何愿意把房子租给放高利贷者都将会被逐出教会。加尔文主义宗教改革将支付利息视为商业的正常部分，从而使现代债务市场得以发展，同时使得新教和天主教国家的债权差别变大，信奉新教的国家对债权人权利保护的力度大于信奉天主教的国家。天主教教会拥有共同利益的最高仲裁者，但新教信仰却没有。新教鼓励"个人主义精神"，每个人都自己决定什么是正确的，教会发展成为思想相同的个人的协会，而不是通过组织将共同利益的概念传递给教会成员的等级组织。

第二，文化影响正式制度安排，决定着一个国家的基本经济制度。作为制度结构的两大重要组成部分，正式制度安排可能在非常短的时间内发生变化，而非正式制度的变迁则是一个长期的过程。文化作为一种非正式制度安排，因其深厚的历史积淀而具备稳定性，成为一个国家或地区的价值基调，形成的社会主流的信仰、信念、价值观等文化因素会影响正式的法律制度或金融监管制度等的制定与执行。强调政府绝对权威、"重农轻商"和"克己复礼"的传统儒家思想，使得中国长期以来对政府配置资源的权力缺乏有效的约束，使得金融资源无法在金融制度变迁过程中按市场规则实现优化配置，深刻影响着中国转轨时期经济制度的变迁。

第三，文化影响资源的分配方式和分配效率，从而影响微观经济个体的投资决策乃至宏观的金融体系结构。Renneboog 和 Spaenjers（2012）通过实证研究发现宗教信仰与家庭储蓄率之间的关系，有宗教信仰的家庭更倾向于"信任他人"，有更强烈的储蓄意愿和更长的投资期。天主教信徒更提倡节俭以及偏向于规避风险，在股票市场上的投资频率更低；新教徒更看重经济责任，强调外控性。Ghoul（2012）发现宗教信仰浓厚地区的公司的权益融资成本更低，且股权定价信息更加透明。Kanatas 和 Stefansdis（2005）指出，以新教教义为主流价值观的国家，更容易建立强产权的法律体系，金融体系更完善，经济增长率也较高，且宗教信仰越强的国家越不会选择以银行为主导的金融体系。

6.1.3 金融发展对文化的影响

关于金融发展，Raymond W. Goldsmith（1990）在《金融结构与金融发展》一书中指出，"金融结构是指各种金融工具和金融机构的相对规模，而金融发展就是金融结构的变化"，这一描述受到广泛的应用并被视为经典，后又有学者从金融功能、金融创新等角度对其补充描述。

近些年来，关于金融发展的研究日益增加，学者们大多从经济学的视角考察金融发展对经济运行的影响。J. B. Foster（2007）认识到，自 20世纪 80 年代以来，资本主义经济结构发生了急剧性变化，金融由原来规模较小的支撑生产体系的附属性部门，发展为集聚膨胀并具有高度独立性的金融部门，呈现出凌驾于实体生产体系之上的趋势。

金融的发展对人类生产生活方式的影响并不仅仅体现在经济领域，金融正在支配着现代人的日常生活世界：金融范式侵蚀人们的生活，在政治、经济、文化等领域占据着重要地位，金融工具正主导着人类社会活动的诸多方面，金融尺度深刻地影响着人们的价值观念，正在反转为承载人类精神的历史坐标（张以哲，2016）。现实中，金融已经融入现代人生活的方方面面，如中国股市的现代性发育厚植于亿万股民和基民，微观层面上深刻影响着个体的心理气质，亦可能引发主导社会观念精神文化转变的宏观效应。而当下就金融发展对文化影响的研究，国内外学者大多聚焦于金融资本、社会资本等具体生产要素对文化产业的支持作用，抑或是金融对文化产业的保障作用研究等。事实上，文化产业仅是文化的构成部分之一，党的十六大首次将文化分成文化事业和文化产业，其中的文化事业从层次结构分析的角度来看可泛指整个文化，通常意义上所说的"发展文化事业"即是指发展整个文化，可见研究金融发展对文化的作用机理尚是一片有待开垦的沃土。

金融起源于经济，最初通过货币这一载体实现其资源分配、交换的功能，现如今它不止作用于经济领域和物质世界，已渗透入人们的日常生活之中，重新架构着人与人交流、联系的内在维度，篆刻着人们的精神世界。本节从文化"三层次说"的角度，剖析金融发展对文化的作用机理。

第一，金融的发展便利和促进了价值运动，支撑物质产品生产及其所表现的文化。在工业化刚开始的时候，社会最需要的是将资源集中用于最大限度的生产扩张，金融的发展使得日益增多的各类资产被转化为金融资产，其辅助生产、资源配置等功能极好地服务了工业化进程，推进人类社会形态由农业社会向工业社会的加速转变，财富总量激增的同时也带来附着在物质产品上文化的绚丽多彩。

第二，金融化过程中催生了适应于金融发展阶段的正式制度安排。金融界自由放任的监管理念与源于重农学派"自由放任、自由通行"的信条如出一辙，"不要政府干预，让人们做他们喜欢做的事情"的理念只适用于市场有效的理想情景。现实中，个体行为可能非理性，即使个体理性，也不意味着集体理性，系统性风险难以规避，非系统性风险也并不一定能有效规避，金融的发展因此利弊并行，并由此催生了适用于防范金融风险、金融犯罪等金融负外部性的金融监管制度体系。

第三，金融日渐融入人们的日常生活，深刻改变着个体的内在价值观念和个体间的联络方式。资本逐利的本性从未发生改变，而金融对人类生活范式的影响也从未如此深刻，金融与新兴技术的有机结合，使得人们进行价值判断时更倾向于采用金融尺度。满足欲望的需要是人类创造财富的动力之源，金融尺度放大了人性中的财富积累欲望，新兴技术的发展推动金融交易可以瞬间完成并实现资产转移，使得人们日渐增多的选择将个人所拥有的财富转变为金融资产以实现快速增值，人们的生活世界正日益被金融尺度所支配、控制。

6.1.4 江南文化与长三角金融产业发展的互动关系分析

6.1.4.1 江南的地域范围及江南文化的概念和内涵

文化的诞生与传承需附着于一定的地域空间，研究江南文化，首先要明确的是江南的地理范围。历史上的江南地域范围与如今的长三角地区有一定的差异，但今天对于长三角地区的界定很大程度上是以历史上的江南文化及江南地域范围为基础的。对于江南地域范围的界定，李伯重（2003）的江南"八府一州说"与台湾学者刘石吉的界定相一致，并受到国内众多学者的认可，主要是指现在的江苏南京、镇江、常州、无锡、苏州，浙江杭州、湖州、嘉兴以及上海等地。马学强（2003）在此基础上增加了与其在商贸与文化联系密切的周边城市绍兴和宁波，提出"江南十府说"。本章以"八府一州说"及"江南十府说"为依据，划分出江南文化核心圈，长三角地区的其他城市划分为非江南文化核心区，视为江南文化的"外延"部分或"漂移"现象。

江南文化是在不断变化的江南地理位置和区域范围中形成的一个相对稳定的文化地理概念。广义上，江南文化包括江南民众在社会历史发展过程中所创造的物质财富与精神财富的总和。狭义上，江南文化是指在江南自然区域和行政区划范围内，在一定的物质生产方式的基础上发生和发展的社会精神生活形式的总和，包括"信仰、风俗、道德、知识、艺术、法律，以作为社会成员的个人所获得的任何其他能力和习惯"的复杂整体（沈昕等，2021）。江南文化内涵丰富，其核心内涵与价值主要体现在"开放包容""尊文重教""重商致用"等文化特质上（朱庆葆，2019；花建，2020）。

6.1.4.2 商业信用：连接江南文化与长三角金融产业发展的桥梁

金融是现代经济的核心，它的存在和正常运转有赖于良好的商业信用。金融资源的基础或实质是信用，含信誉、信实、信任、信心等（曾康霖和罗晶，2021）。可以说，金融是信用发展的结果。近代以来，上海、宁波等地相继对外开埠后，江南地区依托长江、大运河、江南水网、海运等"四水"航运，成为东西方贸易的窗口。跨越大洋和远距离贸易，为江南地区带来了依赖商业信用和签约关系所形成的"陌生人合作纽带"，极大地超越了乡土经济和原住民社会的封闭性。江南文化与西方文明相互碰撞产生一种崭新的文化，诞生了开放包容、重商致用、兴利济民的社会共识，为江南地区金融发展营造了良好的商业信用环境。根据赵向阳等（2015）以影响文化的外部因素对中国内地文化区域的分类，可以将中国区域文化划分为黄土高原文化、华北平原文化、长江中游平原文化、长江下游平原文化、长江上游山地文化、东南沿海海洋文化、东北森林与农耕文化、北方草原文化、绿洲与沙漠文化、雪域高原文化等10种文化类型（大都市文化并入与其联系密切的相邻文化区）。其中，长江下游平原文化区的范围大体与长三角地区范围相一致，上述划分的江南文化圈核心区和非江南文化圈核心区作为长江下游平原文化区的二级区域。在此基础上，结合《2019中国城市商业信用环境指数CEI蓝皮书》中288个城市商业信用评价数据，以城市为基本单位纳入到相对应的文化区域，可计算得到各类型文化区域的CEI得分及排名，详细情况见表6-1。

表 6-1 2019 年中国文化区域 CEI 得分及排名情况

区域文化类型	地域范围	CEI 得分	CEI 排名
长江下游平原文化	安徽、江苏、浙江、上海	73.44	1
江南文化圈核心区	南京、镇江、常州、无锡、苏州、上海、嘉兴、湖州、杭州、绍兴、宁波等 11 个城市	76.66	—
非江南文化圈核心区	以上 11 个城市以外的其他 30 个城市	72.25	—
绿洲与沙漠文化	新疆	72.04	2
雪域高原文化	青海、西藏	71.89	3
华北平原文化	河南、河北、山东、北京、天津	71.38	4
东南沿海海洋文化	福建、广东、广西、海南	70.98	5
北方草原文化	内蒙古	69.77	6
长江中游平原文化	湖北、湖南、江西	69.35	7
长江上游山地文化	云南、四川、重庆、贵州	68.19	8
黄土高原文化	山西、陕西、宁夏、甘肃	67.81	9
东北森林与农耕文化	黑龙江、吉林、辽宁	67.72	10

注：本表基于影响文化的外部因素对区域文化进行分类，具体分类方法见赵向阳等：《中国区域文化地图："大一统"抑或"多元化"?》，《管理世界》2015 年第 2 期。
资料来源：由《2019 中国城市商业信用环境指数 CEI 蓝皮书》相关数据整理计算得到。

如表 6-1 所示，以江南文化为主体文化的长江下游平原文化区的 CEI 得分为 73.44 分，位列各一级文化区首位。绿洲与沙漠文化区、雪域高原文化区的 CEI 得分分列第二、三位，这可能是由于两地城市数量较少，受估城市样本数量较少的原因所致。东北森林与农耕文化区的 CEI 得分为 67.72，列最后一位。从长江下游平原文化的区域内部来看，江南文化圈核心区的 CEI 得分要明显高于非江南文化圈核心区，达到了 76.66 分，超过了该一级文化区的平均水平。总体而言，"重商致用"、重视商业信用是江南文化有别于其他区域文化最显著的特征之一，商业信用这一文化要素构筑起了江南文化与长三角金融产业发展相联系的桥梁。

6.1.4.3 基于商业信用视角的江南文化与长三角金融产业发展互动关系分析

根据前文关于文化与金融发展的一般性分析，文化与金融发展之间存在着双向因果关系。江南文化与长三角金融产业发展之间的关系遵循上述的一般性规律，同时也具有自身的特性。为了便于进一步的具体性分析，本章从江南文化众多特质中选取与金融发展联系密切的商业信用这一具体的文化因素，用以表征江南文化。目前，国内外对于商业信用与金融产业发展之间的关系展开了广泛的研究。在此仍从两个方面来分析商业信用与金融产业发展之间的关系：一是商业信用水平对长三角地区金融发展水平存在着何种影响，二是长三角地区金融发展如何反作用于当地的商业信用环境。

金融的本质是信用交易制度化的产物，众多研究表明，商业信用水平与地区金融发展水平之间存在着正向的关系（瞿强和王磊，2012）。通常，一个地区的商业信用水平越高，营商环境就越优，地区的金融发展水平就越高。明代中后期，江南的丝织业、冶铁业、锻铁业等行业中开始出现资本主义萌芽，繁荣了当时以手工业产品交换为主的小商品经济及其背后的信用交换关系。鸦片战争后，江南成为与西方交流最为活跃的地区之一，一批开明人士仿行西法创设公司，尤其是早期的官督商办公司在社会上进一步树立起信用。经过长时间的传承与积淀，重商致用、讲究信用成为江南社会的基本共识。商业信用作为一种非正式制度约束，节约和盘活了有限的资金，加速了产业资本循环和周转，为如今长三角地区金融产业的繁荣发展发挥了积极的作用。

金融产业的存在和发展需要商业信用，并反馈至地区信用体系的建设。在整个资本市场的运作中，微观经济个体之间可以相互提供商业信用，以满足自身对资本的需求。具体而言，长三角地区民营经济活跃，而企业发展所需的资金一部分由自身积累，一部分则来源于外部融资，商业信用相较于银行信用严格的评级、授信和繁杂的审查批准程序来说更为快捷、高效，在为企业便捷提供资金支持的同时也缓解了银行的贷款压力，从而保证整个社会再生产的顺利进行。正是因为金融发展的需要和商业信用在经济活动中所产生的积极作用，使得经济个体更加重视自身的信誉建设，争相树立良好的商业信用，从而引发宏观效应，推动着长三角地区整体商业信用水平的提高以及强化了地区信用体系的建设。

6.2 江南地区金融发展的历史特征与变迁

6.2.1 古代江南地区的货币与信用

自秦统一中国后，全国范围内的统一币制才得以建立，分为黄金、布（帛）、铜钱（半两）上中下三等，并附有律文规定法定比价、货币流通、组织管理等。汉承秦制，亦沿《金布律》。唐代的法定货币，亦钱帛并行，后期钱重物轻，银币出现。北宋以铜钱为主，兼以铁钱、纸币、白银等货币；南宋"钱会中半"，纸币大范围地流通。元以行钞为主，也曾铸钱，且禁止金银民间流通。明前期钱、银、钞三币并用，中期宝钞渐出，白银成为正式通货，清以银为主，钱为辅，银钱兼行（姚遂，2007）。

纵观中国金融史的发展，遵循着从中原向四边辐射，以及四边地域向中原、由北及南的集中靠拢、统一的演变特征。值得一提的是，两宋时期经济活动重心继续南移并最终完成，经济文化空前繁荣，江南地区涌现出沈括、叶适、袁燮等一批具有代表性的思想大家。沈括毕生致力于科学研究，被誉为"中国整部科学史中最卓越的人物"，而他也敏锐地观察到了货币流通速度。北宋中期出现钱荒，神宗问及产生钱荒的理由，沈括从八个方面进行了分析，并提出相应对策，其中之一就是"钱利于流借。十室六邑，有钱十万，而聚于一人之家，虽百岁，故十万也。贸而迁之，使人飨十万之利，遍于十室，则利百万矣。迁而不已，钱不可胜计"（胡道静，1960）。也就是，货币周转次数越多，同期流通中所需货币越少；反之，则越多。沈括的观点是世界上较早出现的关于描述货币流通速度与货币流通数量之间关系的理论，较威廉·配第领先近600年，并且他还认为货币流通得越频繁，所创造的景气扩散效果越大。南宋叶适指出"楮在而钱亡"；稍晚的袁燮明确指出，"臣窃观当今州郡，大抵兼行楮币，所在填委，而钱常不足。间有纯用铜钱不杂他币者，而钱每有余。以是知楮惟能害铜，非能济铜之所不及也"（叶坦，1991）。叶适和袁燮的观点比西方人早三百多年阐述了劣币驱逐良币法则。

中国古代传统金融在宋代进入鼎盛时期，金融创新层出迭起，尤其是在信用方面，商业信用的发展和票据化，商品生产和流通领域的借贷活动，赊销预付解决了新开发区在生产要素——资金、劳动力和技术不足的情况下，启动资金筹措的问题，对江南地区经济开发起到了重要作用。

6.2.2 古代江南地区的金融机构

中国古代的典当质库业肇始于宗教，最早的信用、金融机构出现在南北朝的寺庙中。南北朝时期，统治阶级笃信佛教，大兴寺庙，自帝王至平民都对寺院大量施舍土地钱财，寺院也通过自身经营土地等手段获得大量财富，以致"塔物出息以取利"。南朝相较于北朝，采用"政变"这一相对和缓的政权更替方式，局面安定，同时适逢北方常年战乱，大量人口南迁，为江南经济发展创造了稳定的环境，使得庙宇经济在南朝时的建康城（今南京）尤为活跃，并兴起以建康为代表的南朝文化。后经"三武灭佛"的影响，寺院经济经历过短暂的衰败，而后又于隋唐兴起。直至明初时，僧办典当、借贷急剧减少，逐渐退出历史舞台。明太祖朱元璋亦是从当时的权力中心金陵（今南京），开始对僧侣、寺院数量进行严格的限制、打压，超过了此前任何一次对佛教的打压，并彻底地改变了中国佛教，寺院经济也走向消亡，取而代之的是民办典当（何蓉，2007）。清朝时期，典当这种特殊的融资方式，在经济相对较发达的江南，业务范围也有了新的拓展，在明季米谷典的基础上，又扩展到米麦花豆丝质当的兴起和流行。

明清时期还出现钱庄、银号、票号等新的金融机构。清前期各地钱铺很不均衡，在商品经济相对发达的大城市，如京师、上海等地，钱庄众多，设有经纪，具有一定的规范和管理。乾隆四十一年（1776年），上海设立钱业公所，25家钱庄承办公所事务，20年后增加至82家。而发展水平很低的地区，钱庄很少，银钱兑换大多在杂货店中进行。

6.2.3 近代江南地区的金融大变革

鸦片战争是中国近代史的起点，帝国主义列强用枪炮打开了中国国门。在签订一系列不平等条约要求五口开埠通商之后，外资银行数量日增，帝国主义资本侵入中国。起初，外资银行主要办理外商汇兑业务，与本地的钱庄、票号并无业务往来。而后，它们将从社会上低利率吸纳来的存款以 7% 的拆借利率借给钱庄，低于当时本地钱庄 10% 的相互拆借利率，加上清政府大量向外资银行借款以弥补不平等条约的赔款之需，外资银行几近完全控制了中国的金融市场。清末主要外资银行的存续时间及分支机构地点如表 6-2 所示。为了支付巨额的战争赔款，解决财政危机，清政府在向外资银行举债的同时，先后三次发行了国内公债，成为中国近代公债制度的开端。清末发行的国内公债统计情况如表 6-3 所示。

表 6-2　清末主要外资银行存续时间及分支机构地点

行名	国别	设立起止时间	分支机构地点
丽如银行	英国	1844—1892 年	香港、广州、上海
汇隆银行	英国	1851—1866 年	广州、上海、香港、汉口、福州
麦加利银行	英国	1858—1906 年	上海、香港、汉口
法兰西银行	法国	1860—1906 年	上海
汇丰银行	英国	1865—？	香港、上海、福州、宁波、汉口、厦门、广州、北京等地
德意志银行	德国	1872—？	上海、
东方汇理银行	法国	1894—？	上海、香港
横滨正金银行	日本	1893—？	上海、营口、天津、北京
华俄道胜银行	俄国	1896—？	上海、天津、哈尔滨、长春、乌鲁木齐、北京、福州等地
荷兰银行	荷兰	—	上海
花旗银行	美国	—	上海
义利银行	意大利	—	上海

资料来源：汪敬虞：《十九世纪外国在华银行势力的扩张及其对中国通商口岸金融市场的控制》，《历史研究》1963 年第 5 期。

表 6-3　清末发行的国内公债统计

公债名称	发行日期	发行定额	实发数额	担保品	利率
息借商款	1894 年	无定额	1102 万两	地丁、关税	月息 7 厘
昭信股票	1898 年	1 亿两	1000 万两	天赋、盐税	年息 5 厘
爱国公债	1911 年	3000 万两	1160 万两	部库收入	年息 6 厘

资料来源：千家驹编：《旧中国公债史资料（1894—1949 年)》，中华书局 1984 年版。

　　中国金融领域具有近代意义的发展，几乎都带有外来特征。五处通商口岸受西方的影响最早最为深远，其中的上海、宁波皆处于江南地区，而上海更是金融大变革的主阵地。为自救图强，洋务运动兴起，官督商办型企业招商局成为中国民族工商业的先驱，先后开办了中国第一家保险公司、第一家银行，发行了第一只华商股票。1872 年，在洋务运动的驱动下，第一只华商股票在轮船招商局开始交易。这是晚清政府在资本筹资方式上作出的一次创新，学习西方股份制企业，向民间发行股票，以"招商集股"的方式筹集资金。股票分成整份，分开向社会挂牌发行，自由买卖，允许转让。在招商局的带动下，中国兴起了一批股份制企业。《申报》曾专门发文评论，"招商局开其端，一人倡之，众人和之，不数年间，风气因之一开，公司因之云集……"。朱荫贵（1998）详细记述了这一时期上海证券市场中股票交易的高潮，各主要新式企业具体股票发行与交易情况如表 6-4 所示。1875 年，招商局开始自办保险，向社会公开募股，在上

表 6-4　19 世纪 80 年代上海新式企业股票市场价格变动表

时间 \ 公司	1882 年 6 月 9 日	1882 年 10 月 27 日	1883 年 4 月 12 日	1883 年 12 月 20 日	1884 年 12 月 30 日	1885 年 6 月 22 日	1886 年 6 月 22 日	1887 年 1 月 13 日
平泉铜矿	185	246（105）	122（105）	48（105）	17（105）	25（105）	14（105）	46（105）
平开煤矿	242.5	218（105）	146（100）	53（100）	37.5（100）	66（100）	44（100）	49.5（100）
电灯	160	105（100）	62（100）	30（100）	10（100）	4（100）	4（100）	3.5（100）
长乐铜矿	160	220（100）	118（100）	44（100）				
招商轮船	260	255（100）	148（新100）	63（新100）	41（新100）	64（新100）	59（新100）	59（新100）
点铜	80 元							
电线	210							

续表

时间 公司	1882年 6月9日	1882年 10月27日	1883年 4月12日	1883年 12月20日	1884年 12月30日	1885年 6月22日	1886年 6月22日	1887年 1月13日
平泉	185							
织布	117.5	103（100）	96（100）				17（100）	17.5（100）
济和	73	70.05（50）	69.2（50）	34.5（50）	24.5（50）	30（50）		
牛乳			95元（100）	60元（100）	19元（100）	20元（100）		
仁和保险		71.5（50）	70.25（50）	35（50）	24.5（50）	30（50）		
自来水		35镑（20）	39.5（20）	29镑（20）	25镑（20）	30.25镑 （20）	27.5镑 （20）	29镑（20）
赛兰格点铜	135元（100）	99（100）	180元（100）	12.5元 （100）	11元（100）	3元（100）	1.7元（100）	
公平缫丝公司	94（100）	80（100）	36（100）	10（100）	3（100）			
鹤峰铜矿		177.5（100）	120（100）	36（100）	20（100）			
中国玻璃股份	51.5（50）	50.5（50）	80（100）	50（100）				
叭喇糖公司	43（50）	35.25（50）	32（50）	15.5（50）	12（50）	14（50）	14.5（50）	
电报		167.5（100）	98元（100）				65.5元 （100）	65元（100）
顺德铜矿		110（100）	90（100）	70（100）				
驳船公司		109（100）	106（100）	74（100）	50（100）	35（100）		
三源公司		51（50）						
新造纸公司	100（100）							
上海保险公司		50.5（50）	31（50）	14.5（50）	23.25（50）	16（50）	23（50）	
旗昌浦东栈码头		112（100）	90（100）		65（100）	90（100）	98（100）	
金州煤铁矿		89（100）	46（100）	45（100）	58（100）			
池州煤矿			34.5（25）	20（25）	6.5（25）	11.5（25）		
沙岑开地公司		25（25）	17（25）	7（25）	8.5（25）	2.5	1.5	

续表

时间 公司	1882年 6月9日	1882年 10月27日	1883年 4月12日	1883年 12月20日	1884年 12月30日	1885年 6月22日	1886年 6月22日	1887年 1月13日
荆门煤铁矿		20 (25)	19 (25)					
施宜铜矿			95 (100)	25 (100)	35 (100)	40 (100)		
承德三山银矿		64.5 (50	30 (50)	5.55 (50)	5 (25)			
白土银矿			78元 (50)	55 (70)	5元 (70)	7 (70)		
徐州煤铁矿		92 (100)	60 (100)					
贵池煤铁矿		24.5 (25)	13 (25)	14.75 (25)	14 (25)			
火车糖				100元 (100)	50元 (100)	50元 (100)		
烟台缫丝				125 (300)	25 (300)	50 (250)		

注：表中的数字为当时的市场价，括号中的数字为股票的发行面值。数字的单位，除表明"元" "磅"以外，其余均为"两"。

资料来源：朱荫贵：《近代上海证券市场上股票买卖的三次高潮》，《中国经济史研究》1998年第3期。

海创办了第一家民族保险公司仁和保险，在"仁和"的带动下，民族保险业从无到有，迅速发展壮大。同一时期，外国银行进入中国，发行纸币，钱庄亦为来华外国商人和洋行所使用，先后与外国银行和洋行建立起拆借关系，这为后来在上海创办的中国第一家华资新式银行中国通商银行起到了催生作用。此外，外商还在上海设立了上海西商众业公所，主要交易对象是外国企业股票、公司债券、中国政府公债等，虽为外商经营的，但这也是旧中国最早的一家证券交易所。

进入民国后，中国的金融发展进程中有了越来越多的本土因素，并逐渐向国际接轨，产生了政府特许国际汇兑银行，华资银行也开始活跃在国际汇兑业务上，票号、钱庄等传统金融机构逐渐退出。20世纪30年代，金融业空前繁荣。根据洪葭管和张继凤（1989）的测算，1936年上海金融业的总资力为32.72亿元，占当时全国金融业总资力合计额68.39亿元的47.8%，占据了全国金融业资力的半壁江山。具体测算结果见表6-5。在

表 6-5 1936 年上海金融业资金实力表

单位：万元

类别	家数	已缴资本	存款	公积金	兑换券	资力合计	在沪资力估计
银行总行在上海外埠无分行	30	2015	10803	322	—	13140	13140
银行总行在上海外埠有分行	28	24533	389424	5861	130058	549876	274938
外埠银行在沪分行	15	2004	40192	1509	667	47372	11843
本埠钱庄	48	—	—	—	—	—	19844
信托公司及储蓄会	16	—	—	—	—	—	7426
合计	137	31552	440419	7692	130725	610388	327191

资料来源：洪葭管、张继凤：《近代上海金融市场》，上海人民出版社 1989 年版。

华资银行数量上，根据杨荫溥（1974）《五十年来之中国银行业》的描述，1936 年全国华资银行总数已达 154 家，在各地分行数量为 1299 家。其中，江南地区拥有总行数量占比超过 50%，拥有分行数量比例也超过 30%。在20 世纪 30 年代的上海，已经可以非常便捷地通过中国银行、交通银行等机构与国际金融市场对接开展业务（中国通商银行，1967）。随后，日本侵华战争全面爆发，北平、上海、南京等地相继沦陷，国民政府以空间换时间，将大量物资、设备、人口迁至西南、西北等抗战大后方，江南地区银行总行和分行数量占比有所回落，但仍有全国五分之一强，尤以上海为重。据此，国民政府建立后的上海已确立中国金融中心的地位（吴景平，2019）。1936—1946 年银行地域分布变化如表 6-6 所示。

表 6-6 1936—1946 年银行地域分布变化

地域	1936 年				1946 年			
	总行数量（家）	所占比例（%）	分行数量（家）	所占比例（%）	总行数量（家）	所占比例（%）	分行数量（家）	所占比例（%）
上海市	58	37.67	124	9.54	83	14.45	190	6.34
重庆市	9	5.84	17	1.30	37	6.52	110	3.66
五大都市	23	14.94	210	16.15	21	3.65	312	10.42

续表

地域	1936 年				1946 年			
	总行数量（家）	所占比例（%）	分行数量（家）	所占比例（%）	总行数量（家）	所占比例（%）	分行数量（家）	所占比例（%）
江浙二省	36	23.38	300	23.09	30	5.22	308	10.28
西南五省	8	5.18	96	7.40	190	33.10	843	28.14
西北五省	4	2.60	65	5.04	69	12.01	295	9.84
华北七省	7	4.53	196	15.08	65	11.32	134	4.48
华中华南六省	9	5.84	258	19.86	76	13.23	767	25.60
东北及台湾	—	—	33	2.54	3	0.52	37	1.24
总计	154	100	1299	100	574	100	2996	100

注：五大都市为北平、天津、南京、广州、汉口；西南五省为云南、贵州、四川、西康、广西；西北五省为新疆、青海、甘肃、宁夏、陕西；华北七省为河南、河北、山东、山西、绥远、热河、察哈尔；华中华南六省为安徽、江西、湖北、湖南、福建、广东。

资料来源：杨荫溥：《五十年来之中国银行业》，载中国通商银行编：《五十年来之中国经济》，京华书局 1967 年版。

在证券市场方面，民国时期的股票和债券交易也进入了毁誉参半的繁荣时期。1920 年 7 月 1 日，仅经过一年筹备期的上海证券物品交易所在上海正式开业，它和早两年成立的北京证券交易所以及 1921 年 5 月开业的上海华商证券交易所，一同标志着中国的证券交易正式进入了证券交易所时代。就在上海证券物品交易所成立的次年，便迎来了一次股票买卖的高潮。从股票交易中能够获取丰厚的利润，也使得交易所设立盛行，据滨田峰太郎的调查，当时上海至少存在着 117 家交易所，其中拥有正规手续并向北京农商部立案的仅有 7 家，3 家在上海淞沪护军行署注册，50 家在上海的外国租界向外国领事馆注册，且绝大部分在租界内开业，未注册的 27 家，剩余的 30 家情况不详（朱荫贵，1998）。可见，当时的上海金融市场有着浓厚的殖民地色彩。1921 年的上海交易所股票交易高潮如表 6-7 所示。在"信交风潮"之前，股票与政府公债均是上海华商证券市场的主要交易品，风潮之后，股票信誉大受影响，股票交易量大跌，证券交易所为维持生存，就逐渐把北京政府发行的公债作为交易的主要对象。尤其在

1937 年"八一三"淞沪抗战之后，上海的华商证券市场与本国企业所需资金，几乎不发生任何联系，政府公债交易在上海证券市场上占据了 98% 的份额，其功能仅限于财政盈亏的调剂，上海华商证券市场成为了名副其实的政府"财政市场"（刘志英，2004）。

表 6-7　1921 年 9 月上海各主要交易所股价情况

单位：元

证券交易所名称	实收股价	交易所股价	证券交易所名称	实收股价	交易所股价
沪江油饼	20	32.5	上海华商	12.5	27
沪海证券	10	25	证券棉花	12.5	27
上海棉布	12.5	28	中外货币	10	25
匹头证券	12.5	28	上海夜市	5	15
上海内地证券	10	13	上海五金	5	13
合众晚市	5	20	上海中外股票	20	41
上海棉纱	12.5	58	星期物券	20	60
上海烟酒	10	17.5	中美证券	10	22
沪商棉纱	10	18	上海纸业	20	26
中国证券	20	109	上海煤业	6.5	15.8
华洋证券	10	23	中国丝茧	10	21
上海丝茧	12.5	19.6	上海金业	20	40
华商证券	20	39	华商纱布	12.5	60
上海杂粮	12.5	58	上海面粉	12.5	80
华商棉业	20	39	上海证券物品	25	98

注：实收股价和交易所股价分别为当时在上海新设立的证券交易所实收的股价和在交易所的上市价。

资料来源：滨田峰太郎：《支那的交易所》，中华经济社 1922 年版。

繁荣背后亦蕴藏着危机，1870—1937 年，上海爆发了 6 次金融危机（风潮）。仅在 1883—1900 年，在不足 20 年的时间里，也就是旧中国股票市场萌芽的那段时期里，上海就发生了 4 次金融恐慌，破产关闭的企业商号多达 400 家，股票价格一泻千里，这在表 6-4 中也得以体现。民国前后发生的危机的机制有所不同，清末的金融风潮主要是由经济系统内的债务引起的，而民国时期的金融危机主要是由于政府债务所引起的。究其本质而言，为投机而设立的交易所是难以维持的，受帝国主义和封建主义掣肘的半殖民地半封建性质的金融系统本身即是畸形的，这仍是因为当时金融体系的脆弱性，信贷肆意扩张带来无约束的投机炒作，恶性通货膨胀，加之货币政策失误、市场监管滞后以及救市措施失当，使得近代上海金融危机频发（潘庆中，2017）。

6.3 现代长三角地区的金融发展

6.3.1 砥砺前行：新中国金融体系构建概览

1949 年 10 月 1 日，中华人民共和国成立，新民主主义革命取得胜利，进入社会主义革命和建设时期。为了实现社会主义建设事业，旧中国的经济体系必须发展为社会主义经济体系，旧中国的金融体系必须发展为社会主义金融体系。作为当时新中国金融事业主体的中国人民银行已于 1948 年 12 月 1 日在革命老区河北省石家庄市成立，并开始发行人民币。在成立统一的中国人民银行的基础上，采取没收官僚资本银行的政策，接管官僚资本金融业，取消外国银行在中国的特权，并对民族资本金融业进行社会主义改造，在农村广泛建立信用合作组织，初步在全国范围内建立起以中国人民银行为核心的社会主义金融体系（胡燕龙，1993）。在计划经济时期，全国的金融业呈现出由中国人民银行统揽一切业务的"大一统"体制。这种高度集中的统一的体制，对于物资匮乏、基础薄弱的计划经济建设时期而言，有效地集中了国家财力、保障重点建设，具有其历史合理性。

新中国成立初期，在经济和金融工作方面的重点是收拾、整顿国民政府留下的烂摊子，其中最为严重的就是长期的恶性通货膨胀，导致物价飞涨，利率畸高，市场混乱，投机盛行。在这种情况下，党和政府着力实施"三平政策"，即财政收支要平衡，物资调拨要平衡，现金出纳要平衡，有力地制止了通货膨胀，稳定金融，稳定物价。在三年恢复、五年创业的经济建设中，金融起到了支撑大局的重要作用。1953—1957 年，银行运用信贷、利率杠杆开展各项存、放、汇业务，助力经济效益的提高。由于信贷资金的支持，其间上海的工业产值年均增长率达到 14.7%，经济成效显著。社会主义金融体系是逐步摸索建立起来的，而后遭遇的"大跃进""文化大革命"的挫折，干扰了金融工作的秩序，1953—1978 年，银行年平均增加的存款仅占国民收入的 3.1%（洪葭管，2009）。1978 年 12 月 18 日至 22 日召开的党的十一届三中全会，对"文化大革命"及"左"倾错误进行全面纠正，明确提出把党和国家工作中心转移到经济建设上来，开启了改革开放历史新时期。

6.3.2 改革开放新时期：长三角地区金融业的腾飞

6.3.2.1 长三角地区金融业总体发展情况

党的十一届三中全会之后，开始对金融体制进行改革，包括机构体制、贷款制度、资金管理、业务范围等方面的一系列改革。中国农业银行、中国银行、中国人民建设银行、中国工商银行、中国人民保险公司相继分立，中国人民银行一分为六，计划经济时代中国人民银行"大一统"的局面成为历史。改革是一场深刻的革命，金融改革涉及的项目众多，仅《见证上海金融改革三十年》一文中就列举了一百项，诸如建立新的金融体系、改革单一银行信用形式、改革信贷资金管理体制、改革外汇管理体制、改革利率制度等领域。1990 年 12 月，上海证券交易所正式开始营业；1992 年 10 月，党中央发出建设上海国际金融中心的号召；1994 年实现汇率并轨，并在上海设立中国外汇交易中心；1996 年 1 月，全国银行间同业拆借中心在上海成立。经过一系列经济、金融体制的改革，中国的经济成分逐步多元化，金融活动日趋繁荣，初步建成了以中央银行为中心、专业银行为主体、多种金融组织并存的社会主义金融体系（洪葭管，2009）。

改革开放 40 余年来，中国的金融发展与改革取得了重大成就。1978 年，全国金融业总资产规模不到 3000 亿元，到 2018 年，各类金融机构资产总额或受托资产规模已达到 320.8 万亿元，银行在各金融机构中一枝独秀，其资产总额或受托资产规模为 261.4 万亿元，占据了中国金融市场资

（万亿元）

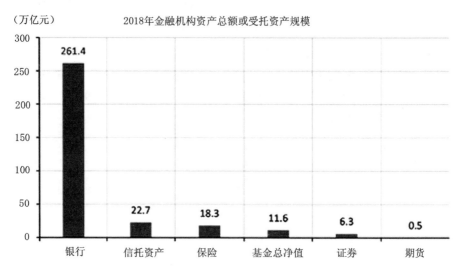

2018年金融机构资产总额或受托资产规模

图 6-1　2018 年中国金融市场资产规模

资料来源：Wind。

金总额的 81.48%，远超信托、保险、证券等其他金融机构。详情如图 6-1 所示。同时，由于原始积累、市场基础和区位优势等因素的不同，中国地区间经济发展差距迅速扩大，区域金融发展水平也存在着明显的差距。

在金融业增加值方面，如表 6-8 所示，长三角地区金融业绝对额增量由 2006 年的 2550.83 亿元增长至 2020 年的 23666.55 亿元，地区金融业实现快速增长。同时，长三角地区内部差异明显，2020 年地区内金融业增加值最高的为江苏，达到了 8405.79 亿元，最低的安徽仅为 2553.9 亿元。在金融业增加值占全国的相对份额方面，长三角地区的相对份额呈现先上升而后下降的趋势，从 2006 年的 30.48% 上升至 2009 年的 31.39%，而后总体呈下降趋势，至 2020 年占全国约 28.15%，仍占全国四分之一强。长三角地区内部各省市相对份额变化较大，各省市之间差距明显，但总体上呈现出缩小的趋势，其中，江苏、浙江的相对份额变动较大，江苏的相对份额由 2006 年的 7.81% 增长至 2020 年的 10%，浙江的相对份额由 2006 年的 10.83% 下降至 2020 年的 6.65%；上海的相对份额略有下降，由 2006 年的 9.86% 下降至 2020 年的 8.46%；安徽的相对份额略有上升，由 2006 年的 1.98% 上升至 2020 年的 3.04%。

表 6-8 2006—2020 年长三角地区金融增加值

单位：亿元

年份	绝对额					相对额				
	上海市	江苏省	浙江省	安徽省	长三角	上海市	江苏省	浙江省	安徽省	长三角
2006	825.2	653.25	906.37	166.01	2550.83	9.86%	7.81%	10.83%	1.98%	30.48%
2007	1209.08	1054.25	1251.43	223.85	3738.61	9.92%	8.65%	10.26%	1.84%	30.66%
2008	1414.21	1298.48	1653.45	313.81	4679.95	9.43%	8.66%	11.03%	2.09%	31.21%
2009	1804.28	1596.98	1880.69	359.6	5641.55	10.04%	8.89%	10.46%	2.00%	31.39%
2010	1950.96	2105.92	2284.22	396.17	6737.27	9.04%	9.76%	10.58%	1.84%	31.22%
2011	2277.4	2600.11	2676.44	503.85	8057.8	8.80%	10.05%	10.35%	1.95%	31.15%
2012	2450.36	3136.51	2696.39	617.62	8900.88	8.06%	10.32%	8.87%	2.03%	29.28%
2013	2823.81	3958.79	2795.13	912.77	10490.5	7.46%	10.46%	7.38%	2.41%	27.71%
2014	3400.41	4723.69	2824.43	1046.67	11995.2	7.84%	10.89%	6.51%	2.41%	27.65%
2015	4162.7	5302.93	2956.28	1241.87	13663.78	8.11%	10.34%	5.76%	2.42%	26.63%
2016	4765.83	6011.13	3229.67	1447.02	15453.65	8.28%	10.44%	5.61%	2.51%	26.85%
2017	5330.54	6783.87	3770.57	1663.59	17548.57	8.27%	10.53%	5.85%	2.58%	27.24%
2018	5781.63	7461.12	4506.32	2142.53	19891.6	8.37%	10.80%	6.52%	3.10%	28.79%
2019	6600.6	7529.6	5004.37	2345.64	21480.21	8.56%	9.77%	6.49%	3.04%	27.87%
2020	7116.26	8405.79	5590.6	2553.9	23666.55	8.46%	10.00%	6.65%	3.04%	28.15%

资料来源：由历年《中国统计年鉴》《政府统计公报》相关数据整理计算得到。

6.3.2.2 长三角地区金融业分行业发展情况

（1）银行业发展情况

中国的金融体系是银行业主导的金融体系，银行业的资产总额或受托资产规模占据了中国金融市场资产总额的 80% 以上。如表 6-9 所示，在银行业金融机构营业网点资产总额方面，长三角地区营业网点资产总额由 2006 年的 101638 亿元增长至 2020 年的 686317 亿元，地区银行业资产规模稳步增长。同时，地区内银行业资产地域分布不均衡，2020 年营业网点资产总额最高的为江苏省，达到了 218754 亿元，最低的安徽省仅为 77139 亿元；在银行业金融机构营业网点机构数量方面，长三角地区营业网点机构数量由 2006 年的 30307 个增加至 2020 年的 38904 个，地区内各省市的营

表6—9 长三角地区银行业金融机构情况

年份	营业网点数量（个）					营业网点从业人数（人）					营业网点资产总额（亿元）				
	上海	江苏	浙江	安徽	长三角	上海	江苏	浙江	安徽	长三角	上海	江苏	浙江	安徽	长三角
2006	2544	10389	9889	7485	30307	60564	149174	150388	86165	446291	36189	28654	28367	8428	101638
2007	3058	11202	10012	7352	31624	67225	159048	158942	85379	470594	52030	36943	33907	10273	133153
2008	3144	11326	10122	7187	31779	80005	171084	159858	86236	497183	53478	44349	42069	12732	152628
2009	3060	10270	9526	7268	30124	75204	170780	186714	94307	527005	62006	57893	54054	16451	190404
2010	3316	11462	10656	7342	32776	95185	179155	196873	98592	569805	68376	71555	64366	20285	224583
2011	3417	11711	10940	7690	33758	101572	193101	199352	102144	596169	85961	81863	75545	24663	268032
2012	3561	12078	11259	6612	33510	106416	206117	210220	105038	627791	90303	96583	84969	29797	301651
2013	3676	12390	11667	7664	35397	133740	217489	223130	114565	688924	97881	108608	95856	35149	337494
2014	4087	12759	12299	7948	37093	139106	228567	244884	116410	728967	112657	122101	105656	116410	456824
2015	4022	13381	12385	8700	38488	115425	245505	243514	125881	730325	133858	136448	119130	45779	435215
2016	3994	13228	12840	8434	38496	115995	242062	244580	121726	724363	143896	156188	132403	54253	486740
2017	4099	14297	12581	8473	39450	117599	257743	246108	123011	744461	147074	166703	141027	59854	514658
2018	4072	12965	13226	8483	38746	117973	262125	247602	122825	750525	154240	177240	152444	65467	549391
2019	4224	13528	12990	8612	39354	124886	261653	252131	122300	760970	165110	192533	168172	69843	595658
2020	4258	12990	13161	8495	38904	126629	263553	260001	123634	773817	191726	218754	198698	77139	686317

注：营业网点统计范围包括大型商业银行、国家开发银行和政策性银行、股份制商业银行、城市商业银行、小型农村金融机构、财务公司、信托公司、邮政储蓄、外资银行、新型农村机构等，不包括国家开发银行和政策性银行、大型商业银行、股份制银行等金融机构总部数据。

表6—10 2020年长三角各省市银行业营业网点具体分布情况

类别	上海			江苏			浙江			安徽		
	网点数量（个）	从业人数（人）	资产总额（亿元）	网点数量（个）	从业人数（人）	资产总额（亿元）	网点数量（个）	从业人数（人）	资产总额（亿元）	网点数量（个）	从业人数（人）	资产总额（亿元）
大型商业银行	1643	47342	65233	4858	107989	75488	3753	90845	63971	2374	45955	25621
国家开发银行	14	612	4394	78	2477	11687	61	2001	9888	91	2316	8089
股份制商业银行	857	28175	45045	1091	35762	36784	1141	34507	34160	356	8352	6878
城市商业银行	476	15393	27848	935	34853	44730	2041	57967	40486	447	10015	11975
小型农村金融机构	359	7770	10106	3298	45811	32565	4070	52548	34714	3067	35279	15472
财务公司	24	1858	8097	0	474	1796	11	517	1939	6	197	545
信托公司	7	2200	746	0	676	453	5	1349	387	1	169	86
邮政储蓄	486	2979	2621	2499	25989	9310	1722	9598	5352	1793	15134	6018
外资银行	209	12478	16368	35	2309	1784	29	803	629	4	162	141
新型农村机构	161	2113	325	196	4996	993	318	6711	1224	346	4609	1006
其他	22	5709	10942	0	2217	3164	10	3155	5949	10	1446	1307
合计	4258	126629	191725.89	12990	26353	218754	13161	260001	198698	8495	133634	77139

注："其他"包含金融租赁公司、汽车金融公司、货币经纪公司、消费金融公司等。

资料来源：上海、江苏、浙江、安徽等地的银保监局。

业网点机构数量实现了逐年稳步增加；在银行业金融机构营业网点从业人数方面，长三角地区营业网点从业人数由 2006 年的 446291 人增长至 2020年的 773817 人，其中，江苏、浙江的营业网点从业人数最多，2020 年分别为 263553 人、260001 人。2020 年长三角各省市银行业营业网点具体分布情况见表 6-10。

存款业务是银行业金融机构的主要业务，也是银行业资金的重要来源。在金融机构本外币存款余额方面，如表 6-11 所示，长三角地区金融机构本外币存款余额由 2006 年的 85375.1 亿元增长至 2020 年的 546579.9亿元，地区内各省市金融机构本外币存款余额实现了逐年稳步增长。在相对份额上，长三角地区金融机构本外币存款余额占全国份额稳定在 25%以上，2020 年达到了 26.14%，地区内部各省市占全国份额相对稳定，同时区域内部差异较大，其中 2020 年安徽占全国份额仅为 2.89%，远低于上海、江苏、浙江等地，区域内部金融机构本外币存款资源分布不均衡。

表 6-11　2006—2020 年长三角地区金融机构本外币存款余额

年份	绝对额（亿元）					占全国份额				
	上海	江苏	浙江	安徽	长三角	上海	江苏	浙江	安徽	长三角
2006	26454.9	26723	25019.3	7177.9	85375.1	7.88%	7.96%	7.45%	2.14%	25.43%
2007	30315.5	31338	29030.33	8485.9	99169.73	7.90%	8.17%	7.57%	2.21%	25.85%
2008	35589	38063.4	35481.2	10389.1	119522.7	7.71%	8.24%	7.68%	2.25%	25.88%
2009	44620.27	50061.9	45112.01	13404.4	153198.6	7.54%	8.46%	7.62%	2.27%	25.89%
2010	52190	60583.1	54482.3	16477.6	183733	7.37%	8.55%	7.69%	2.33%	25.93%
2011	58186.48	67638.8	60893.1	19547.3	206265.7	7.26%	8.44%	7.59%	2.44%	25.72%
2012	63555.3	78109	66679.1	23211.5	231554.9	6.87%	8.45%	7.21%	2.51%	25.04%
2013	69256.3	88302.1	73732.36	26938.2	258229	6.61%	8.43%	7.04%	2.57%	24.65%
2014	73882.45	96939.01	79241.9	30088.8	280152.2	6.47%	8.49%	6.94%	2.63%	24.52%
2015	103761	111329.9	90301.61	34826.23	340218.7	7.69%	8.25%	6.69%	2.58%	25.20%
2016	110511	125576.9	99530.29	41324.33	376942.5	7.36%	8.36%	6.63%	2.75%	25.11%
2017	112500	134776.2	107320.5	46146.86	400743.6	6.99%	8.37%	6.67%	2.87%	24.89%

续表

年份	绝对额（亿元）					占全国份额				
	上海	江苏	浙江	安徽	长三角	上海	江苏	浙江	安徽	长三角
2018	121112.3	144227.4	116512.7	51199.15	433051.6	7.06%	8.40%	6.79%	2.98%	25.23%
2019	132820.3	157139.7	131298.5	54786.8	476045.3	7.11%	8.41%	7.03%	2.93%	25.48%
2020	155900	177978	152233.5	60468.34	546579.9	7.45%	8.51%	7.28%	2.89%	26.14%

资料来源：由上海、江苏、浙江、安徽等地银保监局的相关数据整理计算得到。

贷款业务通过放款收回本金和利息，扣除成本后获得利润，是银行业金融机构最重要的资产业务。在金融机构本外币贷款余额方面，如表6-12所示，长三角地区金融机构本外币贷款余额由2006年的63961.2亿元增长至2020年的436913.9亿元，地区内各省市金融机构本外币贷款余额均实现了逐年稳步增长。在相对份额上，长三角地区金融机构本外币贷款余额占全国份额在25%—29%的水平上，2020年为26.16%，地区内部各省市占全国份额变动较大，上海占全国份额下降明显，从2006年的8.12%下降至2020年的5.06%，浙江占全国的相对份额略有下降，从2006年的9.06%下降至2020年的8.60%，江苏、安徽占全国的相对份额略有上升，分别从2006年的8.46%、2.27%上升至2020年的9.37%、3.12%，同时，区域内部差异明显，各省市金融机构本外币贷款规模相差较大。

表6-12　2006—2020年长三角地区金融机构本外币贷款余额

年份	绝对额（亿元）					占全国份额				
	上海	江苏	浙江	安徽	长三角	上海	江苏	浙江	安徽	长三角
2006	18603.9	19383.7	20768.4	5205.2	63961.2	8.12%	8.46%	9.06%	2.27%	27.90%
2007	21710	23265.8	24939.89	6127.9	76043.59	8.15%	8.73%	9.36%	2.30%	28.54%
2008	24166	27081.1	29658.67	7030.3	87936.07	7.92%	8.88%	9.72%	2.30%	28.83%
2009	29684.1	36846.3	39223.91	9438.6	115192.9	7.29%	9.04%	9.63%	2.32%	28.27%
2010	34154.2	44180.2	46938.5	11736.5	137009.4	6.99%	9.04%	9.61%	2.40%	28.05%
2011	37196.79	50283.5	53239.3	14146.4	154866	6.64%	8.97%	9.50%	2.52%	27.63%
2012	40982.5	57652.8	59509.2	16795.2	174939.7	6.36%	8.95%	9.24%	2.61%	27.17%
2013	44358.1	64908.2	65338.54	19688.2	194293	6.06%	8.87%	8.93%	2.69%	26.55%

年份	绝对额（亿元）					占全国份额				
	上海	江苏	浙江	安徽	长三角	上海	江苏	浙江	安徽	长三角
2014	47915.81	72490.02	71361	22754.66	214521.5	5.78%	8.74%	8.61%	2.74%	25.87%
2015	53387	81169.72	76466.32	26144.36	237167.4	5.71%	8.68%	8.17%	2.79%	25.35%
2016	59982.25	92957.02	81804.5	30774.51	265518.3	5.70%	8.83%	7.77%	2.92%	25.21%
2017	67200	104007.3	90233.3	35162.03	296602.7	5.71%	8.83%	7.66%	2.99%	25.19%
2018	73272.35	117807.9	105774.9	39452.7	336307.9	5.57%	8.96%	8.04%	3.00%	25.57%
2019	79843.01	135139.7	121750.6	44940.7	381673.9	5.39%	9.13%	8.23%	3.04%	25.79%
2020	84600	156577.4	143611.6	52124.97	436913.9	5.06%	9.37%	8.60%	3.12%	26.16%

资料来源：由上海、江苏、浙江、安徽等地银保监局的相关数据整理计算得到。

随着改革开放的深入，市场在资源配置中逐渐起决定性作用，国民收入分配格局发生明显改变，由"聚财于国"转变为"分财于民"，最大的储蓄者就由改革前的政府转变为改革后的居民。居民储蓄存款作为一种重要的金融资源，在空间分布上也存在较大的差异。如表 6-13 所示，

表 6-13　2006—2020 年长三角地区城乡居民存款分布情况

年份	绝对额（亿元）					占全国份额				
	上海	江苏	浙江	安徽	长三角	上海	江苏	浙江	安徽	长三角
2006	8730	12183.5	10473.5	4077.8	35464.8	5.40%	7.54%	6.48%	2.52%	21.95%
2007	8745.2	13014.9	11162.8	4546.5	37469.4	5.07%	7.54%	6.47%	2.64%	21.72%
2008	11464.1	16718.7	14504.7	5647.5	48335	5.26%	7.67%	6.66%	2.59%	22.18%
2009	13707.8	20080.6	17833.4	6619.5	58240.8	5.26%	7.70%	6.84%	2.54%	22.33%
2010	15650.2	23334.5	20612.2	7788.5	67385.4	5.16%	7.69%	6.80%	2.57%	22.22%
2011	17288.5	25914.7	23470.3	9233.6	75907.1	5.03%	7.54%	6.83%	2.69%	22.09%
2012	19506.7	30057.2	26406.8	11178.6	87149.3	4.88%	7.52%	6.61%	2.80%	21.81%
2013	20486.3	33823.9	28923	12924.9	96158.1	4.58%	7.56%	6.46%	2.89%	21.48%
2014	21269.3	36580.6	30666.4	14599.4	103115.7	4.38%	7.54%	6.32%	3.01%	21.25%
2015	23384.7	40562.97	34787.31	17072.31	115807.3	4.42%	7.66%	6.57%	3.23%	21.88%
2016	23639.8	43900.5	38755.05	18957.09	125252.4	4.03%	7.49%	6.61%	3.23%	21.37%
2017	24338.5	46088.01	40804.33	20628.27	131859.1	3.85%	7.29%	6.45%	3.26%	20.85%
2018	27071.7	50768.61	46457.8	23083.79	147381.9	3.84%	7.21%	6.59%	3.28%	20.92%

续表

年份	绝对额（亿元）					占全国份额				
	上海	江苏	浙江	安徽	长三角	上海	江苏	浙江	安徽	长三角
2019	31727.7	57759.21	53733.26	26198.67	169418.8	3.96%	7.21%	6.70%	3.27%	21.14%
2020	36741.39	66373.06	61568.65	30207.11	194890.2	4.02%	7.26%	6.73%	3.30%	21.31%

注：2015 年人民银行调整金融报表项目及归属，取消城乡居民人民币储蓄存款年底余额，本表 2015 年之后数据为住户存款。

资料来源：由历年《中国统计年鉴》《中国金融年鉴》相关数据整理计算得到。

2006—2020 年长三角地区城乡居民存款绝对额逐年稳步增长，长三角地区城乡居民储蓄占全国比例维持在 20%—22% 的水平上，占全国五分之一强。从长三角内部各省市层面看，上海的城乡居民存款占全国份额呈现先下降而后上升的趋势，江苏占全国份额略有下降，浙江占全国份额略有上升，安徽占全国份额上升幅度较大，这表明在总量上长三角内部储蓄资源地区差异逐步缩小。考虑到人口因素对区域储蓄资源分布差异的影响，采用人均储蓄存款指标衡量长三角地区储蓄水平更为准确。如图 6-2 所示，

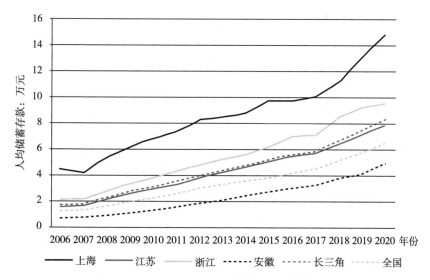

图 6-2　2006—2020 年长三角地区人均储蓄存款变化情况

资料来源：由历年《中国统计年鉴》《中国金融年鉴》相关数据计算得到。

2006—2020 年长三角人均储蓄存款水平高于全国平均水平，并由趋势线判断得出，长三角人均储蓄存款增速高于全国平均增速，地区储蓄资源优势明显。从长三角区域内部看，上海和浙江的人均储蓄存款额高于长三角平均水平，且上海的增速较快，江苏省人均储蓄存款水平大致持平于地区均值，安徽省人均储蓄存款额低于长三角平均水平，且增速较慢，这表明在人均意义上长三角区域内部人均储蓄存款水平差距仍较大。

（2）保险业发展情况

表 6-14　2006—2020 年长三角地区保险业务规模变化情况

年份	绝对额（亿元）					占全国份额				
	上海	江苏	浙江	安徽	长三角	上海	江苏	浙江	安徽	长三角
2006	407.04	502.83	363.02	164.64	1437.53	7.22%	8.92%	6.44%	2.92%	25.49%
2007	482.64	576.64	369.72	201.80	1630.80	6.86%	8.20%	5.25%	2.87%	23.18%
2008	600.06	775.42	489.24	296.54	2161.26	6.13%	7.93%	5.00%	3.03%	22.09%
2009	665.03	907.73	538.10	357.21	2468.07	5.97%	8.15%	4.83%	3.21%	22.16%
2010	883.86	1162.67	690.34	438.25	3175.12	6.08%	8.00%	4.75%	3.02%	21.86%
2011	753.11	1200.02	730.67	432.30	3116.10	5.25%	8.37%	5.10%	3.01%	21.73%
2012	820.64	1301.28	819.88	453.61	3395.41	5.30%	8.40%	5.29%	2.93%	21.92%
2013	821.43	1446.08	1109.92	483.01	3860.44	4.77%	8.40%	6.44%	2.80%	22.42%
2014	986.75	1683.76	1051.08	572.29	4293.88	4.88%	8.32%	5.19%	2.83%	21.22%
2015	1125.16	1989.92	1207.08	698.92	5021.08	4.63%	8.19%	4.97%	2.88%	20.68%
2016	1528.79	2679.68	1527.65	873.70	6609.82	4.95%	8.67%	4.94%	2.83%	21.39%
2017	1587.19	3449.27	1844.41	1107.36	7988.23	4.34%	9.43%	5.04%	3.03%	21.84%
2018	1406.25	3317.26	1953.88	1209.73	7887.12	3.70%	8.73%	5.14%	3.18%	20.75%
2019	1720.01	3750.21	2251.45	1348.65	9070.32	4.03%	8.79%	5.28%	3.16%	21.27%
2020	1865.0	4015.1	2867.7	1404	10151.8	3.90%	8.41%	6.00%	2.94%	21.25%

资料来源：由《中国统计年鉴》以及上海、江苏、浙江、安徽等地银保监局的相关数据整理计算得到。

保险业不仅是我国金融市场资金的主要来源之一，也是社会经济保障制度的重要组成部分。如表 6-14 所示，2006—2020 年间，长三角地区保险保费收入总额总体呈稳步增长态势，从 2006 年的 1437.53 亿元上升至

2020 年的 10151.8 亿元，而保险保费收入占全国份额则有下降的趋势，从 2006 年的 25.49% 下降至 2020 年的 21.25%。其中，上海保险保费收入所占份额下降趋势明显，浙江略有下降，江苏基本保持不变，安徽略有上升。在人均保险保费收入层面，即保险密度，2006—2020 年长三角地区保险密度高于全国平均水平，且 2015 年后增速进一步加快。其中，上海市保险密度最高，2020 年达到 7499 元/每人，江苏省为 4738 元/每人，浙江省为 4441 元/每人，安徽省低于全国平均水平，仅为 2301 元/每人。这表明，长三角地区居民投保意识逐渐提高，高于全国平均水平，同时，长三角区域内部保险密度水平差异较大，区域保险市场发展不平衡。2006—2020 年长三角保险密度变化情况如图 6-3 所示。

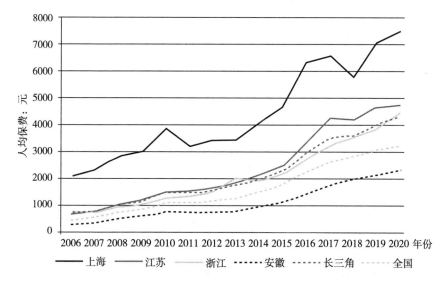

图 6-3 2006—2020 年长三角地区保险密度变化情况
资料来源：由历年《中国统计年鉴》《政府统计公报》相关数据整理计算得到。

（3）信托业发展情况

信托业与银行业、证券业、保险业并称四大金融行业。与其他三大金融行业相比，信托业是唯一能够横跨货币市场、资本市场和实业投资领域进行经营的金融机构。由于交易成本和信息不对称的存在，市场机制配置资源的功能受到很大影响，信托业能够运用各种渠道，聚集社会闲散资金，支持社会再生产，以促进市场经济发展。作为我国金融市场资金第二大来源，信托业发挥着举足轻重的作用。截至2020年末，我国共有68家信托公司，信托资产规模为20.49万亿元。如表6-15所示，长三角地区信托公司数量共计18家，占全国26.47%，其中上海信托公司数量占到全国的10.29%，安徽仅占2.94%。在地区信托公司总资产方面，长三角地区份额占全国15.35%，而在信托资产规模方面，占比达到23.33%。其中上海信托资产规模约占全国9%，安徽占全国8.19%，江苏和浙江两省信托资产规模较小。这表明，在信托资源分布方面，长三角地区有着明显的集中优势，而长三角内部分布不均衡，地区差异明显。

表6-15　2020年长三角地区信托业资产规模

	绝对额			占全国份额		
	公司数量（家）	资产总计（亿元）	信托资产合计（亿元）	公司数量占比	总资产占比	信托资产占比
上海	7	850.69	18317.38	10.29%	6.41%	9.00%
江苏	4	450.85	6488.62	5.88%	3.40%	3.19%
浙江	5	391.48	5987.67	7.35%	2.95%	2.94%
安徽	2	343.61	16671.17	2.94%	2.59%	8.19%
长三角	18	2036.64	47464.84	26.47%	15.35%	23.33%
全国	68	13263.78	203471.11	100.00%	100.00%	100.00%

注：全国信托公司数量总计68家，1家年报未公开，未计入总资产及信托资产。
资料来源：全国各信托公司2020年年度财务报表，并基于合并报表视角整理计算相关数据得到，各省市信托公司总资产及信托资产额以公司注册地为统计口径。

（4）证券业发展情况

证券业作为四大金融行业之一，能够为企业发展筹集资金进行资源分配，并提供了多种投资工具，对金融服务业的发展至关重要。近年来，长三角地区证券业发展较为平稳，证券市场活跃。

在证券业机构数量方面，如表6-16所示，长三角地区各省市近年来均实现了较为稳定的增长，同时各省市之间在空间分布上差异较大。总部设在长三角地区内的证券公司数量由2006年的27家增加至2020年的44家，其中上海近年来增长明显，2020年上海有30家，江苏和浙江各有6家，

表6-16　长三角地区证券业基本情况（一）

年份	总部设在辖内的证券公司数（家）					总部设在辖内的基金公司数（家）					总部设在辖内的期货公司数（家）					年末国内上市公司数（家）				
	上海	江苏	浙江	安徽	长三角	上海	江苏	浙江	安徽	长三角	上海	江苏	浙江	安徽	长三角	上海	江苏	浙江	安徽	长三角
2006	14	6	5	2	27	30	0	0	0	30	25	12	13	3	53	148	99	97	47	391
2007	15	6	4	2	27	29	0	0	0	29	25	12	13	3	53	148	110	120	52	430
2008	15	6	3	2	26	30	0	0	0	30	25	11	13	3	52	156	117	131	55	459
2009	14	5	3	2	24	30	0	1	0	31	26	11	13	3	53	165	128	141	59	493
2010	16	5	3	2	26	31	0	1	0	32	26	11	13	3	53	177	169	186	65	597
2011	17	6	3	2	28	34	0	1	0	35	27	11	12	3	53	196	214	226	77	713
2012	20	6	3	2	31	37	0	1	0	38	30	11	11	3	55	203	236	246	78	763
2013	20	6	4	2	32	44	0	2	0	46	28	10	11	3	52	204	235	246	78	763
2014	20	6	5	2	33	44	0	2	0	46	28	10	12	3	53	204	254	266	80	804
2015	20	6	5	2	33	44	0	2	0	46	28	10	12	3	53	224	276	299	88	887
2016	20	6	5	2	33	44	0	2	0	46	28	10	12	3	53	240	317	329	93	979
2017	20	6	5	2	33	44	0	3	0	47	28	9	12	3	52	204	382	415	102	1103
2018	25	6	5	2	38	54	0	3	0	57	33	9	12	3	57	287	401	432	103	1223
2019	27	6	5	2	40	57	0	3	0	60	34	9	12	3	58	308	428	458	105	1299
2020	30	6	6	2	44	59	0	3	0	62	34	9	12	2	57	343	482	518	126	1469

资料来源：上海、江苏、浙江、安徽等地的证监局。

表6-17　长三角地区证券业基本情况（二）

年份	当年国内股票（A股）筹资（亿元）					当年国内发行H股筹资（亿元）					当年国内债券筹资（亿元）				
	上海	江苏	浙江	安徽	长三角	上海	江苏	浙江	安徽	长三角	上海	江苏	浙江	安徽	长三角
2006	131	51.9	43	12.6	238.5	70.2	55.7	2	5	132.9	337.6	106.8	92	139.4	675.8
2007	1092	189	186	141	1608	0	0	236	0	236	525	248.2	179	103	1055.2
2008	181	97	141.9	177	596.9	80	7	0	0	87	588	276	227	101.5	1192.5
2009	662	266	287	163	1378	214	0	0	0	214	1056	578	474	234	2342
2010	869	768.2	712.6	171	2520.8	183.5	0	0	0	183.5	683.3	685	374.8	329	2072.1
2011	708.9	657	559	199	2123.9	134	0	0	0	134	1026	1000	738	516	3280
2012	139.5	343.6	237	41.6	761.7	501	0	0	0	501	1432.5	2287.3	1368	872.2	5960
2013	167.3	158	190.4	150.5	666.2	12.9	35	0	106.8	154.7	508.6	2553	1460.8	643.3	5165.7
2014	278	349.5	644	185.1	1456.6	13	16.9	0	0	29.9	695	4075.3	2274	1550.9	8595.2
2015	491	618.1	749	209	2067.1	13	307.8	0	0	320.8	1476	5294.8	1275	2652	10697.8
2016	861	1703	2303	372	5239	13	420	0	0	433	1920	8157	4049	5417	19543
2017	1145	762	1519	262	3688	13	162	0	0	175	352	1000	1718	1476	4546
2018	182	1450.7	384	47	2063.7	25	1263	0	0	1288	10044	7495	1544	1460	20543
2019	391	520	1296	90	2297	9	116	—	0	125	2726	2865	—	1534	7125
2020	2446	524.5	2191	230	5391.5	—	12.2	—	0	12.2	1603	14495.1	—	1873	17971.1

资料来源：上海、江苏、浙江、安徽等地的证监局。

安徽有 2 家；总部设在长三角地区内的基金公司数量由 2006 年的 30 家增加至 2020 年的 62 家，其中基金公司总部主要分布在上海，2020 年上海有 59 家，浙江有 3 家，江苏、安徽辖区范围内暂无基金公司总部；总部设在长三角地区的期货公司数量由 2006 年的 53 家增加至 2020 年的 57 家，其中上海的期货公司总部数量增长明显，由 2006 年的 25 家增加至 2020 年的 34 家，江苏的期货公司总部数量略有下降，由 2006 年的 12 家下降至 2020 年的 9 家，浙江、安徽的变动不大；长三角地区年末国内上市公司数量由 2006 年的 391 家增长至 2020 年的 1469 家，其中 2020 年上海有 343 家，江苏有 482 家，浙江有 518 家，安徽仅为 126 家。

在证券市场筹资额方面，如表 6-17 所示，长三角地区证券市场筹资额近年来呈现出波动上升的趋势，证券市场发展良好，同时各省市之间仍存在着较大的差距。长三角地区年度国内 A 股筹资额由 2006 年的 238.5 亿元增长至 2020 年的 5391.5 亿元，其中 2020 年上海的筹资额为 2446 亿元，江苏为 524.5 亿元，浙江为 2191 亿元，安徽为 230 亿元，且年度间变化幅度较大；长三角地区年度国内发行 H 股筹资额近年来变化较大，2020 年为近年来最低值，仅为 12.2 亿元，2018 年为近年来最高值，到达了 1288 亿元，同时地区内各省市的国内发行 H 股筹资额年度变化及各省市之间的差异也较大；长三角地区年度国内债券筹资额由 2006 年的 675.8 亿元增加至 2020 年的 17971.1 亿元，各年度间波动较大，且省际差异明显。

6.4　江南文化与金融发展：基于商业信用视角的经验分析

6.4.1　商业信用与金融发展的关系研究

如前文所述，文化与金融发展存在互动关系。文化不仅影响着非正式制度安排和正式制度安排，也影响着资源的分配方式和分配效率。金融则以其基本功能便利了价值运动，支撑物质产品的生产及其所表现的文化。同时，在金融发展的过程中催生了适应于金融发展阶段的正式制度安排，并深刻影响微观个体的内在价值观念和个体间的联络方式。微观个体的偏好、信念、信用和价值观等典型文化因素已可以被价格体系所解释，从而引入到了经济学的研究框架当中。商业信用是指个体对自己的承诺（或契约）的履约能力，由于金融活动中含有对未来支付的承诺，而未来支付承诺的履行则有赖于债务人的可信性，使得金融市场的正常运作模式高度依赖于商业信用。Shapiro（1983）研究表明，信用会给外部观察者形成可信性和可预测性感知，让投资者信赖企业的产品和服务，金融合约是信用密集度最高的合约，金融机构都需要建立起自己的信誉。Butler（2009）研究了投资者的信用水平和投资收益间的关系，信用水平较高的投资者对市场过于乐观，从而过度投资，使得收益下降。Guiso（2010）从宏观角度分析发现，社会信任和社会资本等因素对金融市场投资、对外直接投资和欧盟内各成员体间的贸易有着重要的影响。国内学者崔巍（2013）将信用划分为社会信用和金融信用，以192名北京大学学生为STZ实验对象，从个体投资者的角度探讨不同含义的信用对金融市场参与和投资收益的影响，研究结果表明社会信用水平越高，金融市场的参与程度就越高，并且投资收益和金融信用水平之间呈非线性倒"U"形关系。

自宋以来，中国的经济重心完成南移过后，江南地区的经济、金融、文化就一直活跃于中国历史发展的脉络中。尤以1843年上海被辟为中国第一批对外通商口岸之后，江南地区最先受到西方文明的冲击，成为东西方贸易的窗口，江南文化与西方文明相互碰撞而形成一种崭新的文化，"不贵空谈贵实行"、重商致用、惠民重信成为社会共识。不论是历史时期宽泛的江南地区，还是现如今界线明晰的长三角地区，江南文化作为长三角共有的文化基因，其价值日益凸显。本节将从长三角地区41个地级市层面，研究商业信用与金融发展之间的关系，并探讨地域文化差异对金融发展的影响。

6.4.2 商业信用与金融发展的实证研究

6.4.2.1 样本和数据来源

本节主要考察2010—2019年长三角地区41个地级市商业信用水平对

金融发展的影响，解释变量商业信用（Credit）来源于中国管理科学研究院诚信评价研究中心、企业管理创新研究所。中国市场学会信用工作委员会编制的中国城市商业信用环境指数（CEI 指数），数据年份覆盖2010—2012 年、2015 年、2017 年、2019 年，2013—2014 年、2016 年、2018 年的数据由相邻 1 年份数据取平均值填充得到。被解释变量金融发展（Financial）和其他控制变量来自历年《中国城市统计年鉴》以及《中国统计年鉴》，人民币汇率取各年平均价。

6.4.2.2 研究变量选择及模型构建

（1）被解释变量

被解释变量是金融发展（Financial）。目前衡量金融发展水平的主要指标是金融相关率（FIR），其表达式为金融资产/GDP。指的是一定时期内社会金融活动总量与经济活动总量的比值。由于中国的金融体系是银行导向型的金融体系，银行业的资产总额或受托资产规模占据了中国金融市场资产总额的 80% 以上，故本节以年末金融机构本外币存贷款余额指代金融资产。

（2）解释变量

解释变量是城市商业信用（Credit）。CEI 指数是依据社会信用体系原理、城市信用体系理论、企业信用管理理论，综合信用投放、企业信用管理功能、征信系统、政府信用监管、失信违规行为、诚信教育、企业感受等多方面指标计算而得，在宏观层面上可反映我国城市的信用经济发展、市场信用交易、市场经济秩序等状况和发展趋势，在微观层面上可用于评价一个城市的信用环境优劣。

（3）控制变量

为减轻遗漏变量偏差产生的影响，在借鉴现有文献的基础上，本章引入以下控制变量：

政府干预（Govern）。政府在金融发展过程中扮演着顶层制度设计者、基础设施建设推动者以及金融市场监管者的重要角色，通过有效的行政和制度手段来促进金融体系的构建和完善，为金融市场的运行提供良好的生态环境，在此借鉴孙英杰（2018）的做法，引入政府干预，以各地区财政支出与 GDP 的比值加以衡量。

产业结构高级化（*Stru*）。大多数学者认识到产业结构对经济增长的促进作用，尤以重视金融业所处的第三产业，本章借鉴计小青等（2020）的做法，以地区第三产业 GDP 与第二产业 GDP 的比值衡量产业结构高级化水平。

城镇化率（*Citi*）。长期以来的城乡二元结构问题在影响中国经济发展的同时，也影响着中国金融发展的进程，城镇化进程中会带来更多的投资机遇，有利于地区金融产业的发展。本章以城镇常住人口与总人口的比值来衡量地区城镇化水平。

外资利用水平（*Forin*）。长三角地区是改革开放政策最早惠及的地区之一，外资经济活跃，占比较大，本章选择地区年度实际利用外资金额与 GDP 的比值衡量外资利用水平，汇率取各年平均价。

金融从业人数（*Staff*）。产业的发展与其从业人数具有密切关系，金融从业者从数量和质量上影响着地区的金融发展，故本章引入金融从业人数指标。

互联网普及率（*Internet*）。金融信息化是新时代经济发展的必然趋势，信息科技手段已广泛应用于金融业，不断推动金融产品和业务的创新，提升金融服务的品质与效率，互联网的开放、平等、协作、共享等特点，能有效地促进金融产业的发展，本章借鉴孙英杰（2018）的做法，同时考虑到数据的连续性，采用互联网宽带接入户数与总户数的比值衡量地区的互联网普及率。

地区虚拟变量（*Corearea*）。因较早对外开放，为江南地区带来了依赖商业信用和签约关系所形成的"陌生人合作纽带"，极大地超越了乡土经济和原住民社会的封闭性，同时具备区域地理的相对完整性，以及文化传统的相对独立性，从而形成了务实重信、重商致用的文化特质（花建，2020）。同时，文化地理界线具有模糊性，为了方便实证层面研究的开展，按李伯重（2003）关于江南地区的"八府一州说"及"江南十府说"，并考虑现代行政区划的变更和地域的连续性，以市级行政区划作为文化的边界，引入地区虚拟变量，将南京、镇江、常州、无锡、苏州、上海、湖州、嘉兴、杭州、绍兴、宁波等 11 个地级市划分为江南文化圈核心区，其余地区为非江南文化圈核心区，抑或是江南文化的外延或"漂移"，考察商业信用对金融发展的地区差异。

基于以上指标选取，本节将金融发展作为被解释变量，把商业信用作为解释变量，其余指标作为控制变量，结合以前学者的研究，得出具体的模型表达式：

$$Financial_{it} = \beta_0 + \beta_1 Credit_{it} + \beta_2 X_{it} + \mu_i + \lambda_t + \varepsilon_{it} \quad (1)$$

其中，$Financial_{it}$表示第 i 个城市第 t 年的金融发展水平，$Credit_{it}$表示第 i 个城市第 t 年的商业信用水平，X_{it}表示控制变量，μ_i表示个体固定效应，λ_t表示时间固定效应，ε_{it}表示残差项。具体的变量描述性统计及说明见表6-18。

表6-18 变量描述性统计及说明

变量类型	变量名称	变量解释	符号	样本数	平均值	标准差	最小值	最大值
被解释变量	金融发展	金融机构本外币存贷款余额/GDP	$Financial$	410	2.602	0.891	1.155	6.255
解释变量	城市商业信用	中国城市商业信用环境指数综合评分	$Credit$	410	72.17	3.855	64.43	87.00
控制变量	政府干预	财政支出/GDP	$Govern$	410	0.189	0.138	0.076	1.485
	产业结构高级化	第三产业 GDP/第二产业 GDP	$Stru$	410	0.946	0.330	0.313	2.695
	城镇化率	城镇常住人口/总人口	$Citi$	410	0.598	0.120	0.291	0.896
	外资利用水平	当年实际利用外资金额/GDP	$Forin$	410	0.0315	0.024	0.0019	0.193
	金融业从业人数	地区金融行业从业人员数量（万人）	$Staff$	410	3.076	5.016	0.320	37.89
	互联网普及率	互联网宽带接入户数/总户数	$Internet$	410	0.801	0.541	0.077	3.954
	江南文化圈核心区虚拟变量	南京、镇江、常州、无锡、苏州、上海、湖州、嘉兴、杭州、绍兴、宁波=1，其他地区=0	$Corearea$	410	0.268	0.444	0	1

由表6-18可知，本节研究的样本包含了2010—2019年长三角地区41

个地级市的面板数据，共计 410 个样本。以金融机构本外币存贷款余额/GDP 衡量的金融发展水平市级样本均值为 2.602，最小值为 1.155，最大值为 6.255，表明长三角区域内部各地级市间金融发展水平存在较大的差异。城市商业信用的均值为 72.17，最小值为 64.43，最大值为 87，且标准差达到 3.855，表明长三角地区各地级市间商业信用环境差异较大，部分城市的商业信用环境有较大的提升空间。政府干预受各城市经济发展水平和地方政府财力而表现各异，其均值为 0.189，最小值为 0.076，最大值为 1.485，这表明长三角地区部分经济发展水平较高的地级市有较为雄厚的政府财力支持，政府干预的程度较强。在产业结构高级化方面，以第三产业 GDP/第二产业 GDP 衡量的产业结构高级化程度，均值为 0.946，最小值为 0.313，最大值为 2.695，表明样本总体的第二、第三产业占比大致相当，但样本范围内各地级市的第二、第三产业发展水平差异仍较大。城镇化水平的均值为 0.598，最小值为 0.291，最大值为 0.896，部分低值区域主要分布于较早年份的皖北、苏北地区。在外资利用水平方面，各地级市的当年实际利用外资金额/GDP 的均值为 0.0315，最小值为 0.0019，最大值为 0.193。金融从业人数反映了各地级市从事金融行业人数的体量，均值为 3.076 万人，最小值为 0.32 万人，最大值为 37.89 万人，标准差达到 5.016，这主要是因为长三角区域内部各地级市的人口和经济体量存在较大的差异。互联网普及率反映了长三角各地级市网络信息化发展水平，其均值为 0.801，最小值为 0.077，最大值为 3.954。

6.4.2.3　实证结果分析

（1）基本的回归结果

由于时间维度 T 比截面数据 N 小，所以选择短面板回归。在回归之前需通过 Hausman 检验，考虑模型是选取固定效应估计还是随机效应估计。检验结果显示 P 值为 0.0001，小于 0.05，所以拒绝原假设，模型选择固定效应估计。通过 Stata 软件，逐步引入不同的控制变量，对面板数据进行固定效应估计，基本的估计结果如表 6-19 所示。

表 6-19 基本的回归结果

	（1）	（2）	（3）	（4）	（5）	（6）	（7）
	Financial	*Financial*	*Financial*	*Financial*	*Financial*	*Financial*	*Financial*
Credit	0.006	0.018**	0.027***	0.022***	0.022***	0.021***	0.022***
	(0.95)	(2.63)	(4.92)	(4.28)	(4.37)	(4.31)	(4.29)
Govern		2.779***	1.215***	1.071**	1.266***	0.901**	0.830**
		(6.22)	(2.75)	(2.64)	(3.01)	(2.34)	(2.34)
Stru			0.963***	0.729***	0.713***	0.549**	0.379**
			(9.78)	(3.02)	(3.15)	(2.41)	(2.31)
Citi				1.857	1.815	1.625	0.833
				(1.31)	(1.28)	(1.14)	(0.60)
Forin					−1.530	−0.624	0.560
					(−0.76)	(−0.32)	(0.34)
Staff						0.139**	0.111**
						(2.59)	(2.07)
Internet							0.268**
							(2.40)
Constant	2.117***	0.829	−0.463	−1.009	−0.954	−0.865	−0.486
	(4.30)	(1.68)	(−1.18)	(−1.42)	(−1.33)	(−1.26)	(−0.74)
R^2	0.003	0.164	0.435	0.468	0.470	0.506	0.528
样本量	410	410	410	410	410	410	410
城市效应	是	是	是	是	是	是	是
年份效应	是	是	是	是	是	是	是

注： *** $p<0.01$，** $p<0.05$，* $p<0.1$；括号内为城市层面的聚类稳健标准误的 t 统计量。

从表 6-19 控制城市效应和年份效应的回归结果中可以看出，第（1）列 *Credit* 的回归系数在 10% 的水平上不显著，拟合优度也很低。第（2）列至第（7）列逐步增加控制变量后，*Credit* 的系数在 1% 的水平上显著且恒为正，系数值大小维持在 0.022 左右的水平上，模型的拟合优度也逐步提高，最终达到了 0.528，说明商业信用对金融发展的促进作用是较为稳健的。但是 *Credit* 的解释力度不及 *Govern*、*Stru*、*Staff*、*Internet* 等控制变量的解释力度，尤其是 *Govern* 的系数值更是达到了 0.83，这表明长三角地区的金融发展更多的是由政府推动的，投入了大量财政资金予以支持，以及依赖于第三产业基础、高素质的金融从业者、互联网等网络基础设施的发展，商业信用生态环境发展不充分，由商业信用衍生的相关市场机制不完善，商业信用对金融发展的促进作用仍有较大的提高空间。*Citi* 的系数在 10% 的水平上不显著，说明城镇化水平不能很好地解释长三角地区的金融业发展。*Forin* 的系数在 10% 的水平上同样不显著，这可能是由于近年来长三角地区经济发展模式由传统的投资、消费、出口向"双循环"经济发展模式的转变，对外依赖性逐渐降低，地区金融发展更加依靠于内能。

（2）商业信用作用的地区异质性分析

商业信用对金融发展的影响可能会随着地区信用水平的不同而出现差异化的效果，尤其是处于江南文化圈核心区的南京、镇江、常州、无锡、苏州、上海、湖州、嘉兴、杭州、绍兴、宁波等 11 个地级市与长三角其他地区存在着一定的文化差异，商业信用环境与水平表现各异，为此本节考察了商业信用水平在文化与地区维度上的异质性作用。

由表 6-20 在控制了城市效应和时间效应分江南文化圈核心区与非核心区分地区估计结果可知，江南文化圈核心区 *Credit* 的系数为 0.034，在 1% 的水平上显著，相较于全样本估计，解释力度提升了三分之一；*staff* 的系数为 0.105，在 5% 的水平上显著，相较于全样本回归的结果变化不大。非江南文化圈核心区 *Credit* 的系数为 0.012，在 10% 的水平上显著，相较于全样本估计，解释力度和显著性水平都有所下降，说明商业信用对于非江南文化圈核心区金融发展的贡献度要小于江南文化圈核心区，且低于长三角地区的整体水平；*Govern* 的系数为 0.876，在 5% 的水平上显著，表明非江南文化圈核心区金融发展受政府干预的影响更为显著；*Stru* 的系数为 0.363，*Internet* 的系数为 0.275，均在 10% 的水平上显著。综合来看，不论是全样本回归，还是分江南文化圈核心区与非核心区进行分地区回归，*Credit* 的系数都显著为正，进一步表明商业信用对金融发展的促进作用是较为稳健的，但因地区文化环境差异而表现出来的商业信用水平各有高低，使得商业信用的作用大小有所不同，江南文化圈核心区的商业信用水平对金融发展的促进作用普遍高于非江南文化圈核心区的其他地级市。

表6-20 江南文化圈分地区回归结果

	江南文化圈核心区	非江南文化圈核心区	全样本
	Financial	*Financial*	*Financial*
Credit	0.034 ***	0.012 *	0.022 ***
	(5.21)	(1.82)	(4.29)
Govern	0.455	0.876 **	0.830 **
	(0.62)	(2.26)	(2.34)
Stru	0.314	0.363 *	0.379 **
	(1.03)	(2.01)	(2.31)
Citi	0.671	0.915	0.833
	(0.30)	(0.57)	(0.60)
Forin	−2.049	1.464	0.560
	(−0.65)	(0.75)	(0.34)
Staff	0.105 **	0.103	0.111 **
	(3.11)	(1.05)	(2.07)
Internet	0.281	0.275 *	0.268 **
	(1.73)	(1.95)	(2.40)
Constant	−0.940	0.081	−0.486
	(−0.70)	(0.12)	(−0.74)
R^2	0.687	0.494	0.528
样本量	110	300	410
城市效应	是	是	是
年份效应	是	是	是

注：*** $p<0.01$，** $p<0.05$，* $p<0.1$；括号内为城市层面的聚类稳健标准误的 t 统计量。

6.5 依托江南文化助力长三角金融产业发展

本章主要探讨了文化与金融发展之间的互动关系，梳理了历史上江南地区以及长三角地区的金融发展历程，并基于商业信用这一文化元素，实证分析了江南文化对长三角地区金融发展的影响，得出的主要结论如下：

第一，文化与金融发展存在双向互动作用关系。文化在长期发展中逐渐产生非正式制度约束，从而影响一个国家或地区的主流价值。文化也会影响正式制度安排，文化作为一种非正式制度安排，逐渐成为一个国家或地区的价值基调，影响着正式的法律制度与金融监管制度的制定与执行。同时，文化也影响着资源的分配方式和分配效率。另外，金融发展便利了价值运动，支撑着物质产品的生产及其所表现的文化，同时在金融化的过程中，催生了一系列适应于金融发展阶段的正式制度安排。随着金融发展的深化，金融正深刻改变着作为文化载体的人们的内在价值观念。

第二，商业信用影响地区金融发展水平。地区的商业信用水平越高，金融发展的水平也就越高。通过实证研究发现，不论是整个长三角地区，还是江南文化圈核心区与非核心区，商业信用对于地区金融发展都具有显著的正向促进作用。在商业信用水平较高的江南文化圈核心区，商业信用对金融发展的促进作用更大，地区的金融发展水平也普遍更高。

本章的政策启示主要体现在以下三个方面：第一，长三角地区具有经济、金融、文化等方面的先发优势，历史悠久，积累雄厚。政府应充分培育江南文化崇实、重商、开放、多元的文化基因，打造独特的江南文化品牌，厚植为长三角地区的文化价值基调。第二，充分重视文化的非正式制度约束作用，以商业信用为抓手，助力市场这只"看不见的手"，严格征信系统建设、企业信用管理、政府信用监管、重点领域诚信建设等，改善区域营商环境，从而推动长三角地区金融向更高水平发展。第三，尽管如今的长三角地区与昔日的江南已有不小的变化，但江南地区仍是长三角城市群的核心地理空间，江南文化亦是长三角地区的主要文化资源。江南地区特有的人文地理和文化传统，不仅在历史上造就了古代江南的繁荣与辉煌，还将在更深层次上影响着长三角区域一体化进程。政府应加大对江南文化资源的发掘，在保护传统文化的同时，也需充分利用好文化资源优势，推动特有文化资源与金融产业融合发展，提升江南文化与金融发展的匹配度，共同助力长三角一体化。

参考文献

［1］Butler, J., Paola, G., Guiso, L., "The Right Amount of Trust", NBER Working Paper 15344, 2009.

［2］Dimaggio, P. J., "Culture and Cognition", *Metaphilosophy*, Volume 23（1）, 1997.

［3］Foster, J. B., "The Financialization of Capitalism", *Monthly Review: An Independent Socialist Magazine*, Volume 58（11）, 2007.

［4］Ghoul, S. E., Guedhami, O., Ni, Y., et al., "Does Religion Matter to Equity Pricing", *Social Science Electronic Publishing*.

［5］Grassa, R., "Shariah Supervisory Systems in Islamic Finance Institutions Across the OIC Member Countries: An Investigation of Regulatory Frameworks", *Journal of Financial Regulation and Compliance*, 1992.

［6］Guiso, L., Zingales, S. L., "Does Culture Affect Economic Outcomes?", *Journal of Economic Perspectives*, Volume 20（2）, 2006.

［7］Guiso, L., "A Trust-driven Financial Crisis, Implications for the Future of Financial Markets", EIEF Working Paper, 2010.

［8］Kanatas, G., Stefanadis, C., "Culture, Financial Development, and Economic Growth", *SSRN Electronic Journal*, 2005.

［9］MacKenzie, Donald, Millo, et al., "Constructing a Market, Performing Theory: The Historical Sociology of a Financial Derivatives Exchange", *American Journal of Sociology*, 2003.

［10］North, Douglass, C., "Institutions, Institutional Change and Economic Performance: The Path of Institutional Change", Volume 10（11）, 1990.

［11］Renneboog, L., Spaenjers, C., "Religion, Economic Attitudes, and Household Finance", *Social Science Electronic Publishing*, Volume 64（1）, 2012.

［12］Shapiro, C., "Premiums for High Quality Products as Returns to

Reputations", *Quarterly Journal of Economics*, Volume 98（4），1983.

［13］Steinmetz, G., "State/Culture：State-Formation after the Cultural Turn", *Cornell University Press*, 1999.

［14］Stulz, R. M., Williamson, R., "Culture, Openness, and Finance", *Journal of Financial Economics*, Volume 70, 2003.

［15］Throsby, D., "Economics and Culture", *Cambridge Books*, 2001.

［16］Williamson, Oliver, E., "The New Institutional Economics：Taking Stock, Looking Ahead", *Journal of Economic Literature*, 2000.

［17］崔巍：《信任、市场参与和投资收益的关系研究》，《世界经济》2013 年第 9 期。

［18］高波、张志鹏：《文化资本：经济增长源泉的一种解释》，《南京大学学报（哲学·人文科学·社会科学版）》2004 年第 5 期。

［19］何蓉：《佛教寺院经济及其影响初探》，《社会学研究》2007 年第 4 期。

［20］洪葭管、张继凤：《近代上海金融市场》，上海人民出版社 1989年版。

［21］洪葭管：《中国金融史十六讲》，上海人民出版社 2009 年版。

［22］胡燕龙主编：《新中国金融史》，云南大学出版社 1993 年版。

［23］花建：《长三角文化产业高质量一体化发展：战略使命、优势资源、实施重点》，《上海财经大学学报》2020 年第 4 期。

［24］计小青、赵景艳、刘得民：《社会信任如何促进了经济增长？——基于 CGSS 数据的实证研究》，《首都经济贸易大学学报》2020 年第 5 期。

［25］李伯重：《多视角看江南经济史（1250—1850)》，生活·读书·新知三联书店 2003 年版。

［26］刘志英：《近代上海华商证券市场研究》，学林出版社 2004年版。

［27］郑乐平编译：《经济·社会·宗教——马克斯·韦伯文选》，上海社会科学院出版社 1997 年版。

［28］马学强：《近代上海成长中的"江南因素"》，《史林》2003 年

第 3 期。

[29] 潘庆中：《近代上海金融危机的经济学分析（1870—1937 年）》，《中国经济史研究》2017 年第 4 期。

[30] 瞿强、王磊：《由金融危机反思货币信用理论》，《金融研究》2012 年第 12 期。

[31]（宋）沈括著，胡道静校注：《梦溪笔谈校证》（全二册），中华书局 1960 年版。

[32] 沈昕、李庆、张梦奇：《江南文化助推长三角一体化发展研究》，《江淮论坛》2021 年第 2 期。

[33] 孙英杰、林春：《中国普惠金融发展的影响因素及其收敛性——基于中国省级面板数据检验》，《广东财经大学学报》2018 年第 2 期。

[34] 吴景平：《中国近代金融史研究对象刍议》，《近代史研究》2019 年第 5 期。

[35] 姚遂主编：《中国金融史》，高等教育出版社 2007 年版。

[36] 叶坦：《富国富民论——立足于宋代的考察》，北京出版社 1991 年版。

[37] 曾康霖、罗晶：《论中国金融体系模式——三为中国金融立论》，《征信》2021 年第 1 期。

[38] 张以哲：《生活世界金融化的深层逻辑：从经济领域到人的精神世界》，《湖北社会科学》2016 年第 5 期。

[39] 赵向阳、李海、孙川：《中国区域文化地图："大一统"抑或"多元化"?》，《管理世界》2015 年第 2 期。

[40] 中国通商银行编：《五十年来之中国经济》，京华书局 1967 年版。

[41] 朱庆葆：《江南文化的三个核心内涵》，《文汇报》2019 年 4 月 9 日。

[42] 朱荫贵：《近代上海证券市场上股票买卖的三次高潮》，《中国经济史研究》1998 年第 3 期。

7

实践：江南文化与长三角特色小镇的建设

7.1 长三角特色小镇的发展历史脉络

7.1.1 长三角特色小镇的发展历史

7.1.1.1 特色小镇的由来

特色小镇的灵感最先起源于国外，如美国的布兰森音乐小镇、法国的格拉斯小镇、英国的格林威治小镇等。它们都极具产业形态，以其独特的魅力在众多精彩纷呈的项目中占据一席之地，带来了可观的经济收益及社会影响，吸引着世界各地慕名而来的游客。而中国特色小镇也正是借鉴了这一思路，改变了人们对小镇在传统观念上的认识。

在中国，小镇最早特指驻兵镇守的州郡中之较小者，《南齐书·柳世隆传》中提到："东下之师，久承声闻。郢州小镇，自守而已"，后来小镇又衍生为县以下人口较集中而有商业活动的居民点。"特色"与小城镇研究挂钩始于20世纪80年代初。1983年，费孝通先生经过对吴江的调查，形成著名的《小城镇，大问题》报告。《瞭望》周刊1984年以"各具特色的吴江小城镇"为题摘要刊发。20世纪90年代中叶学术界开始关注小城镇特色，探讨小城镇地方特色、文化特色、民族特色、古镇特色、产业特色、空间特色等。第一次使用"特色小镇"一词的是1996年中共昆山市委、市政府发表的《加快新型城镇建设 促进经济社会发展》一文，文中提及："近年来，我们坚持因地制宜、分类指导、确定特色、各展所长的发展要求，从各镇实际出发，积极探索小城镇建设上规模、上档次、健康发展的有效途径，逐步形成了一批功能独特、风格各异的特色小镇。"从政府工作实践来看，采用特"色小城镇""特色镇""特色小镇"等名词，含义都是"有特色的小城镇"的简称。

当前的特色小镇，兴起于浙江，壮大于长三角，以星火燎原之势在全国蔓延开来，逐渐成为我国产业转型升级的重要抓手。2014年10月，时任浙江省省长在参观完云栖小镇的梦想大道后感慨："让杭州多一个美丽的特色小镇，天上多飘几朵创新'彩云'。"这是他首次提出"特色小镇"的概念，并在此之后也多次力推特色小镇，将特色小镇与驱动新经济的七大产业发展相提并论，将特色小镇定位为浙江产业创新的重要载体之一。浙江省人民政府于 2015 年 4 月发布的《浙江省人民政府关于加快特色小镇规划建设的指导意见》首次界定了特色小镇的概念内涵，即：特色小镇是相对独立于市区，具有明确产业定位、文化内涵、旅游和一定社区功能的发展空间平台，区别于行政区划单元和产业园区。

在国家层面，2016 年 7 月，中华人民共和国住房和城乡建设部等三部委联合发布《住房城乡建设部、国家发改委、财政部关于开展特色小镇培育工作的通知》（以下简称《通知》），明确提出培育目标——到 2020 年，在全国范围内培育 1000 个左右特色小镇，但《通知》中并未定义特色小镇的概念。此后，住房和城乡建设部分别于 2016 年 10 月和 2017 年 7 月先后公布两批共 403 个国家级特色小镇，各省、自治区、直辖市也陆续创建了省级特色小镇。

7.1.1.2　特色小镇的发展阶段

改革开放以来，我国特色小镇经历了三个发展阶段：第一阶段即探索阶段，2014 年浙江省省长首提"特色小镇"；第二阶段为成型阶段，习近平总书记在《浙江特色小镇调研报告》上作重要批示；第三阶段为全面推广阶段，这个阶段特点为国家发布引导政策，随后地方政策密集出台，全国各地特色小镇建设如火如荼。

表 7-1　中国特色小镇发展历程

发展阶段	重要事件
探索阶段	2014 年 10 月，时任浙江省省长首次提出"特色小镇"
	2014 年 11 月，召开乌镇互联网大会
	2015 年 1 月，浙江省两会提出"特色小镇"概念，并作为重点工作
	2015 年 4 月，浙江省出台《浙江省人民政府关于加快特色小镇规划建设的指导意见》，提出 3 年重点培育和规划建设 100 个左右的特色小镇

续表

发展阶段	重要事件
成型阶段	2015 年 6 月，浙江省公布了第一批 37 个特色小镇创建名单
	2015 年 12 月，习近平总书记在中央经济工作会议上讲述特色小镇，其中梦想小镇、云栖小镇等被提及
	2015 年 12 月，习近平总书记批示《浙江特色小镇调研报告》
	2016 年 1 月，浙江省公布了第二批 42 个特色小镇创建名单
全面推广阶段	2016 年 5 月，国家发改委称"今年将引导扶持发展近 1000 个特色小镇"
	2016 年 10 月，住建部公布了全国第一批 127 个特色小镇名单
	2016 年 10 月，国家发改委发布《关于加快美丽特色小（城）镇建设的指导意见》
	2017 年 1 月，国家发改委、国开行指出要充分发挥开发性金融在特色小镇建设中的作用
	2017 年 7 月，住建部公布了全国第二批 276 个特色小镇名单
	2017 年 8 月，国家体育总局公布了首批 96 个体育特色小镇试点名单
	2017 年 12 月，四部委联合印发《关于规范推进特色小镇和特色小城镇建设的若干意见》

资料来源：作者整理。

7.1.2　长三角特色小镇的类型

7.1.2.1　长三角特色小镇类型划分

特色小镇主推的核心特色分类繁多，随着中国特色小镇建设不断推进，新的类型也不断涌现，长三角特色小镇的类型大概可以分为八种，见表 7-2。

表 7-2　长三角特色小镇类型

类型	特点	建设原则	代表
历史文化型	具有清晰的历史脉络，特色鲜明的文化内涵	尊重并延续历史传统	龙泉青瓷小镇、湖州丝绸小镇

类型	特点	建设原则	代表
城郊休闲型	小镇与城区相距较近，基础设施水平差距不大	依托城市群体的需求，以休闲度假为主	临安安颐养小镇、丽水长寿小镇
新兴产业型	区域经济发展水平较高，具备新兴产业基础	以科技及互联网等新兴产业为主，发挥集群效应	西湖云栖小镇、余杭梦想小镇、秀洲智慧物流小镇
交通区位型	小镇位于交通枢纽区	联动周边地区资源，实现资源合理有效利用	萧山空港小镇
资源禀赋型	具有突出的资源禀赋优势、市场前景较好	充分挖掘资源优势，培育特色产业	定海远洋渔业特色小镇、仙居杨梅小镇
高端制造型	小镇产业具有高、精、尖的特点	积极引入高素质人才，突出"智造"	宁海智能汽车小镇、路桥沃尔沃小镇、新昌智能装备小镇
金融创新型	区域经济发展迅速核心区，具有广阔的市场和投融资空间	以科技金融为小镇的助力支撑	乌镇互联网小镇、富阳硅谷小镇
时尚创意型	小镇产业具有时尚、潮流的特点	以文化为深度、时尚为广度，实现产业的融合	余杭艺尚小镇、兰亭书法文化创意小镇

资料来源：作者整理。

7.1.2.2 长三角特色小镇类型介绍及典型案例

（1）历史文化型特色小镇

历史文化型特色小镇根植于地方厚重的社会历史和经典文化背景，依托民俗文化、民族文化、历史遗产等类型资源，如历史名镇、遗址遗迹、技艺传承等，深入挖掘文化内涵，并融入新型文化旅游业态，以此打造旅游目的地。

此类特色小镇注重对历史文化遗产的传承与保护，并在保护中搞开发，发展文化产业，以此将小镇的经典文化传播出去，并且形成一种良性循环，吸引更多的人来认识和了解当地的特色文化。打造历史文化型特色小镇，首先需要的是小镇的历史脉络清晰可循；其次需要的是小镇文化内涵重点突出、特色鲜明；最后是小镇的规划建设需延续历史脉络，尊重历史与传统。

典型案例：龙泉青瓷小镇

龙泉青瓷始于三国两晋，盛于宋元，距今已有1600多年历史。龙泉市上垟镇距龙泉市区40公里，自古商贸繁荣，民间制瓷盛行，素有"青瓷之都"的美誉，是龙泉青瓷历史的继承者，是当代龙泉青瓷的发祥地，更是龙泉青瓷重新振兴、走向世界的基地。一千多年来，龙泉青瓷历经兴盛冷落、几起几伏。1465年，明朝实行了海禁，"片板不许下海"，自此龙泉窑开始日薄西山。到20世纪初，龙泉的青瓷窑火几乎完全熄灭，大窑群到20世纪二三十年代，干脆成了一片荒丘，只留下遍地碎片。1957年开始恢复青瓷生产，经过50多年的努力，龙泉青瓷再度声名鹊起，重铸昔日辉煌。

从2011年开始，龙泉市立足上垟在龙泉青瓷发展史上的独特地位、良好的产业文化基础和老工业基地的旅游资源，启动建设中国青瓷小镇建设项目。2012年，被中国工艺美术协会授予"中国青瓷小镇"荣誉称号。2014年，成功创建4A级旅游景区，成为振兴历史经典文化产业的一个示范样本。2015年，龙泉青瓷小镇被列入浙江省首批37个特色小镇创建名单，传统产业遇到了新机遇。2015年年底，龙泉市政府与上海道铭公司成功签订了中国青瓷小镇开发项目合作协议。根据协议，上海道铭公司投资约30亿元人民币，以5年为建设周期，全力打造中国青瓷小镇。

项目以青瓷文化为品牌，以休闲养生为核心，以龙泉青瓷非遗传承基地为平台，打造集文化传承、文博展示、学习交流、创作教学、收藏鉴赏、旅游观光等功能于一体的瓷文化旅游观光小镇，延续技艺传承和生产组织传统方式的家庭小作坊，打造具有国际影响力的中国青瓷小镇。项目通过外在物质环境的保护与街巷功能的再生和重构，发展传统手工艺，恢复原有青瓷作坊、水碓，积极开展传统商业活动，将特色小镇的风貌特征、传统文脉、文化内涵嫁接到新时期的城镇社会经济基础上，以"青瓷文化"为主题，将青瓷一条街和源底古村、木岱口村进行有机融合，从而使其获得新的发展动力，使上垟成为青瓷产业的集聚区、龙泉青瓷文化的体验区和休闲旅游的度假区。

（2）城郊休闲型特色小镇

打造城郊休闲型特色小镇，首先要满足的条件是特色小镇与城市的距离较近，位于都市旅游圈内，且距离市中心车程最好在1.5—2.5小时；其次是特色小镇要根据城市人群的需求来进行极具针对性的开发，以生态观光和康体休闲内容为主；最后是特色小镇的投资主体应重视基础设施的投入，尽量缩小与城市基础设施的差距。

典型案例：临安颐养小镇

临安颐养小镇位于杭州市临安区锦南新城范围内，东起杭州医学院，西至卦畈路，南邻G56高速，北达福兴街。这里是中华养生鼻祖——彭祖的隐居地，相传活了800余岁的彭祖在这里研究养生长寿之道。该小镇规划面积3.5平方公里，总投资为70亿元。依托当地较好的大健康产业基础，利用天然山体及水网资源，打造具有健康管理、休闲康复、养生养老等功能的3A级景区。以大健康理念为核心，坚持绿色发展、特色发展，以提供大众健康供给侧需求为出发点，重点突出以健康管理、康复护理、健身康体、养生养老等"治未病"为特色的健康服务业；以人才集聚和科研创新为支撑，逐步形成"医养结合、以医助养、以研促医"的"医、养、研、产"四位一体发展模式，促进产业转型升级和产城融合发展。

（3）新兴产业型特色小镇

新兴产业型特色小镇是以创新性企业为主体，以营造创新创业生态圈为重点，引导信息、技术、资本、人才等要素高度集聚的创新活力空间。新兴产业型特色小镇的产业定位主要聚焦未来发展的核心产业，通常以某个大企业集团或某些具有相似经营性质的企业为龙头，孕育出优良的创新创业平台，吸引各类要素在短时间内产生强大的集聚效应，进而形成独具特色的新兴产业型小镇。该类小镇以创新创业为个性，聚集高科技企业、创业型企业和创新性企业，引领小镇产业结构走向更加高端化。打造新兴产业型小镇，一是小镇位于经济发展程度较高的区域；二是小镇以科技智能等新兴产业为主，科技和互联网产业尤为突出；三是小镇有一定的新兴产业基础的积累，产业园区集聚效应突出。

典型案例：西湖云栖小镇

　　西湖云栖小镇是浙江省特色小镇的发源地，是城市大脑的发源地，也是浙江重点数字经济产业平台之一。小镇位于杭州西湖区，地处杭州之江国家旅游度假区核心区块，六山环绕、碧水中流，核心区面积3.5平方公里。小镇的前身是2002年成立的传统工业园区，2011年10月，杭州云计算产业园在转塘科技经济园区隆重开园，成为全省首个云计算产业园区，奠定了云计算大数据的产业发展方向。2013年，在原来传统工业园区的基础上，建设了基于云计算、大数据和智能硬件产业的特色小镇。2014年8月14日，时任浙江省省长考察云栖小镇，首次充分肯定了特色小镇的工作设想，作出了要加快"云栖小镇"建设，让杭州多一个美丽的特色小镇，天上多飘几朵创新"彩云"的重要指示，并提出要在全省培育创建100个省级特色小镇。云栖小镇由此成为浙江省特色小镇的发源地。云栖小镇建设探索了一条以产业为先导的从传统工业园区到特色小镇的转型发展之路，是浙江数字经济发展的缩影和高质量发展的代表。

（4）交通区位型特色小镇

交通区位型特色小镇要交通区位条件良好，属于重要的交通枢纽或者中转地区，交通便利；而且小镇产业建设应该能够联动周边城市资源，成为该区域的网络节点，实现资源合理有效的利用。

典型案例：萧山空港小镇

萧山空港小镇在距离萧山主城区 15 公里、杭州主城区 20 公里的地方，已成为萧山发展"互联网+"的高地。依托航空特色，集聚电商物流巨头，抓住跨境电商发展机遇，在国家"一带一路"和"互联网+"背景下，打造萧山产业转型升级的新样本。

小镇规划 3.2 平方公里，地处杭州空港新城核心地带，形成"一心、双轴、四区"总体布局架构，三小时车程能覆盖长三角主要中心城市。依据产业、文化、旅游、社区"四位一体"发展理念，认真践行"信息引领、智慧应用、模式创新、三生融合"四大发展要求，以"产业重镇""主题小镇"为定位。

萧山空港小镇构建的以智慧云、智能链、智通关、智生态为核心的"智慧物流"体系，通过三年左右时间建设，建立起空运、航运、铁路、公路等多式联运智能化物流网络体系，并积极向电子商务、物流装备制造延伸，打造浙江唯一、国内领先、有影响力的空港特色小镇。

（5）资源禀赋型特色小镇

资源禀赋型特色小镇具有突出的资源禀赋优势、市场前景较好。打造资源禀赋型特色小镇，首先要小镇资源优势突出，且处于领先地位；其次是小镇市场前景广阔，发展潜力巨大；最后是对小镇的优势资源深入挖掘，充分体现小镇资源特色。

典型案例：定海远洋渔业特色小镇

舟山渔业历史悠久、渔业文化浓郁，孕育了雄厚的渔业产业基础。在舟山远洋渔业的带动下，水产品加工、海上运输、船舶修造、机电设备、金融服务、石油化工、渔需物资补给等多项产业联动发展。一个集远洋水产品装卸、仓储、交易、加工、物流等综合服务于一体、一、二、三产业联动发展的现代化远洋渔业集聚区已初现雏形。

定海远洋渔业小镇规划面积 3.18 平方公里，建设用地 1894 亩，将围绕"海洋健康制造"主题积极引进战略运营商，重点发展集科研、生产、综合物流于一体的海洋健康食品、新型海洋保健品、远洋生物医药等海洋健康产业，同时深度挖掘远洋航运、远洋生物、远洋风情、远洋捕捞、加工等远洋文化内涵，大力发展主题类海洋文化旅游业，着力打造健康人居社区。

根据远洋渔业小镇的总体功能定位和产业发展导向，结合小镇的基础现状，远洋渔业小镇总体布局为"一核五区"，"一核"指远洋渔都风情湾区，位于远洋小镇的中部，总面积约 43 公顷，集中布置以地标性建筑、大型公共建筑和特色街区等为主的建筑空间类型，营造富有渔港风情气息的小镇空间形态。"五区"指远洋健康产品加工区、健康产品物流区、生活配套区、健康休闲体验区和综合保障区五类功能区。

（6）高端制造型特色小镇

打造高端制造型特色小镇，一是小镇产业要以高精尖为主，并始终遵循产城融合理念；二是注重高级人才资源的引进，为小镇持续发展增加动力；三是突出小镇智能化建设。

典型案例：宁海智能汽车小镇

宁海智能汽车小镇位于宁东新城核心区内，小镇规划面积3.47平方公里，核心区面积1.5平方公里，由新加坡DC国际、美国AECOM等国际一流的团队规划设计，完美体现生产、生活、生态共融，产业、文化、旅游共生理念。小镇临水见山，自然生态优美。通过工业参观廊道、汽车主题公园、科技文化中心、小镇客厅、特色街区以及慢行系统等功能区的打造，处处体现智能、汽车、小镇主题，让人们徜徉在山水之间，体验在智能世界。

宁海智能汽车小镇的功能布局为"二轴、五区、四线"。"二轴"指沿金海路、飞路形成的十字形交通联系轴，自西向东、自南向北串联小镇的五大功能区块。"五区"指小镇的五大功能片区，即生产制造区、生活配套区、智生活体验区、游乐体验展示区、商务管理服务区：行政商务中心。"四线"指四条游览线，以位于小镇门户位置的"智能汽车展示中心兼游客中心"为起点，规划文化商业游、工业体验游、电动车游览、自然风光游四条不同主题的游览线路，将小镇及周边旅游资源充分串联，形成完整的休闲体验旅游体系。

（7）金融创新型特色小镇

金融创新型特色小镇一是小镇经济发展迅速的核心区域具备得天独厚的区位优势、人才优势、资源优势、创新优势、政策优势；二是小镇有一定的财富积累，市场广阔，投融资空间巨大；三是科技金融是此类小镇发展的强大动力和重要支撑。

典型案例：乌镇互联网小镇

乌镇互联网小镇位于桐乡与嘉兴、湖州和江苏省吴江市两省四市的交会处，地理位置优越，环境得天独厚，距离县城13.7公里、市区24.9公里，距上海108.2公里，距杭州61.6公里，距高速入口2.5公里，距高铁站23.3公里，距机场56.5公里，便捷的交通网络真正实现了"一小时经济圈"。而且乌镇历史文化氛围浓厚，是首批中国历史文化名镇、中国十大魅力名镇、全国环境优美乡镇、国家5A级景区，素有"中国最后的枕水人家"之誉，拥有7000多年文明史和1300年建镇史。

乌镇互联网小镇是指按照走集约、智能、绿色、低碳的新型城镇化道路的总体要求，以打造浙江省互联网经济特色小镇为目标，以世界互联网大会永久落户乌镇为契机，充分利用云计算、移动互联网、物联网和大数据等新一代信息技术的"互联网会务会展小镇、互联感知体验小镇、智慧应用示范小镇、互联网产业特色小镇"。

小镇重点项目包括智慧会展综合服务平台、互联网新品首发平台、智慧旅游营销平台等，主要服务于打造互联网会务会展小镇、互联感知体验小镇、智慧应用示范小镇、互联网产业特色小镇等。其中，"互联网+养老"相关的部分重点项目已经开始投入运营，智慧景区建设、乌镇智慧旅游项目、"面向家庭的社区综合宽带应用示范"项目等重点项目也在顺利推进中。

（8）时尚创意型特色小镇

打造时尚创意型特色小镇，一是小镇以时尚产业为主导，并与国际接轨，引领国际时尚潮流；二是小镇应该以文化为深度，以时尚为广度，实现产业的融合发展；三是小镇应该打造一个时尚产业的平台，促进国内与国际的互动交流。

典型案例：余杭艺尚小镇

余杭艺尚小镇位于浙江省杭州市余杭区，小镇总体规划约 3 平方公里，以时尚产业为主导，把推进国际化、体现文化特色与加强互联网应用相结合作为小镇主要定位特色。

小镇规划形成"一心两轴两街"的基本格局，"一心"为小镇的形象之心、交通之心、功能之心，"两轴"为沿望梅快速路及其延伸段形成的山水文化轴和沿迎宾路形成的产城融合轴，"两街"即"中国·艺尚中心"项目形成的时尚艺术步行街和调整后的汀兰路时尚文化步行街。艺尚小镇产业规划由时尚设计发布集聚区、时尚教育培训集聚区、时尚产业拓展集聚区、时尚旅游休闲集聚区、跨境电子商务集聚区和金融商务集聚区六部分组成。

7.1.3 长三角特色小镇的空间分布

7.1.3.1 长三角国家级特色小镇空间分布

2016 年 10 月 14 日，住建部公布了第一批中国特色小镇名单，涉及 32 个省份共 127 个特色小镇，其中长三角地区特色小镇共 23 个，其中上海 3 个、江苏 7 个、浙江 8 个、安徽 5 个。2017 年 7 月 27 日，住建部发布了第二批 276 个特色小镇名单，其中上海 6 个、江苏 15 个、浙江 15 个、安徽 10 个。截至目前，长三角区域共打造 69 个国家级特色小镇，其中上海 9 个、江苏 22 个、浙江 23 个、安徽 15 个。而这 69 个特色小镇几乎在长三角每个城市都有分布。长三角各省市国家级特色小镇的名单如表 7-3 所示。

表 7-3 长三角各省市第一批、第二批国家级特色小镇名单

省市	第一批名单			第二批名单		
	省市	地级市	特色小镇	省市	地级市	特色小镇
上海（9个）	上海（3个）	金山区	枫泾镇	上海（6个）	浦东新区	新场镇
		松江区	车墩镇		闵行区	吴泾镇
		青浦区	朱家角镇		崇明区	东平镇
					嘉定区	安亭镇
					宝山区	罗泾镇
					奉贤区	庄行镇
江苏省（22个）	江苏省（7个）	苏州市	甪直镇	江苏省（15个）	无锡市	新桥镇
			震泽镇			阳山镇
		南京市	桠溪镇			东港镇
		无锡市	丁蜀镇		苏州市	陆家镇
		徐州市	碾庄镇			海虞镇
		盐城市	安丰镇			七都镇
		泰州市	溱潼镇		南通市	栟茶镇
						搬经镇
					泰州市	戴南镇
						黄桥镇
					徐州市	铁富镇
					扬州市	杭集镇
					镇江市	新坝镇
					盐城市	大纵湖镇
					常州市	孟河镇

续表

省市	第一批名单			第二批名单		
	省市	地级市	特色小镇	省市	地级市	特色小镇
浙江省 （23个）	浙江省 （8个）	丽水市	大港头镇	浙江省 （15个）	宁波市	西店镇
			上垟镇			梁弄镇
		杭州市	分水镇			慈城镇
		温州市	柳市镇		杭州市	富春江镇
		嘉兴市	濮院镇			寿昌镇
		湖州市	莫干山镇		金华市	郑宅镇
		绍兴市	大唐镇			佛堂镇
		金华市	横店镇		衢州市	莲花镇
						廿八都镇
					嘉兴市	王店镇
						西塘镇
					台州市	白塔镇
						健跳镇
					湖州市	孝丰镇
					绍兴市	东浦镇
安徽省 （15个）	安徽省 （5个）	铜陵市	大通镇	安徽省 （10个）	六安市	毛坦厂镇
		安庆市	县温泉镇		芜湖市	孙村镇
		黄山市	宏村镇		合肥市	三河镇
		六安市	独山镇		马鞍山市	黄池镇
		宣城市	白地镇		安庆市	石牌镇
					滁州市	汊河镇
					铜陵市	钟鸣镇
					阜阳市	光武镇
					宣城市	港口镇
					黄山市	齐云山镇

资料来源：作者整理。

通过对长三角各地区国家级特色小镇的空间布局进行分析，可以发现主要呈现以下两种特征：

特色小镇市域空间分布差异显著且分布较不均衡。上海特色小镇主要分布在非主城区，江苏省的苏州市、泰州市、无锡市，浙江省的杭州市、嘉兴市、宁波市和金华市都有一定数量的特色小镇；但仍有一些地区如安徽省的宿州市、淮北市等7市，江苏省的连云港市、宿迁市等5市没有特色小镇，这些市主要集中在安徽北部和江苏北部地区；其余各市域则分别有1—2个特色小镇。其中，浙江省各市域都有特色小镇，由于浙江省特色小镇建设发展较早，块状经济集群化发展，打造了一定规模的产业链、区位链，利用"自下而上"的发展，独立于城镇的中心建设，辐射面广、成长性好，特色小镇建设基本覆盖全省各市。而江苏省特色小镇的建设主体仍然以面广量大的乡镇空间单元为主，与江苏省南部相比，江苏省北部很多乡镇的主导产业特色不鲜明，特色产业与城镇建设的结合仍待深入探究。除此之外，安徽省北部属于中原经济区，与承接长三角地区产业转移的中部、南部相比，经济发展水平差距较大，产业结构发展不平衡，虽具有一定的发展潜力，但均未得到很好的开发和宣传。因此，以上原因造成了各市域特色小镇的分布较不均衡的状况。

特色小镇总体呈多中心集聚分布。长三角地区特色小镇总体呈多中心集聚分布，有多个密集区，特别是在浙苏沪交界处形成了高集聚区，围绕江苏省泰州市形成了次集聚区，其余浙江省中部、江苏省北部、安徽省南部、安徽省西部也有一定的集聚规模。集聚区域主要是经济社会条件较好的区域，特别是浙苏沪交界处，改革开放时期乡镇企业的兴起，带动了该地区乡镇经济的繁荣，推动了产业链的发展，并且该区域交通便利，方便承接以上海市为中心的都市圈产业转移，形成了一定规模的国家级特色小镇。

7.1.3.2　长三角省级特色小镇空间分布

（1）浙江省特色小镇的空间分布

浙江省分别于2015年、2016年1月、2017年7月、2018年9月、2019年9月公布五批特色小镇名单，其中有22个省级命名小镇、110个省级创建小镇、62个省级培育小镇，省级特色小镇总数达到194个。从图

7-1 可以看出，特色小镇的空间分布表现出明显的不均衡状态，北部分布较其他地区更为密集，且东北部集聚程度尤为显著。从市域角度来看，特色小镇分布的核心区域主要以杭州、湖州、嘉兴、宁波以及绍兴五大城市为主。相对而言，浙江西部核心区域特色小镇的数量和密集程度都明显低于东部，主要集中在金华和丽水两个城市。

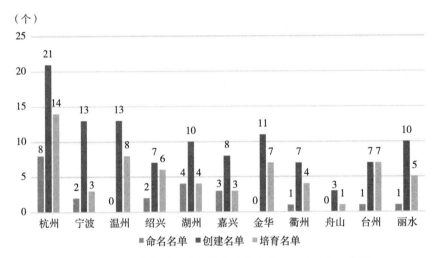

图 7-1 浙江省各地区省级特色小镇命名、创建和培育数量

资料来源：浙江特色小镇官网。

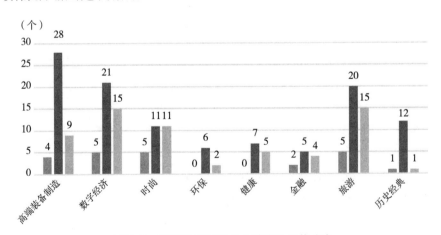

图 7-2 浙江省省级特色小镇产业总体分布

资料来源：浙江特色小镇官网。

浙江特色小镇涉及高端装备制造、数字经济、时尚、环保、健康、金融、旅游、历史经典领域，其中，高端装备制造、数字经济、时尚、旅游领域特色小镇较多。

在不同类型特色小镇空间分布中，健康特色小镇虽然在浙江省分布跨度较大，但主要是以两大核心区组成；而时尚特色小镇分布较为局限，主要在杭州、湖州和嘉兴形成核心区域；高端装备制造特色小镇主要分布在以嘉兴和宁波为核心的区域以及台州市；金融特色小镇主要分布在杭州和宁波两大核心区域；旅游特色小镇主要集中在以金华和丽水、嘉兴区域；文化特色小镇大部分集中在湖州和丽水市；而新兴信息特色小镇主要集聚在杭州市。

（2）江苏省特色小镇的空间分布

截至目前，江苏省共有省级特色小镇80个，涉及高端制造、新一代信息技术、创意产业、健康养老、现代农业、历史经典和旅游风情等领域。其中，江苏省的高端制造小镇数量最多（27个），占总体的30%，该类小镇以体现国家科技竞争力的核心部件、材料为产品，集成多学科技术成果，一般是价值链和产业链的尖端和关键部位，具有知识技术密集、投入和附加值高、产业关联带动性强等特点。江苏省的旅游风情类特色小镇有21个，占总体的23.3%，该类小镇主要依托江苏省优美的江南风光而发展起来的。

表7-4　江苏省各地区不同类型省级特色小镇的分布情况

单位：个

城市	高端制造	新一代信息技术	创意创业	健康养老	现代农业	历史经典	旅游风情
徐州	3	1	1	0	0	0	3
宿迁	1	1	1	0	0	0	0
连云港	1	1	0	1	0	0	1
淮安	2	0	0	0	1	1	1
盐城	2	2	0	0	0	0	2
扬州	2	0	1	0	0	0	1
泰州	2	0	0	1	0	1	1

续表

城市	高端制造	新一代信息技术	创意创业	健康养老	现代农业	历史经典	旅游风情
南京	0	2	2	1	0	3	1
南通	2	0	1	1	1	0	1
镇江	3	1	1	1	1	0	0
常州	7	0	1	0	0	0	1
无锡	2	2	2	0	0	0	4
苏州	0	0	5	1	0	2	5

资料来源：江苏省特色小镇官网。

江苏省省级特色小镇空间布局呈南密北疏的态势，苏南 5 市拥有量过半，苏南、苏中和苏北地市间布局数量差异较大。苏南的苏州（13 个）、常州（9 个）、无锡（10 个）等地数量较多，苏中的南通（6 个）、泰州（5 个）、扬州（4 个）数量居中，苏北的连云港（4 个）、淮安（5 个）、宿迁（3 个）等地数量较少。

从不同类型省级特色小镇的空间分布可以看出，高端制造特色小镇主要集中分布在常州和镇江等地；新一代信息技术特色小镇零星分布在全省各地，并未呈现集聚状态；创意创业特色小镇集中分布在苏南地区；健康养老类特色小镇主要分布在江苏省的中部地区；现代农业类特色小镇数量较少，分布在淮安、南通和镇江三地；历史经典类特色小镇主要分布在南京和苏州，主要在于两地深厚的历史文化底蕴；旅游风情类特色小镇主要分布在苏南的无锡和浙江，其他地区也有零星分布。

（3）安徽省特色小镇的空间分布

安徽省规范有序稳妥开展特色小镇建设，目前公布了三批特色小镇名单，省级特色小镇共计 74 个，覆盖了全省 16 个地级市。具体来看，黄山市省级特色小镇最多共计 10 个，安庆市、芜湖市各 8 个，宣城市 7 个，合肥市、六安市省级特色小镇分别为 5 个。

从空间分布来看，安徽分为皖北、皖中、皖西和皖南，各地区特色小镇数量分别为 19 个、9 个、13 个、33 个。皖南特色小镇数量最多，占安徽省特色小镇数量的 44.6%。总体来看，安徽省的特色小镇分布呈现"南密北

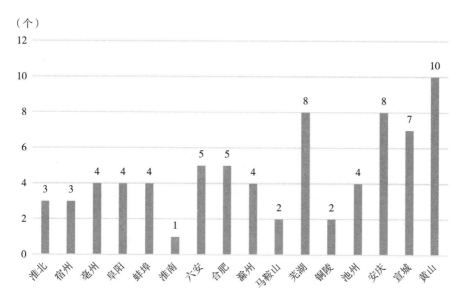

图7-3　安徽省各地区省级特色小镇数量

资料来源：安徽特色小镇官网。

疏，西密东疏"的空间特征，并形成以芜湖、安庆和黄山为中心的高密度核心区，这与安徽省旅游资源禀赋和社会经济发展水平存在一定的相关性。

7.1.4　长三角特色小镇的功能定位

特色小镇是在新型城镇化的背景下提出来的，为了适应新型城镇化发展的新特点和发展要求，特色小镇建设必须结合自身资源禀赋，进行准确功能定位，才能更好地挖掘自身特色，走出一条与众不同的发展道路。特色小镇与传统意义上的小镇无论在内涵还是外延上都不相同，是具有一定文化内涵、产业定位、社区功能、生活设施和旅游资源等的综合平台和社区。

（1）长三角特色小镇的城市疏解功能

当前，中国区域发展不平衡，资源过度集中，产业、资金、技术、人才高度集中在大城市，影响了经济均衡发展，而特色小镇既能疏解大城市的部分功能，也能构成城市周边的综合承载力，从而统筹城乡，缩小城乡差距，成为提高有效供给和扩大内需的新动力。特色小镇作为城市与农村的连接，或者叫中间地带，可以有效疏解核心城市的非核心功能和产业转移，成为与大城市联系紧密、基础设施完善、承接多余人口转移的"卫星城"，缓解大城市压力。特色小镇的建设，对产业转型升级、改善人居环境、提升城镇化质量都有好处。

（2）长三角特色小镇的文化纽带功能

相对于等级制、锥形式的传统意义上的行政区域或小镇，特色小镇应该是一种多个、多层、多界行为主体联结而成的创业创新共同体，在结构上呈现出多层架构、网状联结、功能融合、优势互补的特征。这些新特征意味着特色小镇必须形成与传统意义上的行政区域或小镇、乡村不同的精神联结纽带、不同的凝聚方式。特色小镇的文化凝聚力，体现在功能再聚焦、人才再集聚、体制再创新。长三角特色小镇有着相似的文化内涵，可以有效发挥其文化纽带作用，促进"城—镇—村"的协同发展，提高长三角城市群整体发展质量，实现城乡融合发展和世界级城市群建设目标。

（3）长三角特色小镇的要素集聚功能

特色小镇在长三角城市群发展中具有连接城乡的纽带作用，其核心特征是创新与融合，能够在几平方公里土地上集聚特色要素，是实现产、城、人、文融合发展的空间载体，可以带动沪、苏、浙、皖"三省一市"广袤城乡地区融合发展，形成区域经济发展新引擎。同时，长三角特色小镇基于其独特的文化资源，可以参与全球化生产体系，集聚特色要素，推动经济转型升级，为长三角地区增添创新创业发展平台，提升区域整体发展水平。

7.2　长三角特色小镇的江南文化元素和基因

7.2.1　江南文化是长三角特色小镇共同的精神纽带

"江南"的含义在古代文献中是变化多样的，在文化、地理、气候等领域的不同情况下，江南的范围、概念和定义各不相同。它常是一个与"江淮""中原"等其他区域概念相并立的词，一直是个不断变化、富有伸缩性的地域概念，但始终代表着美丽富饶的水乡景象；至今也是自然条件优越，物产资源丰富，商品生产发达，工业物链齐全，是中国综合实力最强的发达地区。从历史上看，江南既是一个自然地理区域，也是一个社会政治区域。按照学界的共识，狭义的"江南"区域概念，侧重自然地理及其经济上的"一体化"，主要以今天的苏南、浙北为中心，指的是明清时期的苏州、松江、常州、镇江、应天（今南京）、杭州、嘉兴、湖州八府及从苏州府辖区划出的太仓州，位置皆处太湖流域。然而，历史上南宋之后的"江南"就已经不再是纯粹的自然地理概念，而成为一个宽泛的文化命名：凡与狭义的"江南"区域相接相邻并受其文化濡染与同化的地区，皆可归属于"江南"。所以，人们也常常把安徽东南部、江西东北部等视为"江南"的组成部分。清代初期所设置的江南省，辖区就相当于今天的沪、苏、皖三省市，后来的两江总督，管理的范围就包括上江（辖安徽和江苏的部分地区）、下江（辖今天的江苏大部分和上海）和江西。

作为一个经济地理学名词，当下人们所说的"长江三角洲"其实是一个近代才出现的概念。近代以前，这个概念所指代的地区往往统称作"江南"。而且，与"长江三角洲"侧重经济维度的意味有别，"江南"具有更丰富的人文内涵和更深厚的历史积淀。关于长三角城市群的规划有过几次大的变化，其具体表现就是从 1992—2008 年以江浙沪 16 城市为主体形态到 2008 年长三角地区 2 省 1 市 25 城市版，再到 2016 年，才最终定位为包括了上海、江苏、安徽、浙江 3 省 1 市 26 个城市在内的长三角城市群。这一变化基本上可以概括为从侧重自然地理意义上的小"江南"扩展到文化意义上的中"江南"。因为有江南文化作为共同的纽带，长三角城市群作为一个在经济上、文化上结合紧密的区域共同体可以说是由来已久，虽然区域内文化也存在一定的差异性，但该地区城市群在受商业文明的濡染、熏陶上，在对商业文明价值观的普遍认同和追求上，却是源远流长。长三角地区可以借力于这种得天独厚的江南文化认同，促进长三角城市群一体化高质量发展。

以吴越文化为底蕴的江南文化精神是以浙北、苏南以及上海为核心区域的长三角地区人民通过千年以来的积淀、融合、凝固而孕育形成的区域文化精神，是中华民族精神的重要组成部分，突出表现为"崇文好学、诚信合作、贵和谦让、精进务实、开放灵活"。江南地区得天独厚的地理环境和悠远的人文历史不仅影响了江南人民的内在气质、思维方式、性格特征，而且铸造了优秀的江南文化精神，江南文化精神是世代江南人的灵魂和血脉，是江南地区生息和发展的根本。文化精神是一种潜在的鼓舞和推动力量，对长三角的发展和演进有着极大的影响。提炼江南文化精神，实质就是从长三角的历史文化传统与时代发展要求的结合中发掘与寻求新的精神力量。从划分文化区域的标准看，因为在生产与生活方式、风俗习惯、价值观念、道德、审美等方面有更多的相同点，具有区别于其他地区的共同文化特质，当下的长三角特色小镇基本属于江南文化区域。这个地区的城市之间不仅自古以来经济联系紧密，更重要的是相互之间在文化上的认同感很强，具有共同的江南文化的属性与特征。

7.2.2 江南文化元素呈现在特色小镇的设计中

特色小镇在策划和规划以及建设过程中，之所以能区别于其他特色小镇，最核心或者真正的灵魂应该是文化。要让小镇真正具有灵魂，必须提炼真正体现小镇独特风貌和特点的文化元素，打造富有文化气质的特色小镇。特别是要真正从小镇本地的历史出发，挖掘小镇的文化内涵，以文化作为特色小镇的灵魂。例如上海青浦区朱家角镇、金山区枫泾古镇、闵行区吴泾镇和浦东新区新场镇等，无论是人文景观还是建筑特色都极具江南文化特色，是比较典型的江南水乡古镇，也是上海着力建设的特色小镇。它们保留着历史的文化遗产，江南文化元素在这些小镇中得到了完美的再现，是江南水乡古镇风貌的完整性、真实性的体现与继承。朱家角是一个历史源远流长且文化底蕴深厚的江南水乡古镇，是上海四大历史文化名镇之一。镇内小桥流水，古意盎然，展现出江南水乡的缩影，漕港河将朱家角分成两半，北岸井亭港，南岸北大街，两岸遍布蜿蜒曲折的小巷，花岗岩石的街面，青砖黛瓦的明清建筑及众多的历史遗迹。镇内"回"字形楼身、粉墙黛瓦、飞檐翘角的阿婆茶楼，是一座典型的明清建筑，其地处"黄金水道"漕港河和西井巷汇集之处，三面环水，是一家久负盛名的百年老茶馆。建于 1086 年的周庄，位于泸苏杭之间，四面环水，深宅大院，河道廊坊，过街骑楼，穿竹石栏，临河水阁，一派古朴幽静，是江南典型的小桥流水人家。

若产业是特色小镇的核心，那么文化则是小镇的灵魂。如何在小镇建设中形成特色文化，浙江乌镇的经验值得借鉴。乌镇位于桐乡市，京杭大运河西侧，地处水陆要冲，俗称两省（浙江、江苏）、三府（嘉兴、湖州、苏州）、七县（乌程、归安、崇德、桐乡、秀水、吴江、震泽）交界之地。乌镇拥有 7000 多年文明史和 1300 年建镇史，是典型的中国江南水乡古镇，有"鱼米之乡、丝绸之府"之称。典型江南水乡特征的乌镇，完整地保存着原有晚清和民国时期水乡古镇的风貌和格局。以河成街，街桥相连，依河筑屋，水镇一体，组织起水阁、桥梁、石板巷、茅盾故居等独具江南韵味的建筑因素，体现了中国古典民居"以和为美"的人文思想，以其自然环境和人文环境和谐相处的整体美，呈现江南水乡古镇的空间魅力。在特色小镇建设中，乌镇是赓续传统的，以文化带动旅游，正在形成文化向心力和文化辐射力。乌镇以文化立身、以江南小镇为特色，日渐与国际接轨，从单一产品向古镇旅游、养生旅游、文化旅游相结合的多元体系转变。

7.2.3 江南文化在创新中助推特色小镇的发展

文化是一个地区的灵魂底色和精神基因，承载着一方人的精神品格和理想追求。如今，"江南文化"已经成为长三角地区的共有基因和精神纽带，南京、苏州、无锡、杭州等地都在打造江南文化品牌。江南文化历经几千年经久不衰，从吴越时期"远传统"奠定的文化基调，到宋元以来的"近传统"发挥重要作用结果，江南文化在不断传承，也在不断累积和裂变。从自然特性来看，江南文化是一种灵动的水文化。孔子曰："知者乐水"。江南文化中，灵活善变、机智敏捷是水文化的充分体现。天然的湖光水色、优美的水乡环境，传递出江南人热爱自然、师法天地的本性。同时，江南文化吸纳和继承、创新和发展人与自然和谐相处的生态智慧，为长三角地区的融合转型、发展创新提供了智力和动力。这种通达善变、顺应潮流的特性，有助于扬长避短、把握时机，有助于走出变幻的迷津、跻身时代的前列。

江南文化经过长时间的发展与变迁，在不断吸纳、重组、整合中，逐渐丰富稳定成特色文化体系。江南文化的新时代内涵包括江南文化求实奋进的精神、开放自由的理念和崇尚文教的思想，具有创新传承、刚柔并济等特征。江南文化大致可分为三个发展阶段：方国文化、地域文化与城市文化，分别对应了三个维度，即历史维度、地理维度与城市维度。其中在方国文化维度中，承接吴越文化的传承发展主线；在地域文化维度中，江南区域特征凸显，无论是小桥流水还是吴侬软语都是江南区域文化的主要特征，较之黄河流域文化更加内敛和婉约；在城市文化维度，由于江南文化注重商贸与生活品质，就出现新的动态发展轨迹，突出的要素在于城市的品格以及品牌的属性。从开放的地域走向城市，是一种集聚的表现形式。

如今城市文化已经成为江南文化新的承载体，这种典型的形态是江南文化现代演绎的新形式，也是多元文化合并共融的新阶段。江南文化中的基点是商贸文化，是上海现代化商业迅速发展的文化动力源泉。在上海着力发展商业经济、大力推进25个集聚区建设的同时，江南文化的注入，使原本具有历史江南商业文化积累的上海更具备传承力量，加之西方工业文明的融合，使上海迅速获得通往现代化道路的物质实例和制度保障。从某种程度上来讲，江南文化是上海的人文资源，也是文化创意产业不可或缺的文化要素。区别于海派文化，这是影响上海文化的根源性文化。江南文化提倡的敢于打破传统的创新精神、多勤敬业的勤勉精神、注重技能的务实精神，助力上海一跃成为中国耀眼的城市明星。

作为新时代撬动产业转型升级的关键抓手和推动创业创新的有效平台，特色小镇通过文化创新而发挥的作用显而易见。从各地实践看来，特色小镇文化建设的内涵非常丰富，总体就是以文化为推动和贯穿特色小镇建设发展的主线任务，以文化元素符号的提炼、艺术创意和再生设计为手段，推动文化资源发掘、文化价值培塑、文化传承传播及文化经济发展，对属地的独特自然资源、人文资源、产业资源等实行一体化深度整合，实现生产、生活、生态的有机融合与协调发展。如湖州的丝绸小镇依托源远流长的丝绸文化，开辟了一条"创意为王、文化为核"的特色创建之路。

依托丰厚的文化底蕴、丝绸的产业基础、良好的生态条件以及便利的交通区位等要素，湖州丝绸小镇于 2015 年 6 月被纳入浙江省第一批 37 个省级特色小镇创建名单。丝绸小镇划为四大功能片区，即创意新丝巢文创度假片区、浪漫丝艺园蚕桑丝织技艺片区、丝路夜明珠丝绸创意消费片区和风尚丝绸秀丝绸时尚中心片区。围绕四大功能片区，小镇排出丝绸研发设计中心、桑基鱼塘景观体验区、丝绸之路主题乐园等 25 个重点项目。独特的文化创意，孕育着特色产业的形成，支撑着特色小镇的发展。

7.3　江南文化环境下特色小镇的发展模式

7.3.1　江南文化和特色小镇融合发展的模式

建设特色城镇是中国特色城镇化的战略性选择，可以帮助发展时受到资源制约的大城市实现功能转移，并推动城乡共同发展。经过对众多案例的分析，特色小镇的发展模式和路径选择，主要可以分为基于特色资源和特色产业两大类型的小镇发展模式。

7.3.1.1　基于特色资源的小镇发展模式

此种发展模式下的特色小镇，围绕其特有的生态资源或历史文化资源做文章，通过发展生态休闲、旅游、文化创意等领域，满足日益增长的生态和文化需求，将资源优势转变为发展优势。

（1）依托自然资源的小镇发展模式

以自然资源为主要发展优势的特色小镇建设，并不将自身发展局限于对自然资源的依赖，而是向产业链上下游延伸，并向高端领域衍生发展。自然资源包括生物资源、农业资源、森林资源、国土资源、矿产资源、海洋资源等。依托自然资源发展模式一般是旅游业与其他产业结合发展的模式，例如浙江的定海远洋渔业小镇，该镇位于浙江省舟山市，依靠地理优势，形成了远洋捕捞、海上运输、水产深加工、冷链物流、水产交易的产业体系，并建立了科研中心，研究海洋生物药物、网具、定位系统等。

磐安江南药镇于 2015 年入选浙江省第一批 37 个省级特色小镇创建名单。江南药镇位于磐安县新渥镇境内，距离磐安县城不到 10 公里，规划面积 3.9 平方公里，核心区块 1 平方公里。自古以来磐安便是浙江省中药材之乡，尤其盛产以"白术、元胡、玄参、白芍、贝母"为代表的磐五味，被誉为"天然的中药材资源宝库"。中国药材城"磐安浙八味市场"是长三角地区唯一的大型药材特产批发地。磐安以此为基础，以打造浙江省特色小镇为发展契机，建设集"秀丽山水、人文景观、生态休闲、旅游度假、康体养生"于一体的江南药镇。

江南药镇定位为"药材天地、医疗高地、养生福地、旅游胜地"，通过培育中医药健康产业、旅游服务业和养生养老产业三大新兴产业，集产业、旅游、社区、人文功能于一体，建设成为以中草药文化为主、集高端中药产业、旅游度假养生、区域联动发展的特色小镇；塑造一个尊重和传承中国中医药文化、一个人与自然和谐共生、一个可持续发展的精致特色小镇。

（2）依托历史文化资源的小镇发展模式

而以历史文化资源为主要特色的特色小镇建设，则依托民俗文化、民族文化、历史遗产等类型资源，深入挖掘文化内涵，融入新型文化旅游业态，打造旅游目的地。如绍兴黄酒小镇、乌镇等。

浙江绍兴黄酒小镇位于中国历史文化名镇东浦，是第二批全国特色小镇、首批浙江省级特色小镇。这里是绍兴黄酒的发祥地，距今已有 1600 余年的历史，素有"越酒行天下，东浦酒最佳"之说；这里是唐代大文豪贺知章、南宋爱国诗人陆游和辛亥革命先烈徐锡麟的故乡，素有"水乡，酒乡，桥乡，名士之乡"的美誉；这里也是融江南水乡之韵和黄酒文化之核的特色小镇。

浙江绍兴的黄酒小镇，按照绍兴市政府确定的"一镇两区"创建模式，东浦片区以"创新黄酒产业、发展黄酒文化旅游、打造黄酒养生社区"为定位，打造融生产观光、展示体验、文化创意、休闲旅游为一体的特色小镇。作为世界三大最古老的酿造酒之一，至今，东浦黄酒依然延续着千百年来的传统工艺，街头巷尾、民家院落随处可见酒缸、酒坛、榨酒石等酿酒器具，古镇内依然保留了孝贞酒坊、云集酒坊、谦豫萃酒厂旧址等一大批黄酒历史遗迹，积淀了深厚的酒文化。

黄酒小镇建设共分为四大片区 12 个功能区块，即黄酒产业创意商贸区（黄酒产业创意中心、商业休闲中心、国际酒俗展示中心）、酒乡文化风情体验区（民俗文化街区、民宿酒坊街区、名人文化艺术中心、越秀演艺中心、黄酒历史文化中心）、黄酒国际养生休闲区（黄酒文化国际交流中心、健康养生产业中心、特色医疗中心），以及黄酒小镇游客集散中心，每个区块都围绕黄酒延伸出产业、文化、旅游和社区等不同的功能，打造一个充满产业动力和生活气息的特色小镇。

7.3.1.2 基于特色产业的小镇发展模式

产业是经济发展的根基，基于特色产业而繁荣的小镇通常以发达的产业为基础，并不断强化其产业优势，通过提升服务功能，优化发展环境，深化改革等手段集聚发展要素，优化资源配置，打造特色小镇发展的核心竞争力。

（1）杭州玉皇山南基金小镇——依托金融产业

2015 年 5 月 17 日，杭州玉皇山南基金小镇正式揭牌，一个类似于美国对冲基金天堂——格林尼治的基金小镇在国内诞生了，基金小镇凭借金融业列入首批浙江省特色小镇创建名单。

玉皇山南基金小镇位于杭州市上城区玉皇山南，地处西湖世界文化遗产保护带的南端。车水马龙地，玉皇山脚下；背倚八卦田，南宋建筑群。这片南宋皇城根下的产业园，三面环山，一面临江，是千年皇城脚下的城中村，西湖边上的原住地。玉皇山南基金小镇核心区规划总占地面积 2.5 平方公里，总建筑面积约 30 万平方米。

玉皇山南基金小镇是为响应浙江省委、省政府打造特色小镇的要求，以美国格林尼治基金小镇为标杆，运用国际先进理念和运作模式，结合浙江省和杭州市的发展条件和区域特质所打造的集基金、文创和旅游三大功能于一体的特色小镇。与上海重点发展的公募基金错位发展，以私募证券基金、私募商品（期货）基金、对冲基金、量化投资基金、私募股权基金五大类私募基金为核心业态，相继吸引了一批处于业界领先地位的项目和团队进驻。基金小镇用"微城市"的理念打造园区，加快建设生活配套服务平台，在玉皇山南集聚区内，公共食堂、商务宾馆、停车场、配套超市等正在加快建设，有的已投入使用。此外，基金小镇还将提供一系列特色配套服务。比如，引进由省金融业发展促进会组建和管理的"浙江省金融家俱乐部"，将创办成立"浙江金融博物馆"，成立对冲基金研究院，为小镇入驻私募机构提供专业化服务。

根据规划，一期的山南国际创意产业园已建成，入驻企业以文创、私募（对冲）基金为主；二期甘水巷、海月水景公园、鱼塘北地块正在建设中，主要集聚私募基金龙头型企业；三期三角地仓库区块和四期白塔片机务段区块，引进为基金小镇提供配套金融服务的私募中介机构、初创型机构等。一次设计将碎片化的基金小镇整合入微小镇生活圈，描绘着线上线下、工作生活紧密关联的小镇蓝图。

在小镇如诗画般的平静之下，是万亿资金的暗潮涌动，是 2000 多家金融机构的总部分支，是 5000 多名金融人才的抱负与理想。2020 年以来，玉皇山南基金小镇围绕打造"立足杭州、面向长三角、辐射全球"的创新金融要素集聚高地的新定位，持续抢抓机遇，深耕内涵，提升能级。未来，则要推进"金融产业生态圈"建设，完善募、投、管、退私募金融产业链，全力以赴推进 2.0 版本建设，打造世界级基金小镇经典样板。

（2）余杭艺尚小镇——依托时尚产业

2015 年 5 月，艺尚小镇成功入围浙江省首批特色小镇创建名单，是唯一定位于时尚产业的特色小镇。艺尚小镇位于临平新城核心区，规划面积 3 平方公里。作为未来的城市副中心，规划区成为临平要素集聚、交汇的链接区块，其建设对整合临平的区域资源、梳理城市空间结构、优化城市服务功能、提升城市生活品质有着至关重要的作用。

艺尚小镇以时尚产业为主导，把推进国际化、体现文化特色与加强互联网应用相结合作为小镇主要定位特色。规划形成"一心两轴两街"的基本格局，"一心"为小镇的形象之心、交通之心、功能之心，"两轴"为沿望梅快速路及其延伸段形成的山水文化轴和沿迎宾路形成的产城融合轴，"两街"即"中国·艺尚中心"项目形成的时尚艺术步行街和调整后的汀兰路时尚文化步行街。

艺尚小镇产业规划由时尚设计发布集聚区、时尚教育培训集聚区、时尚产业拓展集聚区、时尚旅游休闲集聚区、跨境电子商务集聚区和金融商务集聚区六部分组成。艺尚小镇聚焦国际性服装和珠宝配饰产业，按照企业主体、项目组合的原则，从 2015 年起到 2017 年，分三期实施。2015 年投资 15 个亿，产业定位于设计与研发、销售展示、旅游休闲以及教育与培训等，引进品牌服装企业 80 家左右。

目前已引进"中国·艺尚中心"项目，一期 37 亩已开工建设，二期 193 亩计划开工。"中法青年时尚设计人才交流计划"基地已落户"艺尚小镇"；中国服装协会、中国服装设计师协会、法国时尚学院、中法时尚合作委员会已签署入驻协议，美国纽约大学时尚学院、英国圣马丁艺术学院和意大利马兰欧尼时尚学院三大国际知名时尚学院正在积极引进中，七匹狼、太平鸟等 40 余家国内知名品牌已签订入驻协议。

（3）台州路桥沃尔沃小镇——依托高端制造业

路桥沃尔沃小镇坐落于台州蓬街镇和台州湾循环经济产业集聚区核心区域，有着较好的产业趋势和区位优势。规划面积约为 3.6 平方公里，建设面积约为 1.72 平方公里。小镇主要分为三大功能区：吉利沃尔沃整车生产基地、汽车零部件生产基地、体现北欧风情的生活区。项目总投资 121 亿元，建成后具有年产 20 万辆乘用车的生产能力。小镇以吉利沃尔沃汽车项目为核心，紧扣"汽车"和"北欧"两大元素，建设全国先进的汽车整车及零部件生产、研发、贸易中心，以汽车为主题的北欧风情旅游休闲基地、宜居城市新区，打造"现代汽车的标杆地、汽车文化的体验地和特色风情的游玩地"。

小镇按"一带、一核、一轴"的布局进行规划。"一带"指汽车主题的城市公园带，自西向东占据着整个小镇的中心区块；"一核"指小镇精神核心，位于主轴与汽车主题公园带交界处，是小镇核心精神所在；"一轴"指沿海虹路的交通联系轴，自北向南联系串联小镇的三大功能区块，主轴线上涵盖了吉利沃尔沃整车生产基地、汽车零部件生产基地、体现北欧风情的生活区等三大功能区。

7.3.2　江南文化对特色小镇建设的影响

7.3.2.1　江南文化增强了特色小镇的魅力

从国外特色小镇的建设经验来看，如瑞士的达沃斯小镇、美国的格林尼治对冲基金小镇、法国的普罗旺斯小镇等，这些特色小镇的成功均是依托当地的特色产业，立足当地独特的文化韵味。近年来，我国各地都在积极培育特色小镇，但是很多所谓的特色小镇名不副实，比如盲目借鉴西方小镇的建筑风格，却缺乏深厚的文化底蕴和内涵，最终沦为小商品、餐饮一条街。由此来看，培育特色小镇，关键还是要抓住当地的历史底蕴和文化内涵，并使其创造出文化附加值，这才是特色小镇的价值所在。

文化是特色小镇的灵魂，文化建设能更好地体现特色小镇的个性，展示特色小镇的精神气质，不断提升特色小镇的感染力和影响力。特色小镇的基本形态一旦通过文化彰显的气质和文化衍生的内涵稳固下来，小镇的特色才能真正独一无二。文化是特色小镇的内核，每个特色小镇都要有引人注目的文化标识，能够给人留下难忘的文化印象。要把文化基因植入产业发展的全过程，培育创新文化、历史文化、农耕文化、山水文化，汇聚人文资源，形成独特的区域特色文化。如苏州同里、浙江乌镇和西塘都是经过几百年的文化积淀，才形成其独特的魅力。

7.3.2.2 江南文化提升了特色小镇的品牌效应

在乡村振兴战略下，特色小镇的品牌建设问题尤受关注。品牌建设已成为新时代中小城镇高质量发展的必由之路，如何突破特色小镇品牌建设所面临的问题以及瓶颈，有效促进特色小镇的高质量发展，成为促进特色小镇迈向高质量发展的重中之重。当前，我国特色小镇的品牌建设问题较为突出，特色小镇品牌的经营主体不明，政府和市场分工不甚明确；特色品牌建设乏力，特色小镇品牌建设中的经营性失误负面影响过大，导致品牌经营风险大大提高；城镇之间竞争愈发激烈，城镇品牌建设路径相似，同质化程度较高，无法形成真正有特色的城镇品牌；过于注重城镇经济快速发展，忽视了城镇文化内涵和品牌建设，导致城镇品牌建设空心化等。

文化资源是特色小镇发展的基础，挖掘本地特色的文化要素、文化符号及其精神价值，创新其表达方式和传播形态，有利于小镇文化品牌的塑造和对外传播。挖掘特色小镇文化资源优势，以文化品牌塑造为核心理念，带动产业品牌、环境品牌、服务品牌协调发展。文化品牌基因是特色小镇品牌建设的重中之重，它对产业、环境、服务品牌基因有明显的带动以及提升作用。把文化品牌塑造放在关键位置，就会在价值理念和发展实践中注重塑造特色小镇的生态环境、文化资源、特色产业品牌，以及相关联的服务品牌。充分挖掘和科学利用特色文化资源，保存和丰富特色小镇文化底蕴，凸显小镇品牌的文化特色，推进文化品牌建设与环境、产业、服务品牌建设协同发展。

7.3.2.3 江南文化促进了特色小镇群联动发展

党的十九大报告提出，以城市群为主体构建大中小城市和小城镇协调发展的城镇格局。在这一城镇格局中，在关注中心城市发展的同时，为数众多特色小镇的发展更是不容忽视。党的十八大以来，我国新型城镇化不断向前推进，涌现出了不少特色案例和有效做法，特别是在长三角地区的特色小镇，由于具有深厚的历史文化底蕴和产业发展基础，更作出了不少值得思考的有益探索。

长三角特色小镇要实现高质量可持续发展，必须通过产业互补来联动发展。江南文化作为长三角特色小镇共同的文化基础，可以发挥文化纽带功能，实现特色小镇之间的联动发展。文化纽带将特色小镇串点成线，多层次构建联动发展走廊。在筑牢基点、树立标杆的基础上，注重在特色小镇之间高品质打造交通廊道、旅游廊道、生态廊道等联动发展走廊，加快推动特色小镇串点成线，辐射带动沿线农村形成带状发展态势。通过特色小镇网状联动发展，推动形成独具文化特色的生态宜居美丽乡村建设"网状"动力结构，以小镇品牌建设加强文化纽带联系，建成以文化、生态和生活环境高质量发展的"文化型城市群"。

7.4 依托江南文化来建设特色小镇的策略

在特色小镇建设中塑造文化灵魂，树立文化标识，留下文化印象，是文化作为特色小镇内核的必然要求。推进特色小镇文化建设，要着力推动"文化+特色小镇"融合发展，这样有利于强化特色小镇的文化功能、融入特色小镇的文化元素、提升特色小镇的文化品质，实现文化让特色小镇更加美好、特色小镇让文化更具魅力的双重目标。

7.4.1 盘活传统文化资源，挖掘特色文化

文化资源是特色小镇发展的基础，挖掘本地特色的文化要素、文化符号及其精神价值，创新其表达方式和传播形态，有利于小镇文化品牌的塑造和对外传播。传统文化资源包含历史遗址、传统建筑、民风民俗、传统节庆活动等有形的遗产和无形的资产。盘活传统文化资源需要在开发特色小镇的过程中，既要保留或复原传统文化资源的基本形态，又要发掘其中可以与现代的、时尚的或与国际接轨的因子，做到传统与现代、古朴与时尚、国内与国际相结合，结合小镇自然环境和文化空间形态，上述三方面的结合既可以分区布局，又可以交叉布局。乌镇戏剧节正是将传统与现代、特色与时尚、国内与国际相结合，既盘活了传统文化资源，又促进了新型特色小镇文化的发展。

运用"文化+"的动力和路径有效助推特色小镇建设，充分发挥文化在塑魂、育人、兴业、添乐、扬名等方面不可替代的独特作用。在特色小镇建设中注入文化元素，有利于挖掘特色小镇文化资源、提供文化服务、提炼文化品质，有利于特色小镇文化遗产传承有序、人文气息浓郁深厚、文化产业特色鲜明、文化生态优美精致、多种功能互动叠加，实现特色小镇文化功能"聚而合"、文化形态"精而美"、文化产业"特而强"、文化机制"活而新"。

7.4.2 打造文化与资本、社会融合发展的平台，提供公共文化服务

特色小镇在发展的过程中，不仅要关注特色小镇文化艺术活动本身的设计运作，更要从大局着眼，放在全球和国内经济、文化、社会、生态角度来审视和运作，从文化艺术活动的设计、场景和空间建构，活动内容与硬件设施的结合，以及资本与艺术、节庆与社会的关系等方面进行考察。如今提起乌镇，人们不仅是想到一个传统的江南旅游特色古镇，而是能够想象到一系列国际艺术文化节、世界互联网大会、木心美术馆等系列文化意象，乌镇的江南古镇风貌与这些现代、时尚的文化活动融为一体，扩展

了人们的文化想象空间。因此，在特色小镇文化品牌建设过程中，若能打造一两个综合性的文化艺术平台，通过举办文化艺术活动或民俗节庆活动，对其文化品牌建设将有巨大的促进作用。

同时，要提供公共文化服务。要推动特色文化活动和优质文化资源向特色小镇倾斜，在特色小镇设立文化站、文化礼堂，派驻文化员，激励文化志愿者参与特色小镇文化建设，以提升特色小镇居民文化素养，丰富特色小镇文化生活。支持和鼓励民间资本多渠道投资特色小镇图书馆、文化馆特色分馆、美术馆、纪念馆、文化中心等相关公共文化设施建设，鼓励采取政府购买服务等多种方式加强公共文化产品供给，在特色小镇优先搭建更加有效、更具特色的公共文化服务平台，提供优质的公共文化服务。

7.4.3　以政府主体为多元主体，塑造文化艺术品牌

特色小镇在建设文化品牌的过程中，应搭建或优化"政府+企业+社会组织+居民"的主体建设和治理结构。对政府主体而言，首先，应树立特色小镇品牌建设意识，出台相关政策法规，为特色小镇品牌建设提供政策和服务保障；其次，应放宽市场资金条件，让社会资本进入，使小镇特色品牌更好地和资本相结合；再次，完善特色小镇的公共服务体系，打造良好的文化服务环境，提供完善的社会保障体系。最后，特色小镇建设须坚持以人民为中心，把"物"的现代化和"人"的现代化统一起来，努力实现城镇现代化与人的现代化同步发展。总之，应优化"政府主体引领+企业主体主导+小镇居民参与配合"的主体结构，充分发挥文化旅游企业的主体作用，同时推动小镇居民充分参与特色小镇品牌建设，形成良好的多元主体互动协作、共建共享的品牌建设氛围。

要促进文化主题特色小镇建设，立足小镇文化积淀和文创产业特色，打造以传统戏曲、传统手工业、美术书画等为特色的文化主题小镇，搭建专业院校、艺术院团与特色小镇的对接平台，搭建文化艺术展示表演平台，为特色小镇建设提供文化艺术人才资源等支持，支持、鼓励已经形成一定知名度的区内外各类文化节庆活动和文化展会与特色小镇合作开展展览展示、演出交流等特色文化品牌活动。

7.4.4 提升文化创意水平，强化创新驱动

要把文化基因植入产业发展全过程，将"文化+"理念融入特色小镇建设，在小镇规划、产业布局、项目建设中嵌入文化元素。推动文化创意与工业设计、建筑设计、农业开发等的深度融合，实现文化创意和设计服务对特色小镇产业转型升级的助推作用，不断完善特色小镇文化创意与科技、金融协同创新发展的体制机制，重点培育一批协同创新发展的文创示范企业，支持文化创意设计企业入驻特色小镇，鼓励众创、众包、众扶、众筹，开发文化创意产品。鼓励社会力量参与，发挥市场主体作用，创新合作载体和平台，共同开发文化创意产品，推动形成特色小镇形式多样、特色鲜明、富有创意、竞争力强的文化创意产品体系，推动高等院校、知名企业、文物文化单位、文创机构等开展联合，培养特色小镇文化创意与设计人才。

特色小镇建设须着重于特色塑造、创新驱动，形成独具特色的发展模式。首先，坚持特色塑造，提升小镇风貌整体辨识度。要科学规划空间布局、功能分区、建筑景观、街道绿化，并在精准实施中突出其个性和特点，既尊重自然生态，又保持现状肌理；既延续传统风貌，又融合现代功能，在传统与现代、历史与时尚、自然与人文交融互动中实现小城镇的"古而新""精而美"。其次，坚持特色铸魂，提升小镇发展内涵美誉度。要弘扬工匠精神，在资源开发、项目建设和生产服务中深挖内涵、锻造品质、彰显特质。要不断强化产品创意的特异性和多样化、品牌创建的新颖性和优胜化、配套服务的满意度和优质化，不断提升产品和服务品牌形象的标识度、美誉度。最后，坚持创新驱动，形成动态灵活良好发展机制。正确处理政府与市场的关系，大力弘扬改革与创新精神，不断提供高质量的制度供给，以良好的人文、政策和制度环境激发社会创造力和企业发展活力。不断激发科技力量，做好科技创新，加强平台建设，推动科技、金融、文化与产业深度融合发展，以新理念、新技术、新工艺、新方法，培育新业态、新模式和经济新增长点，创新发展数字经济，促进特色小城镇发展动能更加强劲、更加持久。

参考文献

［1］曹伟明：《江南文化为何善于抢抓历史机遇》，http：//theory. gmw. cn/2019-08/06/content_ 33057253. htm，2019。

［2］方叶林、黄震方、李经龙、王芳：《中国特色小镇的空间分布及其产业特征》，《自然资源学报》2019 年第 6 期。

［3］付晓东、蒋雅伟：《基于根植性视角的我国特色小镇发展模式探讨》，《中国软科学》2017 年第 8 期。

［4］胡一鸣、邵敏：《安徽省特色小镇空间分布格局及影响因素研究》，《山东农业工程学院学报》2020 年第 8 期。

［5］刘敬华：《浙江省新兴产业型特色小镇的景区化研究》，《福建商学院学报》2018 年第 5 期。

［6］陆佩、章锦河、王昶、赵琳：《中国特色小镇的类型划分与空间分布特征》，《经济地理》2020 年第 3 期。

［7］吕振华、程绍文、刘粉：《长江经济带特色小镇空间分布及影响因素研究》，《华中师范大学学报（自然科学版）》2019 年第 5 期。

［8］马仁锋、周小靖、李倩：《长江三角洲地区特色小镇地域类型及其适应性营造路径》，《地理科学》2019 年第 6 期。

［9］齐奇、丛海彬、邹德玲：《产城融合视角下中国特色小镇持续性发展区域比较及评价——以三大城市群为例》，《科技与管理》2021 年第 1 期。

［10］钱文亮：《江南文化：长三角城市群的成长基因》，《人民周刊》2018 年第 24 期。

［11］孙喆：《全国特色小镇空间分布特征及影响因素》，《中国农业资源与区划》2020 年第 5 期。

［12］王兆峰、刘庆芳：《中国国家级特色小镇空间分布及影响因素》，《地理科学》2020 年第 3 期。

［13］魏中胤、沈山：《江苏省特色小镇产业类型与区域布局研究》，《现代城市研究》2020 年第 8 期。

［14］魏中胤、沈山、沈正平、仇方道：《我国特色小镇的类型、布局及影响因素》，《江苏师范大学学报（自然科学版)》2020 年第 1 期。

［15］杨明刚、吴鑫莹：《江南文化新时代内涵与表现形式设计》，《设计》2018 年第 15 期。

［16］张苗荧：《江南古镇文旅融合发展特色小镇的对策研究》，《浙江工贸职业技术学院学报》2019 年第 3 期。

［17］张小龙、文剑钢：《冷思考下长三角特色小镇建设路径探讨》，《建筑与文化》2019 年第 11 期。

［18］张雯：《新型城镇化背景下长三角地区特色小镇建设研究综述》，《纳税》2017 年第 24 期。

［19］周枣：《长江经济带城市群特色小镇类型分析研究》，《上海城市管理》2019 年第 4 期。

［20］邹德玲、王辉、丛海彬：《浙江省特色小镇空间分布特征及影响因素》，《科技与管理》2020 年第 3 期。

8

传承：江南文化的现代传承与长三角一体化发展

8.1 江南文化传承的研究领域

江南文化传承涉及的研究领域是较广的，主要集中在以下领域。

8.1.1 江南范畴

尽管魏晋以后，由于北方与中原的人口、文化大量南移，使江南地区在经济与文化上后来居上，但作为成熟形态的江南无疑是在明清两代。据此以李伯重先生的"八府一州说"为基础，吸收了"江南十府说"中的宁波和绍兴，同时，还将不直接属于太湖经济区，但在自然环境、生产方式、生活方式与文化联系十分密切以及由于大运河和扬子江而密切联系起来的扬州、徽州等纳入江南的范围。关于它们之间的关系，借鉴区域经济学理论，将"八府一州"看作是江南的"核心区"，而将其他地区视为"外延"。"八府一州"是江南区域在历史上自然演化与长期竞争的结果，圈定了江南地区的核心空间与主要范围，其在经济社会与文化上的主体地位是很难被其他地理单元"喧宾夺主"的。

8.1.2 历史源头

在关于江南区域文化的看法上，学界常见的观点是"一分为三"，即"吴文化""越文化""海派文化"。这一划分尽管便于应用和描述，但由系统论"整体大于部分之和"这一基本原理可知，作为有机整体的江南文化必然大于"吴文化""越文化""海派文化"，因而对三者的单体研究决不等同于江南文化研究。要找到江南文化作为一个独立谱系的存在根据，就需要从原始发生的角度去追寻。综合 20 世纪考古学、历史学的研究，早在新石器时代，长江文明已发育得相当成熟。以上古时代自成一体的长江文明为背景，可以找到江南文化发生的历史摇篮。正如李学勤先生说，"黄河中心论"最根本的问题是"忽视了中国最大的河流——长江"。江南文化的历史渊源是长江文明，而不是黄河文化的传播产物。

在解决了这样一个原则性的问题之后，可以为重新理解江南文化提供一个全新的解释框架。

8.1.3　诗性文化

在学术层面上，要论证江南区域文化的独立性，关键是要弄清江南文化的独特创造与深层结构。从历史上看，文人荟萃、文化发达是江南的主要特征，但实际上这并不是江南区域文化在中国最独特的本质，因为孕育了儒家哲学的齐鲁地区在很大意义上更有资格代表中国文化。使江南文化与中国其他区域文化真正拉开距离的，是因为在其中有一种最大限度地超越了儒家实用理性、代表着生命最高理想的审美自由精神。如果说，在江南文化中同样有伦理的、实用的内容，并与北方—中原文化圈一脉相通，那么也可以说，正是在审美自由精神这一点上，真正体现出古代江南民族对中国文化最独特的创造。由此可知，江南文化本质上是一种以"审美—艺术"为精神本质的诗性文化形态。或者说，江南诗性文化是江南文化的核心内涵与最高本质。

8.1.4　古代江南与当代长三角

古代江南地区高度发达的经济与文化，特别是在明清时期形成的高度发达的以苏州、杭州、南京等为中心的江南城市共同体，是中国现代化与城市化进程在江南地区开始最早并一直遥遥领先于中国其他地区的根源。长三角是改革开放以来的新概念，1992 年以后，逐步被明确为上海、杭州、宁波、湖州、嘉兴、绍兴、舟山、台州、南京、镇江、扬州、泰州、常州、无锡、苏州、南通 16 个城市。尽管 2008 年国务院将长三角区域范围界定为苏浙沪全境内的 26 市，但无论是经济上还是文化上，新加入的城市主要是延展角色。由此可知，尽管当今长三角与往昔江南已有不小的变化，但由于两个基本面——地理上的长江中下游平原及包括古代吴越文化和现代海派文化在内的江南诗性文化仍是长三角城市群的核心地理空间和主要文化资源，所以完全可以把长三角城市群看作是古代江南的当代形态。也可以说，长三角城市群并不是无本之木，如 20 世纪 80 年代的长三角经济区概念，其雏形可追溯到明清时期太湖流域经济区。而90年代以后的长三角城市群，其胚胎早在古代江南城市发展中就已开始培育。这是研究江南文化最需要关注的现实背景与发展趋势。

8.1.5 江南文化的基础理论

江南文化的基础理论是借鉴西方文化研究与中国审美文化研究的理论成果，以诗性文化理论为基础性的学术框架，以诗性人文学术方法为总体性的方法论，对江南文化理论的基本问题、研究对象与范围、框架体系、价值形态等进行系统与深入的探讨。主要内容包括：以区别长江文化与黄河文化为空间背景，追溯江南文化的文化背景与渊源；以区别江南文化与齐鲁文化为区域背景，揭示江南文化的诗性与审美本质；以江南轴心期为理论基础，还原江南区域文化精神的历史生成过程；以江南之江南、中国之江南、世界之江南为基本时间框架，揭示江南文化发展的主要历史阶段及其内在关联；以吴文化、越文化与海派文化为基本空间框架，研究江南文化发展的主要小传统及其结构关系；在区域文化比较的语境中，探讨江南文化与荆楚文化、巴蜀文化、岭南文化等的异同；在江南城乡文化比较的框架下，研究江南城乡不同的文化结构与价值形态；以城市化进程为背景，探讨江南文化资源的保护、开发和可持续发展理论。

8.1.6 江南文化资源与产业

文化资源是文化发展直接的现实对象，是潜在的自然文化遗产和文化生产力要素，不仅决定了文化产业的方式、规模与性质，也是一个地区文化事业发展的客观环境与条件。江南文化资源丰富，为我们实现从江南文化的历史研究到现代开发提供了丰富的资源储备。一方面，根据文化资源理论的基本规律与特点，建立江南文化资源的分类框架，按照物质资源、社会资源和审美资源三大原则，对复杂、纷乱的江南文化资源进行系统的梳理与编码，为江南文化资源的开发、创意和产业化提供基础。另一方面，根据当代文化产业发展的规律与特点，研究江南文化的要素集聚、文化品牌创建、文化事业发展等问题，同时，在长三角城市群文化发展的框架下，在政策、机制、形式等方面展开江南文化的研究，为催生更大规模、更具竞争力的江南文化产业群描绘途径。

8.1.7　江南建筑文化

江南建筑有着独特的风格和悠久的传统，集中体现了诗性文化的理念与需要。由于古代江南民族与自然环境与资源的亲和关系，江南古代建筑的主要特征不是表达人对自然的征服，而是在很大的程度上依赖于大自然的地理与环境条件，这样的格局直到现代以来才遭到毁灭性的破坏。在现代化进程中，和其他地区一样，江南建筑的精神个性与传统形态迅速消亡，在空间与功能上日益趋同、千篇一律，不再具有诗意和适合人们居住、生活。在当今江南空间的规划、设计与建设中，由于西方理性建筑文化以现代化的名义迅速取得了霸权地位，以及当代规划与建筑师自觉不自觉地以西方为标准与模仿对象，遂造成了理性文化诸要素在江南建筑空间中占据主导，结果是建筑的单质化与同质化正成为江南空间生产普遍的宿命。究其原因，当代江南建筑基本上是理性建筑观念与文化的产物，是理性文化战胜、驱逐了中国诗性文化的结果。以传统江南建筑的材料、技术、审美观念、设计风格、建造过程等为研究对象，建构与还原江南建筑中的诗性文化因素与谱系，为当代江南建筑借助诗性文化的精神资源，开拓出感性与理性、人类与自然和谐共生的新风格提供思想资源与基础。

8.1.8　江南人物文化

关于学术表达，可以分为"借符号讲话"和"借人物讲话"，前者是哲学家的方式，他们使用的最重要的工具是范畴和概念，后者是以活生生的生命活动揭示历史运动的规律与特点，这是中国古代历史学家最擅长的一种叙事方式。从深层看，如果说前者是西方理性文化的特点，那么后者正是中国诗性文化之所长。在这个意义上，"借人物讲话"本质上是以诗性文化为背景而形成的一种独特的诗性人文学术谱系，其基本特点可以归结为以感受涵摄论证、以经验贯通理性、以细节建构本体、以人物澄明精神，就其特别适合表达中国文化经验而言，还有着直指本体、目击而道存等更上一层的特殊意义。江南自古盛产各种类型的文化名人，他们既是江南文化理念与精神的历史承载者，又是江南文化不断发展和丰富的创造者。以江南文化主体中的政治家、遗民、流人、山人、学者、文人、艺术家、儒商、师爷、市井小人物等为对象，可以更深刻、更感性地认识和把握江南文化及其精神结构的历史存在。

8.1.9　江南审美文化

以文学艺术为主体的江南审美文化自古以来十分发达，相关的研究也很多，但由于一直缺乏相对统一的审美文化理论基础，所以大多研究局限于"专而深"的层面，而很难看到不同文学艺术类型之间的深层文化与美学联系。我们拟以"诗性文化"作为江南审美文化研究的理论基础与价值根源，以江南艺术环境、江南艺术精神、江南诗文、江南绘画、江南工艺、江南园林、江南戏曲、江南服饰等为具体的研究对象与范围，对江南审美文化从发生、源流、典范形态、审美精神、现代性价值等角度进行一次综合性的研究。在具体的研究中，以江南区域和江南诗性文化为背景和主线，深入并集中研究最能体现江南审美文化精神的文学艺术类型，超越以时间顺序写文学艺术史的传统模式，强调环境—精神—艺术创作的内在逻辑关系，实现对客体与主体、形式与内容、艺术精神与文化创造之间关联性的深度认识与把握，对江南文学艺术共有的诗性文化本质和审美文化精神加以提炼和阐释，为江南文学艺术继承传统、推陈出新提供重要的参照系。

8.1.10　江南民俗文化

民俗是大众沟通情感的纽带和彼此认同的标志，是规范行为的准绳和维系群体团结的黏合剂，也是世世代代锤炼和传承的文化传统。与中国其他区域不同，江南民俗最大的特点在于它的诗性文化功能与特征。从"诗性文化理论"切入江南民众世俗生活的历史流变与渊源，借江南地区民俗文化展示江南诗性文化在民间特殊的存在方式与生命力，在内容上涉及衣食住行、人生礼仪、岁时节令、民间工艺、娱乐游艺、民间艺术和信仰等习俗生活，厘清江南民俗文化中诗性精神的发展脉络，从诗性生活方式角度建构江南民俗文化理论的主体框架，同时从审美现代性的角度探讨江南民俗文化资源的当代价值，为当代江南传统民俗文化的保护与文化产业发展提供路径。

8.2 江南文化的现代传承

8.2.1 吴文化

8.2.1.1 吴文化的特征

丰厚的吴文化精华体现在古城名镇、园林胜迹、街坊民居以至丝绸、刺绣、工艺品等丰富多彩的物化形态，体现在昆曲、苏剧、评弹、吴门画派等门类齐全的艺术形态，还体现在文化心理的成熟、文化氛围的浓重等等。千百年来苏州人才辈出，如满天繁星，熠熠生辉，在古代产生了以孙武、范仲淹、顾炎武、蒯祥、翁同龢等为代表的政治家、思想家、军事家、科学家、艺术家，现当代从苏州走出了叶圣陶、费孝通、贝聿铭、李政道、吴健雄等一大批杰出人物。文化底蕴的厚重深邃，文化内涵的博大精深，文化形态的鲜明独特，特别是吴文化所蕴含的积极的人文精神，在中华文化中独树一帜。其基本特征主要表现在以下方面：

（1）鲜明的水文化特色

苏州素称水乡泽国，在 8848 平方公里的地域中水面占 42%，其中，三万六千倾的太湖位于江南水网的中心，它是我国第三大淡水湖，苏州拥有太湖水面面积的 80%。而太湖及其流域内的大小湖泊既支撑着吴地的稻作、渔业等农耕生产方式，同时又便利着吴地水运。据学者们研究，"吴"字就是"鱼"字。在今日苏州一带的方言中"吴""鱼"同音。就字形而言，甲骨文和金文中的"吴"字，均像鱼形。隋开皇九年（589 年），吴地始称为苏州，而就繁体的"苏"字来说，从草、从鱼、从禾，这既表明了吴地文化对农耕牧渔生产状况的反映，也表明了它与"吴"字在文化上的联系。由此可见，吴地早期土著居民以捕鱼和种稻作为主要的生产方式，使得这一同自然相适应的生存方式在文化上有了具体的反映，同时，它又显现着吴文化是与水密切有关的水文化的特征。吴文化的产生与它的自然生态环境密不可分。长江、太湖哺养了吴地人民，也给吴文化以清新的水的气息，柔美的水的风格，鲜活的水的灵性，吴文化丰富的物质和精神成果无不依赖于水的浸润和滋养。吴地人民的衣食住行也直接或间接地和水有密切的关系。"君到姑苏见，人家尽枕河"，苏州居民保持着与园林建筑大致协调的江南水乡风格，"粉墙黛瓦"与无处不在的河道、石桥一起，极富"小桥流水人家"的审美价值。一方水土养一方人，"山温水软似名姝"的苏州小桥流水，千百年来倾倒了无数文人名士，也为诗人、艺术家们提供了取之不竭的创作源泉。一首《枫桥夜泊》流传古今中外，"江枫、渔火、客船"无不隐含着水的内涵。正因为得益于水的滋润，苏州才称得上锦绣江南，才让世人对梦里水乡产生缕缕牵念。可以说文学艺术家笔下的水乡风貌，集中体现了千百年人们感受和欣赏这方水土的特定情趣和意象。

（2）浓郁的市井文化气息

"市井"，原指街头或街市，古代的街市离不开生存必需的水井，故"市井"连称。此词后来泛指城市和集镇，并渐渐带有商品贸易的色彩。《管子》云："处商必就市井"。苏州由于在 2500 多年前就已形成城市，同时由于苏州地区商品经济发展，这使得它较早地成为商品贸易的集散地，也较早地形成了市民阶层。与此相应，大多数吴地文艺家也更接近于市民大众，从民间生活中汲取营养。唐代陆龟蒙、韦应物，宋代范成大等诗人的作品无不洋溢着生活气息，通俗易懂，成为现实主义的光辉篇章。明中叶以后，城镇经济的繁荣，市民阶层的扩大，为吴文化朝多元化、市民化方向发展营造了宽松的环境。例如，冯梦龙的《喻世明言》《警世通言》《醒世恒言》以当时的市井生活为素材，描绘了城市经济风貌及中下层市民的世态。冯梦龙一反封建文人不齿通俗文学的社会风尚，提出小说可为"六经国史之辅"，起到使"怯者勇，淫者贞，薄者敦，顽钝者汗下"的作用，从而提高了通俗文学的社会地位。又如，以明四家为代表的吴门画派，大都以摹写吴地山水见长，接近自然，接近民众，在绘画艺术中反映了吴地自然风光和民众生活。清乾隆年间，徐扬一幅《盛世滋生图》把苏州当时的街市景象表现得惟妙惟肖。再如，兴盛于明清的每年一度的民间昆曲活动——虎丘曲会，出现了"每至是日，倾城阖户，连臂而至"的盛况。大致形成于明末清初的苏州评弹，在乾隆之后，名家辈出，书目繁多。近代以来，周瘦鹃、范烟桥、程小青等民国时期的一批作家，以及当代的陆文夫、范小青等作家，也主要反映苏州各阶层社会生活。

（3）刚柔兼容的人文精神

综观吴地文化精神的发展轨迹，刚柔兼容乃是贯穿吴文化数千年的一条主线。这条主线以六朝为界可分为两个阶段，前一阶段表现为外刚内柔，后一阶段则表现为外柔内刚。尽管魏晋以来伴随着文明开化程度逐步提高，吴地人民的性格特征总体上是由武勇刚烈转化为寓刚于柔。但无论是外刚内柔还是外柔内刚，都只是表现形式的差异。春秋时吴地民风尚武、强悍。《战国策·魏四》记载的春秋战国时的三大刺客中，吴地出了两个，即刺杀王僚的专诸和刺杀庆忌的要离（另一为刺杀侠累的聂政）。我国历史上伟大的军事家——孙武也是在吴地完成了他的军事名著——《兵法》十三篇，同时也是在吴地实践了他的军事理论——演兵教战以及指挥伐楚之战等。秦汉时，项羽"八千江东子弟"皆出于吴地，为这种尚武之风作了最好的注脚。到西晋时，左思《吴都赋》里还继续着这一流风说吴人"士有陷坚之锐"。应该说，虽然从汉以降，吴地产生的著名武士、侠客以及将军不多，但尚武传统、侠士精神在后世已经融入了文化人的血脉中。这具体表现在思想文化领域内，文化人反抗专制文化、维护某种价值观念，崇尚自由，反抗暴政的斗争中。

（4）尚文重教的文化传统

自汉以降，由于汉朝统治者"罢黜百家，独尊儒术"，儒家的价值观念在江南地区得到传播并逐渐为士人所认同，加之吴地社会相对安定，经济逐步崛起，为文化教育的发展创造了良好的外部环境，尚文重教的风气逐渐形成。到了宋代范成大的《吴郡志·卷二·风俗》里，当分析"盖古如此""好用剑轻死"的"吴俗"后，范成大已说到了吴地民风的某些变化。宋代时，由于"文教渐靡之久"，因此，民俗民风中显示尚武精神的"五月斗力之戏"已经"不复有"，相反却由儒家文化的种种表现形式取代。读书成了吴地文化始终向上的动力。中国古代为昭彰读书精神而建的读书台不少，留至今日的不多，但苏州却有两个。其一为中国现存最古老的读书台——今吴中区穹窿山西汉时的朱买臣读书台，其二为常熟市梁代的昭明太子读书台。北宋元丰七年朱长文撰《吴郡图经续记》卷上已专列"学校"章节。其后南宋范成大撰《吴郡志》时，在卷四单列"学校"专章，专门记写苏州"府学"的情况。其在书中的位置，已放在卷六、卷七记写的"官学"之前。

苏州尚文重教的传统一旦形成，便绵延千年而不衰，在官方和民间均形成炽盛之势。北宋范仲淹在苏设学，大力倡导教育，开创东南兴学之风。"苏州文盛出状元"。明代全国共录取状元90名，苏州共出状元8名，占全国状元总数的8.89%。清代全国共录取状元114名，按省划分，依次为江苏49名，浙江20名，安徽9名，山东6名，广西4名，直隶、江西、湖北、福建、广东各3名，湖南、贵州、满洲各2名，顺天、河南、陕西、四川、蒙古各1名。而苏州一地出状元26名。这一数字所包含的意义是：苏州作为省以下的一个行政区划，所出状元数竟是浙江省（位列全国省级的第二名）和山东省（位列全国省级的第四名）两省之和，占有清一代全国状元总数的五分之一强，更占到江苏全省状元总数的半数以上。封建时代，科考时朝廷竟要加以限制乃至排除在外的地区，中国自开科举以来大概也只有苏州一地获此"殊荣"了。"清廷始矫正"的潜台词，无非是说，苏州考生太厉害了，让点名额给别的地方吧！因此，就封建时代科考文化来讲，苏州可以说已登峰造极了。因此，苏州人徐有贞称："吾苏也，郡甲天下之郡，学甲天下之学，人才甲天下之人才，伟哉！"吴地文化教育事业的发达，书院教育是其主要形式。吴地书院从北宋开始创建，经元、明两代的发展，到清代特别兴盛。在清代，吴地创建、修复书院达一百多所，其中著名的有文正书院、紫阳书院、正谊书院、娄东书院。

吴文化具有浓厚的文人气息，无论是书画、工艺，还是园林、戏曲，都具有浓郁的文化气息。在苏州这方水土上，孕育了无数流芳千古的文化名人。苏州人才的一个重要特点是门类齐全，不仅文学家、辞赋家、经学家、训诂学家、书画家、藏书家、校勘学家等人才辈出，而且从名相重臣至建筑工匠等各类人才也蔚为大观。直至当代，苏州除了有一大批文学家、艺术家、书画家外，苏州籍以及在苏读过书或工作过的中国科学院、中国工程院院士就有103位。在一个地区能产生一代又一代贤才，这与苏州尚文重教的传统是分不开的。目前，苏州教育在全省乃至全国处于领先水平，1992 年率先普及九年义务教育，20 世纪末基本普及高中段教育，现在正向建立学习型城市、终身教育目标迈进。

（5）精细秀美的个性风格

吴地独特的生态环境和文化背景决定了当地艺术品种的风格和品位，也决定了生产方式的风格和品位。吴地文学艺术家在师法自然、师法传统的基础上，往往别出心裁，精益求精，并将这些艺术门类推向成熟和极致。如苏州园林是中国私家园林的杰出代表，同时集建筑、雕刻、书法、绘画、诗词等诸多艺术于一体，充分体现了吴文化精细秀美的风格。苏州工艺品以精巧细腻著称于世。在现今故宫博物馆展出的工艺品中，有不少都标明产自苏州。苏州刺绣是中国四大名绣之一，已有 2000 多年历史，它以图案秀丽、色彩雅洁、绣工精细、形象逼真的艺术风格闻名中外。苏州制扇种类繁多，做工精湛。苏州的玉雕有"鬼斧神工"之称。缂丝在苏州以工艺精细见长。此外，享有盛誉的花木盆景，高雅绝俗的苏式家具，玲珑剔透的红木小件，细巧精致的小摆设，以及剧装戏具、民族乐器等，都在全国占有独特的地位。

8.2.1.2　吴文化的现代传承

吴文化是吴地人民在长期的历史发展过程中认识自然、改造自然的产物，是吴地人民集体智慧的结晶，其现代传承主要集中在以下领域：

（1）别具特色的古城古镇

据专家考证，2500 多年间，苏州的城址一直没有位移，这在中外建城史上都是罕见的。宋代《平江图》中详尽勾画了当时苏州城市的风貌，至今"三纵三横"的城内道路水系和"水陆平行，河街相邻"的双棋盘格局以及"小桥、流水、人家"的主要风貌依然保留着。苏州市城、镇、村历史悠久，体系完整，虽然历经时代的变迁，现仍有较多保持传统格局风貌的文物古迹、古建筑和传统民居的古城、镇、村。目前有国家历史文化名城两个（苏州、常熟）、省历史文化名镇九个（周庄、同里、角直、东山、震泽、光福、西山、木渎、沙溪），古村六个（杨湾、陆巷、明湾、东西蔡、堂里、东村），还有一批文物古迹较多、传统风貌集中、有一定历史文化价值的古镇和历史文化保护区。这些古镇大多抱湖环水，河道流贯，每以舟楫相通、津梁连通，街市古朴、小巷悠长，如周庄沈厅的"轿从门前进，船在家中过"，就是典型的水乡古镇风情。保护、管理好这些名城、名镇、古镇、古村和历史文化保护区，对继承悠久的历史文化遗产，扩大传统文化在国内外的影响，发展旅游业都有着积极的意义。这也是时代赋予我们的职责。

（2）百戏之祖的昆曲艺术

昆曲是宋元以来在南曲的基础上发展起来的，发源于苏州昆山一带，故名昆曲。明嘉庆年间，苏州戏曲音乐家魏良辅对南曲声腔进行了改革，使得"水磨腔"脱颖而出。明代著名戏剧家梁辰鱼创作了《浣纱记》等名剧，将昆曲正式搬上舞台而成为一个新的剧种。昆曲艺术是中国现存最古老的艺术之一，它对包括京剧等其他的戏剧种类产生了很大的影响，被称作"百戏之祖"。昆曲产生在江南这片土壤，这一艺术形式，无论是从主题、内容到形式都与吴地的经济社会、民风民俗相适应，昆曲的主题一方面体现了江南文人士大夫的艺术情趣和价值取向，另一方面也反映了苏州民间的世俗风情。在昆曲的全盛时期，这一艺术种类更向世界提供了不朽的艺术名篇，如《牡丹亭》《桃花扇》《长生殿》等。昆曲这个古代剧种现代依然薪火不断，20世纪20年代苏州创办了我国第一所昆曲艺术学校——苏州昆曲传习所，从而培养了以"传"字辈为主体的一批昆曲艺术家。苏州昆曲传习所开创和继承的业绩，在今天得到了新的发扬光大，在全国六个昆剧院团中，至今还保留了部分传统的折子戏。

（3）美轮美奂的评弹说唱

评弹的表现形式主要分为评话和弹词。评话通常为单档（一人演出），演员凭一把折扇，一块醒木，边说边演，弹词大都为双档（两人演出），演员各执三弦和琵琶，分坐一桌两旁，有说表有弹唱，被评为"一体两翼"。苏州评弹的源头可追溯到唐代变文和说唱文学，大致形成于明末清初。在乾隆之后，植根于民间的评弹名家辈出，书目繁多，嘉庆年间以陈遇乾为代表的"前四家"，咸丰时期马如飞等"后四家"及其传人，在保存浓厚吴地文化特色的基础上吸收了京腔、徽调、地方小调山歌的营养，形成了诸多流派唱腔，创作了大批描绘社会百态和讽喻时政的书目。20世纪40年代是评弹的发展时期，流派纷呈，丰富多彩，有夏荷生响弹响唱的"夏调"、徐云志软糯优雅的"徐调"、蒋月泉醇厚飘逸的"蒋调"、杨振雄高亢刚健的"杨调"等。新中国成立以后，苏州评弹事业有了新的发展。1952 年成立了苏州人民评弹团，集中了一批名家。1961 年创立了全国第一所曲艺学校——苏州评弹学校。苏州评弹界坚持"出人出书多演出"，通过狠抓长中篇书目创作、演出，举办中国苏州评弹团艺术节等活动，培养中青年人才等措施，其在书目、演出和阵容方面的优势正逐步形成。在台湾苏州评弹被誉为"中国最美的声音"。评弹也已成为苏州市民文化消费的重要内容，全市已有书场 45 家，仅市评弹团每年的演出就达一万多场次。

（4）名家辈出的吴门画派

苏州不仅是文苑艺林的渊源之区，也汇集了人才济济的吴门画家。自三国曹不兴、晋代顾恺之、南朝顾野王开创国画中人物、山水、花鸟三大画科以至历经唐宋元明清，苏州一地名列画史的著名画家就有 1220 多人。其中在明代中叶崛起的"吴门画派"，更是声震中国画坛。吴门画派的开创者文徵明、沈周、仇英、唐寅，生活年代处在明代中叶，因而被后人誉为"明四家"。他们崇尚唐宋元名家风格进而有所变化，笔法秀美温润，构图紧密端庄，在发展古典绘画写实传统的基础上，别开蹊径，创造了具有淡雅、秀丽、明快、清新，以健笔写柔情的风格，并将诗书画有机地融为一体，把中国山水画从疏狂空泛的自然主义倾向中扭转过来，一反当时风靡海内的"浙派"保守院画体，代表着明代画坛革新运动的方向，深得社会各阶层的欢迎。到了明代末期，又出现了董其昌、陈继儒等书画家。政治地位、艺术思想、绘画风格等多方面因素的影响，把吴门画派推向一个高潮，在绘画史上占有重要的地位。一直延续到清初时的王烟客、王园照、王石谷、王原祁"四王"。以吴门画派为"正宗"的文人画，几乎统领着有清一代的画坛，同时演变出太仓的"娄东派"、常熟的"虞山派"。清末至民国时期，苏州画家们纷纷自发组织各种画社、画会，为研究和继承吴门画派立下了汗马功劳。20 世纪 80 年代初，苏州成立了吴门画派研究会，对推进苏州传统书画艺术的发展，有着十分积极的作用，苏州书画家的作品在国内外展览和出版，已产生一定的影响。

（5）巧夺天工的吴地工艺

桃花坞木刻年画：桃花坞木刻年画因集中于苏州桃花坞一带生产而得

名。它通过版画设计、木板雕刻，并采用一版一色的木版套印方法印刷而成。桃花坞木刻起源于明代，盛行于清代雍正、乾隆年间，至今已有 300 多年的历史。桃花坞木刻年画，以门画、中堂、屏条为基本形式，以神像、戏文、民间故事和传统风格为主要题材，以构图丰满、色彩鲜明、富于装饰性为艺术特色，与天津杨柳青、山东潍坊木刻年画齐名，同称为中国三大木刻年画，历来有"南桃北杨"之称。江南城乡每逢新春佳节，常贴桃花坞木刻年画，以示驱凶辟邪、吉祥喜庆。所有这些构成了桃花坞木刻年画的社会背景和文化基础。

瑰丽精细的苏绣：苏绣是我国四大名绣之一，已有 2000 多年的历史，它以图案秀丽、色彩雅洁、绣工精细和形象逼真的艺术风格而闻名中外。早在清末民初，苏绣艺术家沈寿制作的仿真绣《意大利皇后爱丽娜像》和《耶稣像》，先后在 1911 年的意大利都灵万国博览会和 1915 年巴拿马万国博览会上获一等奖。双面绣《小猫》《金鱼》《梅花》《松龄鹤寿》等作品，先后几十次作为具有民族特色和地方风格的礼品，赠送给友好国家的元首和政府首脑。出口的苏绣制品，除单面绣、双面绣、乱针绣、发绣等精品外，还有款式多样的日用品。其中"A"字牌常熟雕花台布曾获国家金质奖。外国友人把苏绣的艺术精品和苏绣艺人的精湛技艺誉为"东方的艺术明珠""亚洲的骄傲"。此外，作为"日出万绸，衣被天下"的丝绸之府，苏州的丝绸织造也久负盛名。苏州丝绸以织工精细、色泽鲜艳、图案雅洁而著名，旧记吴绫和楚绢、蜀锦、齐纨、鲁缟并称。明清时期的苏州"织作在东城，比户习织，专其业者不啻万家"。从宋代开始，宫廷就在苏州设织锦院或织造局等官府工场，苏州成为全国丝绸生产和贸易的中心。丝绸业的发展，为刺绣、戏衣、服装和制扇等工艺领域提供了精美的原料。

（6）享誉世界的苏州园林

悠久的历史文化和优美的自然环境给苏州的造园提供了得天独厚的条件。苏州园林溯源于春秋，发展于晋唐，繁荣于五代两宋，全盛于明清。苏州的古典园林，据记载共有 271 处，至清代有 130 处，迭经兴废，目前尚有 69 处。苏州园林之所以名甲天下，并成为我国优秀传统文化中的瑰宝，是因为它集自然美和艺术美于一体，是建筑、山水、花木、雕刻、书画等诸多门类的综合艺术品。自 20 世纪 50 年代初，经过大规模整修开放的苏州园林有：始建于宋代的沧浪亭、网师园，元代的狮子林，明代的拙政园、留园、西园、艺圃，清代的耦园、怡园、鹤园、听枫园、环秀山庄、拥翠山庄、曲园等。20 世纪 80 年代以后，苏州的园林建筑艺术向海外传播，先后建成的有：日本鹤冈八幡宫内的三座湖石峰和池田市水月公园中的湖心亭——齐芳亭，美国纽约大都会艺术博物馆的明轩和波特兰市的兰苏园，加拿大温哥华市中心公园内的中园等。苏州的园林建筑艺术正在发扬光大，苏州的园林名胜已成为连接世界各国人民友谊的纽带。1997 年苏州的拙政园、留园、网师园、环秀山庄等四座名园作为苏州古典园林的典型例证被联合国教科文组织列入《世界遗产名录》，2000 年又有沧浪亭、狮子林、艺圃、耦园、退思园等五座名园作为苏州古典园林的扩展地列入《世界遗产名录》。

8.2.2　越文化

8.2.2.1　越文化的特征

越文化，属吴越文化之细分，是指江南地区的于越部落先民留下来的物质文化遗存。主要研究对象是河姆渡文化、良渚文化、缚娄古国文化、北阴阳营文化及马家浜文化等等。越地的物质文化遗存还有草鞋山遗址、七里亭遗址、莲花池山遗址、万寿岩遗址、奇和洞遗址、壳丘头遗址、昙石山遗址、郁南磨刀山遗址、大岩遗址、甑皮岩遗址、落笔洞遗址等。越文化的研究，以越俗、越艺、越学这三项为重点。三方面颇能显示越文化的特质，其内涵丰富，如加以系统地整理与总结，有助于全面传承越文化的整体风貌，并把握其内在精神。

8.2.2.2　越文化的现代传承

（1）越地民俗

越文化中最富于区域文化特色的一个部分，其间存留着古老汉族于越习俗文化的传统基因。这不限于典籍上记载的古越人断发文身、凿齿锥髻、踞箕而坐乃至喜生食、善野音、重巫鬼之类的原始风情，也包括流传于后世的种种越地的民情、礼俗、衣食住行等生活方式及民间信仰，尤其是从这些习俗信仰中反映出来的越人的质朴、悍勇和开拓进取的心理特征，一种多少带有野性成分的精神气质。正是这样的气质，使得越文化不仅与讲求礼乐文饰的中原华夏文明有显著差异，就是同邻近地区的吴文化相比，亦呈现出其自身的个性。吴地的先民乃勾吴部落，亦属上古越人部落的一个分支，故吴人的风俗习惯与越人相仿。但吴地距中原更近，开发较早，接受中原文明的浸润较深，其百越文化的基因便不够显扬；加以身处太湖流域的平原地带，为典型的"鱼米之乡"，经济富足，生活安定，也容易养成人们求稳怕乱的守成心态。吴地建立的政权，自吴王夫差北上争霸失败以后，历代执政者多有一种"偏安"的情结，往往以割据江东为满足而不思进取，直至清末八国联军入侵时犹有"东南互保"的呼声发起。吴地居民也常以过好自己的"小日子"为满足，不惯于离乡背井去别创家业。越人的情况便有所不同。

越地经济、文化主要是在山区与海岛之间展开的，"地狭民贫"之称到南宋年间因循未改，这就迫使越地居民致力于以斗争求生存，冒险开拓进取也远较吴人为习见。《越绝书》上记载着越王勾践的复仇事迹，民间传说里讲反抗斗争的故事甚多，再联系到铸剑、尚武的种种传统和近世秋瑾、鲁迅诸人的思想性格，则越人那种独具一格的勇悍气质当不难窥见。

越人善于向外拓展，尤其是沿着海路外移，或北上山东、辽东、朝鲜半岛乃至日本，或南下闽、台、海南及东南亚，到处播散着越文化的印迹。以日本而言，我们过去多关注其接受中原文化影响的一面，但那只是公元7世纪圣德太子主政以后的事，而在这之前很久，日本早就形成自己的民俗文化，从其衣食住行的生活方式（如嗜生食、穿着俭朴、干栏式建筑、坟丘墓葬）和各种民间习俗信仰（如男女情爱较为开放，盛行招魂、降灵、冥婚等巫鬼信仰以及民风强悍进取等）来看，均不类于重礼乐文饰的中原文化，反倒和江南越地民俗为近。这跟稻米种植和铁器制作技术于公元前200年间由江南传入日本，是否有密切的关联呢？

越人的冒险开拓精神一直延续到晚清，有三个事例足以昭显，那就是明清的"绍兴师爷"、民国期间的"宁波同乡会"和当前出现的"温州模式"以及金华地区的"鸡毛换糖"精神。

明清时代，越地经济、文化已然发达起来，受教育的士子陡然增多，而因科举取士在各地实行配额制，众多越地人才无缘由科举晋身仕途，于是相当一部分人转入幕僚队伍，形成独特的"绍兴师爷"景观。"绍兴师爷"在文人笔下以利口机心著称，近乎恶谑，其实并不简单。学做"师爷"，要抛弃弄惯了的八股文，去熟悉钱粮、刑法等各种实务，还要通达人情世故，练就写公文的好手笔，对习举业的人来说，不啻脱胎换骨，没有开拓进取精神是做不到的。

进入近代，上海开埠以后，外地移民大量涌入，以原籍浙江省为最多。浙江移民中的宁波籍人甚至在上海成立了"宁波同乡会"，不仅起到联络乡情、互通声气的作用，且能与上海的租界相抗争，以捍卫乡人的权益，在当时创下不小的名声。再就是改革开放以来兴起的"温州模式"，温州人以个体小生产发家，而今经商的足迹遍及全世界，不少地区和城市均出现"温州街""温州村"之类温州人聚居或经营的场所。还有金华地区商人的进取精神，最典型的就是义乌商人，从"鸡毛换糖"到世界第一大小商品市场，这些都充分体现了越文化精髓。这类现象大家都很熟悉，而从民俗学的角度给予观照，以与越人的文化心理特征相联结，也许会有深一层的体认。

（2）越地艺术

越艺和越俗稍有不同，在于它是中原文化与南方百越文化相嫁接的产物，艺术形态上受中原文化多方面的陶铸与熏染，距离百越文化原始、质朴的风貌已相当遥远。不过越地艺术文化在骨子里仍有其独特的精神气质，崇尚自然可说是它的一大特点，由此而体现出来的那种返璞归真的情趣，也还是同百越文化的基因有着血缘关系。

越艺的崇尚自然，首先表见于山水文艺的发达。中国山水文学的传统正式形成于六朝，其肇端离不开越地山水。如山水诗派的创始人谢灵运，其诗兴得力于永嘉山水人所共知。又如现存最早的山水赋有孙绰的《游天台山赋》，山水小品有吴均的《与朱元思书》，均以越地山水为表现对象。山水画则在东晋顾恺之已见滥觞，画虽不存，而从顾恺之评论会稽山川之美，以"千岩竞秀，万壑争流，草木蒙笼其上，若云兴霞蔚"来作形容，亦可见其发兴之由。山水与越地艺术结下不解之缘，这个趋势一直保持到当今，充分显示了越文化的个性。

越艺的崇尚自然还有另一方面的重要表现，便是抒述性灵。如果说，山水代表着物的自然，那么，性灵正意味着人的自然，即情性的自然，而且两者之间常有着紧密的联系，所以发扬性灵也就成了越地艺术文化的传统。性灵思潮的源头似可追溯至魏末嵇康，并于"竹林七贤"的交游活动中得到一定的反响。汉魏以来兴起的文人五言诗作，其第一波建安诗歌，诗风厚重而有风骨，属典型的中原文化。第二波正始诗歌便有了独抒性灵的气息，像"手挥五弦，目送飞鸿"那样一种从容自得的境界，以往诗篇中罕见，这跟文坛主将嵇康的影响分不开，因为嵇康本人即可视为这一"魏晋风度"的化身。嵇康以后，郭璞的游仙诗里或杂有越地山水与性灵文化的影子，至东晋玄言诗潮，则整个地笼罩着自然适性的言说宗旨。玄言诗作的相当一大部分是在越地山水宴游活动中展开的，兰亭宴集便是个著名的例子，此风于山水诗兴起后续有衍申，而越文化中的性灵取向因亦得到彰显。

唐以后，文坛重心转移北上，但开元、天宝年间仍有"吴中四子"，其中的贺知章乃四明人，诗风清畅自然，不同于北方诗人。大历年间还出现了一个浙东诗人群，不少人都带有抒述性灵的倾向，如秦系、朱放、张志和、僧灵澈、僧清江等，在唐代诗坛上独具一格。此外，如南宋时的"永嘉四灵"，反江西，倡晚唐，主性灵，影响及于全国；又如元末的杨维桢与王冕，明中叶以后的徐渭、张岱、王思任、陶望龄，直至清中叶的袁枚、赵翼和稍后的龚自珍等，均属性灵文学的大家。可见重性灵的传统在越地源远流长，确系越地艺术文化的一大特色。

山水、性灵之外，越艺的崇尚自然还有多种形态，像宋窑出产的青瓷、白瓷不同于"唐三彩"，越地林园的萧疏自然不同于颐和园的金碧辉煌或苏州园林的工巧精致，乃至宋元南戏的质朴通俗、明清山歌的泼辣大胆以及绍剧、婺剧的亢厉粗犷等，都在不同程度上显现着越艺返归自然的特性。

（3）越地学术

越地学术思想已经构成了一个统系，或可称之为"越学"。诚然，学术层面的文化不可能像习俗文化、艺术文化那样具备鲜明而独特的地方色彩，因为学术思想与成果总是面向全国各地区开放的，相互交流与沟通在所难免。不过地区内部的家族渊源、师友承传甚至后辈对前贤的精神仰慕与追踪，自亦是经常在起作用，这便是"越学"得以成立的依据。

"越学"的发轫大致以东汉中叶王充著《论衡》为标志。《论衡》针对两汉流行的谶纬神学及其他迷信，标榜"疾虚妄，求实诚"的论说宗旨，大力批判各种保守、愚昧的习气，发扬实事求是的认知精神，这一崇实求真的指导思想为越学日后的发展奠定了基础。王充以后，历魏晋南北朝隋唐，越地未见大思想家、大学问家，"越学"的承传在若存若亡之间。至北宋，经范仲淹、王安石等人在越地兴学，"越学"的传统始又扬起，有"明州四子""永嘉九先生"诸儒表见于世，大抵继承二程洛学而又有自己的特色。但"越学"的真正成熟还要待到南宋乾道、淳熙之后，有以叶适为代表的永嘉学派、陈亮为代表的永康学派、吕祖谦兄弟为代表的金华学派（或称婺州学派）和杨简等"甬上四子"为代表的四明学派一时并起，盛况空前。这几个学派间，除杨简等直承陆九渊心学外，陈亮、叶适均以经世致用、讲求事功为胜长，而对一味空谈心性的正宗理学采取批判态度；吕氏兄弟传扬的金华之学虽未有如此的锋芒，但也提倡博学通识、学以致用的作风，主张"讲实理、育实材而求实用"，故与朱、陆分门别户，在南宋理学界里隐然形成三足鼎立之势。金华儒学的这一崇实致用的路线在元明之际续有衍流，并通过明末的刘宗周而接上清初以黄宗羲、全祖望、万斯同以至清中叶章学诚为代表的浙东学术统绪，后者虽以史学为其主干，而经世砭俗之初衷不改，亦在清世风行的汉、宋之学以外呈一异彩，后劲直达近人章太炎和蔡元培。

以上简略的叙述表明，越地学术文化确有其自身承传的统系，这不光指家族与师友间的有形传授，也包括学理、学风甚至学术精神上的无形继承。总体来说，其核心为一个"实"字，也就是王充所谓的"求实诚"；具体而言，则表现为理念上的批判精神（批判一切虚妄不实之谈）、内容上的史论结合（实事实理）和作风上的学以致用（经世致用）。这正是越学的思想价值之所在，是越地先辈学者留给我们的一份宝贵遗产，认真地总结和吸取他们的经验，将会对今天的学术建设起到良好的推动作用。

8.2.3 海派文化

8.2.3.1 海派文化的特征

海派文化的基本特征，可以说是具有开放性、创造性、扬弃性和多元性。

（1）开放性

海派文化姓海，海纳百川、熔铸中西，为我所用，化腐朽为神奇，创风气之先。还表现在不闭关自守，不故步自封，不拒绝先进，不排斥时尚。

（2）创造性

吸纳不等于照搬照抄，也不是重复和模仿人家，而是富有创新精神，洋溢着创造的活力。例如，当年的海派京剧开创了连台本戏、机关布景是创新，如今的《曹操与杨修》也是创新，金茂大厦是在建筑文化方面的创新等。

（3）扬弃性

百川归海，难免泥沙俱下，鱼龙混杂，尤其在被动开放时期，在租界里，以及主动开放初期，百废待兴的形势之下，有些饥不择食，来者不拒，这是可以理解的。我们及时地提出这时特别需要清醒地辨别，有选择地有区别地对待，避免盲目和盲从。

（4）多元性

海派文化和其他事物一样，是复杂的共同体，不应该要求它纯之又纯，单一就不成其海派文化了。雅与俗，洋与土，阳春白雪与下里巴人，以至先进与落后，甚至低级、庸俗、黄色、反动文化也有可能混杂其间，特别需要清醒地区别对待。

8.2.3.2 海派文化的现代传承

海派文化是植根于中华传统文化基础之上，吸纳吴越文化和其他地域文化，融合近代西方文化，而形成的具有包容性、开放性、多元性、商业性等独特个性的文化流派。历史上，上海在五湖四海、南来北往、五方杂处、承接传统、贯通中外的交汇中，形成了养分富足的多元文化生态。这在客观上加速了海派文化的发育壮大，海派书画、海派京剧、海派文学、海派歌舞、海派电影等均是这种文化生态的产物。

近代上海得益于文化上的"无主导"和"多支脉"，才形成了多元文化相互角逐的竞争格局，从而为最具文化杂糅特点的海派文化成型、成势创造了必要条件。其中，西方事务和文化大规模融入上海。然而上海能够表现得相当从容以至宽容，既可追溯到儒家文化的兼容、中和思想，又与上海移民人口的文化性格有着内在联系——正是上海移民的某种文化"边缘性"特点，弱化了不同文化之间的隔阂和对立，从而加强了不同文化之间的融合。海派文化的演化过程也证明了这一论断。上海作为一个重要的港口城市，汇集了世界各地的人员，形成了重视商业的传统。由此，在文化层面上就形成了包容、开放的特点。特别是近代以后，作为一个通商口岸，上海吸引了越来越多的西方人。他们携带着各国的文化元素和新鲜事物来到这里，融入当地的生活圈，从而造就了海派文化的多元化特色。

同时，作为一个移民城市，要想在上海站住脚跟、打拼成功，就得依靠能力提升和契约精神。由此，海派文化不仅"海纳百川、兼容并蓄"，而且崇尚国际风范、谨守规则法度、勇于打拼创造。进一步来看，海派文化的发展成熟，还得益于全球化进程。表面上看，全球化似乎是在消解分化地域文化，但地域文化的顽强性往往会促使全球化对其实施一定程度的妥协及融合，这样反倒成就了别具特色的地域文化。无疑，海派文化就是这一妥协及融合的产物。

（1）海派文化的精神

在城市外观越来越同质化的今天，只有独特的文化是不可复制的。上海正努力建设全国文化中心，建成文化要素集聚、文化生态良好、文化事业繁荣、文化产业发达、文化创新活跃、文化英才荟萃、文化交流频繁、文化生活多彩的国际文化大都市。海派文化是上海都市文化的集中体现，是上海发展进步的重要源泉。无论社会如何发展、时代怎样变迁，海派文化永远不会过时，而只会历久弥新。

一方面，海派文化是上海城市形象的"活广告"。《2017年上海文化定位调查报告》显示，70.1%的受访者认为上海城市文化是"很开放并带有自身特色的海派文化"，15.9%的受访者认为上海城市文化是"很浓郁很传统的中国文化"，13.9%的受访者认为上海城市文化是"多元融合的移民文化"。这很好地说明，"海纳百川、追求卓越、开明睿智、大气谦和"的上海城市精神，也是海派文化的内在特质。这种文化气质让上海可以实现各种外来文化的融合发展，也为上海经济社会发展提供源源不断的内生动力，让上海融入世界，让世界汇聚上海。

另一方面，海派文化为"一带一路"建设提供精神引领。在经济全球化浪潮席卷世界的今天，如何应对国内国际挑战、寻求各国利益交汇点、实现共同发展，考验着世界各国人民的智慧。"一带一路"的宗旨就是借用古代丝绸之路的历史符号，高举和平发展的旗帜，与相关国家共同打造政治互信、经济融合、文化包容的利益共同体、命运共同体和责任共同体。

上海地处水陆交通发达、移民人口集中的长三角区域，面向出海口，背靠亚欧大陆腹地，是当之无愧的"一带一路"重要节点城市。而海派文化的开放性与创新性，可以说与"一带一路"的合作精神不谋而合，为相关国家和地区摒弃分歧、谋求合作、实现共赢提供了实实在在的价值引导。应该看到，"一带一路"倡议不只是相关国家的经济贸易合作，而且也注重人文交流、文明互动。在这方面，上海可以积极扩大与"一带一路"相关国家的人文交流，坚持"走出去"与"引进来"相结合，既借鉴吸收融合各国优秀文化，又能"取精弃粕"，发展自身文化，进而形成兼具世界潮流和地方特色的"新海派文化"。

（2）对接市场需求

海派文化见证上海的过去，也必将伴随上海的未来发展。

第一，用好文化资源。作为长三角地区的交通枢纽和物流中心，上海不仅有着优良的区位优势，而且也有着深厚的都市文化积淀。充满历史韵味的文化老街、包罗万象的历史建筑、令人艳羡的名人故居等，这些都是长三角城市群的耀眼名片，具有无穷的文化魅力，应该充分利用好，让其焕发出新的时代魅力。例如，在文化供给生产和消费服务等方面，应力争让带有鲜明海派特色的文化产品更具活力、更有市场。为此，可推动沪剧、越剧、评弹、滑稽戏、书画、影视、综艺、演艺、书画、舞蹈、音乐等更加聚焦挖掘开发本土原创文化要素意蕴，让时尚缔造和文化传播打上更鲜明的海派印迹。

同时，要站在弘扬社会主义先进文化的高度，联手周边城市一起挖掘区域发展进步的历史故事，多举办一些文化交流活动，让更多人知晓江南文化、海派文化，知晓红色文化，从而推动长三角区域文化的大包容、大开拓、大创新。

第二，创新文化表达。东方卫视制作的《今晚80后脱口秀》，因具有浓浓的海派文化特点和国际都市情调而广受欢迎，《喝彩中华》的走红则进一步彰显了海派文化的精致、细腻与时尚。由此可见，海派文化具有很高的开发价值和广泛的受众群体。

新时代，我们应该进一步创新和丰富海派文化的表现载体，鼓励文化创作与市场相结合，通过影视作品、电视节目、文学作品、戏剧等多种形式充分展现海派文化的思想内涵与时代魅力，让受众在潜移默化中受到感染和熏陶、在提升自我文化修养之时成为海派文化的粉丝。同时，要注重培育开放式文化创新生态系统，促进文化成果与市场需求的有效对接，使长三角城市群成为都市文化的创新载体。

第三，发挥引领作用。可从两个方面入手，进一步发挥海派文化的引领作用，一是做好"传承功课"。例如，是否可以在更多的中小学开设海派历史、海派文学、海派京剧等课程，让孩子从小接触、了解海派文化，让海派文化品格内化为上海人的精神气质。二是做好"创新功课"。上海是长三角的教育文化中心，有强大的人才吸附功能，是高精尖人才的集聚洼地和储备场所。要以此为基础，充分激发海派文化的强大凝聚力，让创新成为上海建设卓越全球城市的强大动力。

第四，提升服务功能。弘扬海派文化，需要进一步发挥政府的作用，提升上海公共文化服务能力。当前，上海的公共文化服务还存在不少短板。例如，对推动现代公共文化服务体系建设向集约化、跨界化发展的重要性和紧迫性认识不足，工作开展分散。同时，公共文化服务还不同程度地存在"不接地气"的问题。有鉴于此，相关部门需要加强能力建设、强化管理服务团队建设。同时，要带动更多的社会投入，一方面加大公共服务购买力度，另一方面积极放开社会资本进入文化领域，提升文化服务供给力和供给质量，以满足人民群众日益增长的精神文化需求，实现文化服务效率、效果、效益的有机统一，让海派文化传播更广、覆盖更大、影响力更强。

8.2.4 红色文化

8.2.4.1 红色文化的特征

红色文化反映了中国共产党带领中国人民为实现民族独立和中华民族伟大复兴所作出的不懈努力，它通过多样化形态对中国曾经走过的历史进程进行歌颂和传承。虽然其表现形态各异，但属性特征鲜明，主要表现在以下方面：

（1）政治性

红色文化的政治性突出体现在坚持和巩固马克思主义的指导地位。红色文化伴随着中国革命的成功、社会主义建设和改革开放的不断推进，这期间始终不变的就是坚持马克思主义的指导地位不动摇。不管红色文化在内容、形式、载体等方面如何拓展和创新，都始终坚持为无产阶级和人民大众服务的立场，始终坚持以马克思主义为指导。这就要求我们的文化建设必须坚持马克思主义的立场、观点和方法，运用马克思主义及马克思主义中国化成果指导文化建设。历经四十多年的改革开放，我国目前已迈上全面建设社会主义现代化国家新征程，在不断加强意识形态建设和文化建设基础上还面临着诸多问题需要解决，巩固马克思主义在意识形态领域的指导地位，做好红色文化传承和发展，在现阶段显得尤为重要。

（2）先进性

中国共产党的先进性主要体现在它不仅是中国工人阶级、中国人民和中华民族的先锋队，而且还始终代表中国先进生产力的发展要求、先进文化的前进方向和最广大人民群众的根本利益。中国共产党带领人民群众所创立的红色文化也同样具有先进性，坚持把符合人类社会发展需求的理想和信念通过不同载体的文化形态进行记载和传承，指引着党和人民取得一个又一个巨大胜利和成就，创造性地保持和发展了党的先进性。

（3）革命性

红色文化是能说服人、打动人、引领人的强大"物质力量"，它可以摧毁旧世界、建立新世界。改革本身就是一场革命，是党在新的历史条件下带领人民进行的新的伟大革命。改革没有完成时，只有进行时，有改革开放才能发展中国、发展社会主义、发展马克思主义。红色文化随着改革开放的步伐，经历了"两个文明一起抓"，加强"精神文明建设"，"建设有中国特色社会主义的文化"，培育和践行"社会主义核心价值观"，奋力实现中华民族伟大复兴的中国梦等历史阶段，各项符合我国国情路线方针政策的提出和落实都是一次改革和发展，都在推动着中国特色社会主义事业向前发展。

（4）人民性

人民至上是马克思主义的政治立场。红色文化之所以能够被人民群众所接受和传承，就在于红色文化能够满足人民群众的需求，能够反映人民的集体意志和精神力量。红色文化因其鲜明的政治立场和崇高的价值取向而有着深厚的群众基础，它是为实现最广大人民根本利益而服务的文化，与封建主义文化、资本主义文化有着根本的区别。"为人民服务"不仅是中国共产党人最响亮的口号，更是红色文化的价值追求。

（5）发展性

红色文化在指导人们进行革命、建设、改革的伟大实践中，不断与当时当地具体实际相结合，形成了一系列具有革命色彩、改革风范的文化成果，体现了红色文化的创新品格。如红船精神、井冈山精神、长征精神、延安精神、雷锋精神、焦裕禄精神、抗洪精神、抗震救灾精神、载人航天精神、抗疫精神等，都在中国历史发展过程中发挥过巨大的精神动力作用。我们必须继续发展和丰富红色文化，坚持红色文化的与时俱进，用发展的红色文化继续指导新的实践。

8.2.4.2 红色文化的现代传承

红色文化自诞生以来就发挥着自身价值，但在不同时期又起到不同的作用。红色文化指引中国人民建立新中国，让中国人民站了起来；红色文化引领中国人民力推改革开放，让中国人民富了起来；新时代背景下，红色文化正在发挥着价值引领作用，使中华民族向强起来奋勇前进。红色文化的现代传承价值体现在多方面和多领域，如历史印证价值、文明传承价值、政治教育价值、经济开发价值等。

（1）社会主义核心价值观的培育与践行

文化蕴含着人类的智慧和价值追求，文化的核心是价值观。红色文化的当代价值，首先体现在它对社会主义核心价值观的培育与践行有着巨大的推动作用。要建设和发展中国特色社会主义，必须有一个能够被全社会认同的价值体系和价值观来引领，因为其决定着文化的性质和发展方向，是促使国家稳定发展的稳压器。我国已进入新时代，新时代带给党和人民更加光明的未来，但是也提出了一些严峻挑战。面对错综复杂的国际国内关系和国内主要矛盾的变化，加强社会主义核心价值观的培育，推进社会主义核心价值观的践行，统一思想、凝聚共识，在新时代下显得尤为重要。做好红色文化宣传和红色资源推广，不仅可以增强教育的示范性、生动性，还可以避免单纯进行思想政治教育的空洞说教，增强教育的针对性和实效性。通过考察红色革命根据地、聆听红色故事、参加爱国主义培训等方式加强红色文化学习，不仅使人们对社会主义核心价值观的丰富含义有更加准确的理解，引导人们坚定马克思主义信仰、坚定对社会主义和共产主义的信念和对中国特色社会主义文化的自信，还可以引导人们厚植爱国情怀，使人们发自内心对社会主义核心价值观产生认同，并转化为自觉行动。

改革开放以来，我国涌现出一批鼓舞人、激励人的优秀精神成果，他们作为红色文化的一部分，在推动社会主义核心价值观的培育与践行方面发挥着巨大的榜样和价值引领作用。如抗震救灾精神、抗洪精神、载人航天精神、抗疫精神等，展示了广大人民团结一致、勇于创新、敢于拼搏的高尚道德情操，将"爱国""奉献"等社会主义核心价值观展现得淋漓尽致。红色文化不仅为社会主义核心价值观培育提供了天然平台与载体，而且在弘扬共同理想、凝聚精神力量、培育道德风尚等方面为社会主义核心价值观的培育、践行提供了动力支持，强化了社会主义核心价值观的引领作用。

（2）助推经济发展和社会进步

先进的文化能够满足人民大众需要，符合历史潮流的文化会助推经济和社会发展；反之，腐朽没落、不符合人民大众需要、逆历史潮流的文化会阻碍经济和社会发展。红色文化自中国共产党诞生就开始酝酿，伴随着中国共产党历经近100年的丰富和发展，形成了一套内容丰富、体系完整的文化体系。它指引着党和人民推翻帝国主义、封建主义和官僚资本主义的腐朽反动统治，取得了新民主主义革命的伟大胜利，为社会主义制度在中国的建立和巩固发挥了巨大作用，在改革开放新形势下，它依然鼓舞和激励着人们继续前进，为全面建成小康社会和实现中华民族伟大复兴不懈奋斗。今天，随着我国改革开放的深入发展和社会主要矛盾的变化，对党和国家工作提出了许多新要求。我们要在继续推动社会发展的基础上，着力解决好人民日益增长的美好生活需要和发展不平衡不充分之间的矛盾，大力提升发展的效益和质量，更好地满足人们在经济、政治、文化、社会、生态等方面日益增长的需要。作为我国社会主义先进文化的重要内容，也为了更好地满足人民大众对文化的需求和期待，红色文化这几年在发展新路上取得了一定成效。如近几年红色资源的利用开发、红色旅游的蓬勃发展、红色文化产品的不断问世、红色文化服务的持续供给等，红色文化的经济价值随着社会的发展和人们文化需求的增长愈发凸显，红色文化产业已成为新的经济增长点。《2016—2020 年全国红色旅游发展规划纲要》提出，我国红色旅游稳步发展，大量革命历史文化资源得到有效保护和合理利用，覆盖广泛、内容丰富的经典景区体系基本形成，年接待人数持续增长，取得了明显的社会效益和经济效益。可见，红色文化发展不仅刺激和拉动了社会的经济发展，推动社会进步，而且为人们坚定文化自信，坚定中国特色社会主义道路凝聚了力量。中国特色社会主义新时代的到来，中国社会发展进入新的历史阶段，如何提高文化软实力作用，凝集精气神，事关"两个一百年"奋斗目标和中华民族伟大复兴中国梦的实现。保管好革命博物馆、纪念馆、烈士陵园等红色基因库，讲好红色故事，加强红色教育，传承红色基因，培养红色接班人，确保红色江山永不变色，不仅意义重大，而且影响深远。

8.3　以江南文化促进长三角一体化发展

8.3.1　共建江南文化品牌迎来战略机遇期

长三角一体化始于 1982 年，先后有过"沪苏浙 9 市""沪苏浙皖赣四省一市""沪苏浙 16 市""沪苏浙 25 市""沪苏浙皖 26 市""沪苏浙皖全境"等版本，在空间上多次发生变化，并使用过"长三角经济圈""上海经济区""长江三角洲经济区""长三角城市群"等名称。走到今天，殊为不易。城市群是当今世界城市化的主流，主要形成了两种发展模式：一是以经济、交通、人口为中心的"经济型城市群"，二是以文化、生态和生活质量为目标的"文化型城市群"。前者本质上是一种"见物不见人"的传统模式，后者则代表着城市群发展的新理念和新形态。目前，长三角在生态保护、互联互通、公共服务一体化等方面推进较快，但在传承保护江南文化、构建当代长三角文化认同、共同打造区域文化品牌等方面，亟须科学谋划，加快战略布局。把文化、生态和生活质量提到更加重要的地位，以江南文化为战略资源构建长三角文化价值认同机制，引领长三角城市群转变发展方式，是新时代赋予江南文化的重大战略使命。

江南是中华文明的重要发祥地之一，江南文化是中华文化的重要组成部分。从地理上看，历史上的江南地区与长三角城市群的核心功能区基本吻合。在人文上看，包含吴文化、越文化、海派文化等的当代江南文化构成了长三角文脉的主体形态。江南文化覆盖到长三角主要文化功能区，有利于用好用足全部核心资源，调动发挥各方参与建设的积极性，合力打造江南文化引领长三角一体化发展的大格局和新局面。此外，近年来长三角在环保、交通、物流、产业、科技、人才、公共服务等方面迈出的坚实改革步伐，也为联手推进江南文化传承发展、共同打造长三角共有精神家园创造了良好条件和氛围。长三角城市群共建江南文化品牌正处在最有利的战略机遇期。

8.3.2 提炼江南文化"经世致用"精神

一体化的一个重要目的是要解决区域发展不平衡问题。城市群的要义是构建合理层级体系和高效分工协作机制。由于客观存在的利益和矛盾，城市之间的激烈竞争从来不可避免。从文化和价值的角度看，以"二元对立"为基本特征的西方文化和生产生活方式，是造成城市群内部无序竞争和激烈矛盾的主要根源之一。就此而言，以天性友善、处世温和、考虑周全、做事精细为基本特色的江南文化，不仅在历史上成功处理过极其复杂的社会矛盾和人际关系，也完全可成为治理城市群的重要思想文化资源。城市是人的城市，人的思想、观念、行为和态度，直接决定了长三角城市群发展的质量和境界。对江南文化特有的"经世致用"价值进行研究提炼总结，形成一批具有现代性转换和创新性发展的重要理论成果，并通过多种教育渠道、学习平台和传播方式对干部群众进行"江南文化教育培训"，可为长三角城市群的内部合作协调创造良好的主体条件。

江南文化是诗性文化，代表了我国区域文化最高的审美和艺术水准，是最符合马克思"人的全面发展"和"按照美的规律来建造"的本土思想文化谱系。以品质精美的江南诗性文化为战略资源，建设新时代长三角高品质城市文明，对内有助于提高市民和社会文明程度，为人民群众提供更好的文化消费产品和服务，对外则可利用江南文化在全球文化体系中的良好口碑和艺术魅力，全面提升长三角城市群在当今世界的文化影响力和文明竞争力。

8.3.3 建设江南文化全球传播展示中心

江南文化是中华文化最富有人文魅力、美学精神的组成部分，是长三角地区共同的文化标识和共有的精神家园。要积极发挥上海作为首位城市的平台服务功能，建设长三角江南文化全球传播展示中心。

在历史上看，江南文化经历过从古代以苏州为中心到近现代以上海为中心的发展历程。在现代时期，融合西方理性文化、中原实用理性、江南诗性文化而形成的海派文化，不仅成功实现了江南文化的近代转型和创新发展，也深刻影响了中华民族迈向现代的总体进程。党的十九大开启了全面建设社会主义现代化国家新征程，以上海为首位城市的长三角城市群被赋予了更加重大的历史使命。上海不仅要在国际经济、金融、贸易、航运、科创中心等方面继续开拓进取，在区域文化复兴中同样要发挥主导作用。以促进江南文化高水平开放发展为目标，构建长三角江南文化全球传播展示中心，自觉体现上海作为社会主义现代化大都市的文化担当，持续推进海派文化和江南文化融合发展，把江南文化打造成新时代宣传中国形象、展示中华文明、彰显文化自信的独特亮丽名片，为中国其他区域文化走出去提供示范，是上海扩大城市服务功能的重要组成部分和新时代文建设应有的重要内容。近年来，沪苏浙皖就保护传承江南文化形成高度共识，共建江南文化家园意识不断增强，并采取了各种方式、联合开展多种活动加以推进。未来要持续开展江南文化理论研究，深刻认识江南文化的本质和作用，以江南文化的现代性转换和创新性发展，为长三角一体化高质量发展提供文化引领和理论支撑。

8.3.4 联合成立长三角江南文化协同创新中心

建议由相关部门牵头，采取轮值主席制，集聚文化理论、文化旅游、非遗保护、区域经济、城乡规划等领域的专家学者，广泛吸收城市、企业、社会组织、科研机构作为会员单位加入，打造集理论研究、交流博览、传播设计、文旅协作等于一体的智库平台。开展前瞻性、针对性、储备性的政策研究和项目库设计，不断谋划和探索新的合作方式与机制，为政府和企业提供专业化、建设性、务实管用的咨询服务。

8.3.5 研究编制《新时代长三角江南文化发展规划纲要》

立足于不同城市的人文地理区位和文化资源特点，在江南文化发展规律和长三角城市群建设需要之间找到最佳的平衡点，为长三角江南文化中长期发展绘制整建制、成系统、全覆盖、有步骤的发展蓝图。在文化资源保护、文化旅游开发、重大文化项目等领域设立相关约束性指标，提高区域文化发展的协调性、联动性和综合效益，建立高质量的协同发展机制。

8.3.6 谋划和布局长三角国家级江南文化传承发展示范区

立足于"构建中华优秀传统文化传承体系，实现传统文化创造性转化和创新性发展"，在"十四五"时期，对江南文化传承发展示范区的选址、定位、目标、功能等开展研究，争取列入未来国家发展规划"重大工程项目"，全面提升长三角区域一体化的文化自信和价值共识，对其他城市群的文化建设发挥示范作用。

参考文献

［1］朱庆葆：《江南文化的三个核心内涵》，《文汇报》2019 年 4 月 12 日。

［2］刘士林：《文化江南的当代传承与开发》，《南通大学学报（社会科学版）》2012 年第 1 期。

［3］朱永新：《吴文化的传承、发展与苏州现代化建设（上）》，《苏州市职业大学学报》2003 年第 2 期。

［4］朱永新：《吴文化的传承、发展与苏州现代化建设（下）》，《苏州市职业大学学报》2003 年第 3 期。

［5］王韧：《海派文化怎样做好传承转化》，《解放日报》2018 年 11 月 13 日。

［6］张红英、何志敏：《论红色文化的基本特征及其当代价值》，《毛泽东思想研究》2020 年第 5 期。

第三部分　数据分析

9

中国城市群基本情况

9.1 2019 年中国城市群基本情况

9.1.1 城市群范围

2010 年 12 月，国务院印发《全国主体功能区规划》（以下简称《规划》），《规划》基于不同区域的资源环境承载能力、现有开发强度和未来发展潜力将我国国土空间分为优化开发区域、重点开发区域、限制开发区域和禁止开发区域。优化开发区域是经济比较发达、人口比较密集、开发强度较高、资源环境问题更加突出，从而应该优化进行工业化、城镇化开发的城市化地区。重点开发区域是有一定经济基础、资源环境承载能力较强、发展潜力较大、集聚人口和经济的条件较好，从而应该重点进行工业化、城镇化开发的城市化地区。限制开发区域包括农产品主产区和重点生态功能区。禁止开发区域是依法设立的各级各类自然文化资源保护区域，以及其他禁止进行工业化城镇化开发、需要特殊保护的重点生态功能区。

《规划》将优化开发区域和重点开发区域落实到 24 个城市群，分别为京津冀、辽中南、山东半岛、长三角、珠三角、太原、呼包鄂榆、哈长、东陇海、江淮、海峡西岸、中原、武汉、环长株潭、环鄱阳湖、北部湾、成渝、黔中、滇中、关中—天水、兰州—西宁、宁夏沿黄、天山北坡、藏中南等城市群。按照地理位置，优化开发区所含城市群分布在我国东部沿海地区，故又称东部城市群；重点开发区包括的城市群多分布于相对落后的中西部地区，故又称为中西部城市群。表 9-1 为各城市群的划分，各城市群包含的城市均依据已有规划文件得到。

表 9-1　我国主要城市群及其空间范围

	城市群名称	空间范围
优化开发区域	京津冀城市群	包括两个直辖市北京、天津以及河北省的石家庄、唐山、秦皇岛、邯郸、邢台、保定、张家口、承德、沧州、廊坊、衡水，共 13 个城市
	长三角城市群	包括一个直辖市上海以及江苏省的徐州、宿迁、连云港、淮安、盐城、扬州、泰州、南通、镇江、常州、无锡、苏州、南京，浙江省的舟山、杭州、嘉兴、温州、宁波、绍兴、湖州、丽水、台州、金华、衢州，安徽省的合肥、芜湖、蚌埠、马鞍山、宣城、滁州、淮南、淮北、黄山、池州、安庆、六安、阜阳、宿州、亳州、铜陵，共 41 个城市
	珠三角城市群	包括广东省的深圳、广州、珠海、佛山、江门、肇庆、惠州、东莞、中山，共 9 个城市
	辽中南城市群	包括辽宁省的沈阳、大连、鞍山、抚顺、本溪、辽阳、丹东、营口、盘锦、铁岭，共 10 个城市
	山东半岛城市群	包括山东省的济南、青岛、烟台、淄博、威海、潍坊、东营、日照，共 8 个城市
重点开发区域	哈长城市群	包括黑龙江省的哈尔滨、大庆、齐齐哈尔、绥化、牡丹江及吉林省的长春、吉林、四平、辽源、松原、延边朝鲜族自治州，共 11 个市州
	东陇海城市群	包括江苏省的徐州、连云港和山东省的日照，共 3 个城市
	江淮城市群	包括安徽省的合肥、芜湖、马鞍山、铜陵、安庆、滁州、池州、六安、宣城，共 9 个城市
	海峡西岸城市群	包括福建省的福州、厦门、莆田、三明、泉州、漳州、南平、龙岩、宁德，共 9 个城市
	中原城市群	包括河南省的郑州、济源、开封、洛阳、平顶山、新乡、焦作、许昌、漯河，共 9 个城市
	武汉城市群	包括湖北省的武汉、黄石、鄂州、黄冈、孝感、咸宁、仙桃、天门、潜江，共 9 个城市
	环长株潭城市群	包括湖南省的长沙、株洲、湘潭、岳阳、衡阳、常德、益阳、娄底，共 8 个城市
	环鄱阳湖城市群	包括江西省的南昌、景德镇、鹰潭、九江、新余、抚州、宜春、上饶、吉安，共 9 个城市

续表

	城市群名称	空间范围
重点开发区域	成渝城市群	包括一个直辖市重庆以及四川省的成都、自贡、泸州、德阳、绵阳、遂宁、内江、乐山、南充、眉山、宜宾、广安、达州、雅安、资阳，共16个城市
	关中—天水城市群	包括陕西省的西安、铜川、宝鸡、咸阳、商洛、渭南和甘肃省的天水，共7个城市
	太原城市群	包括山西省的太原、晋中、阳泉、吕梁、忻州，共5个城市
	北部湾城市群	包括广西的南宁、北海、钦州、防城港，共4个城市
	兰州—西宁城市群	包括甘肃省的兰州、白银、定西、临夏回族自治州和青海省的西宁，共5个市州
	滇中城市群	包括云南省的昆明、曲靖、玉溪和楚雄彝族自治州，共4个市州
	黔中城市群	包括贵州省的贵阳、遵义、安顺、毕节、黔东南州、黔南州，共6个市州
	呼包鄂榆城市群	包括内蒙古的呼和浩特、包头、鄂尔多斯和陕西省的榆林，共4个城市
	宁夏沿黄城市群	包括宁夏的银川、石嘴山、吴忠和中卫，共4个城市
	天山北坡城市群	包括新疆的乌鲁木齐、克拉玛依、吐鲁番、哈密、石河子、昌吉回族自治州、伊犁哈萨克自治州、博尔塔拉蒙古自治州、塔城地区，共9个市州地区
	藏中南城市群	包括西藏的拉萨、日喀则、那曲、山南、林芝，共5个城市

资料来源：《全国主体功能区规划》及各地方政府规划。

9.1.2　城市群在中国经济中的重要作用

随着经济发展，城市群在区域发展中发挥重要作用。城市群集中了区域的优势资源，带动了区域整体发展。2019年我国城市群总面积占全国面积的36.55%，集中了全国72.91%的人口，创造了85.36%的GDP，城市群的经济密度与土地利用效率（人均GDP、地均GDP）领先于全国平均水平。其中，第一产业增加值占全国的67.04%，第二产业增加值占

86.87%，第三产业增加值占 86.70%。此外，社会消费品零售总额占据全国的 87.35%，全国 41.84% 的公共财政收入来源于在城市群地区，城市群的公共财政支出占全国的 58.06%。同时，城市群地区吸引了全国几乎全部的外商直接投资。由此可见，城市群在全国的生产建设上起到了举足轻重的作用。

表 9-2 2019 年中国城市群在中国经济发展中的重要地位分析

	土地面积（万平方公里）	常住人口（万人）	GDP（亿元）	第一产业增加值（亿元）	第二产业增加值（亿元）
24 个城市群合计	352.10	102082.34	845839.42	47238.61	335444.59
占全国比重（%）	36.55	72.91	85.36	67.04	86.87

	第三产业增加值（亿元）	社会消费品零售总额（亿元）	外商直接投资实际使用额（亿美元）	公共财政收入（亿元）	公共财政支出（亿元）
24 个城市群合计	463163.35	356406.90	2600.93	79662.88	138692.70
占全国比重（%）	86.70	87.35	100.00①	41.84	58.06

资料来源：《中国城市统计年鉴 2020》②、《中国统计年鉴 2020》。

9.1.3 城市群功能定位

《全国主体功能区规划》（以下简称《规划》）依据各城市群的自然条件和经济基础，分别对各城市群进行了功能定位。可以看到，城市群的确定与功能定位与其位置和交通条件有关，东部城市群濒临太平洋，水陆空运输体系发达，《规划》要求东部城市群既要联系内陆，又要扩大对外交流，中西部城市群多分布在重要的交通枢纽附近，或者是与我国北、西、南方向

---

① 由于数据统计口径问题，各城市群加总数据已超过全国数据总和，因此占比定为 100%。
② 各城市群数据主要来自《中国城市统计年鉴 2020》，部分缺失数据来自各省份统计年鉴、国民经济和社会发展统计公报等。由于数据缺失，少部分数据由 2018 年数据替代，但最终仍存在部分数据缺失，以下各表同。

的国家相邻的地区。根据资源的富集程度，太原城市群、呼包鄂榆地区、哈长地区、天山北坡地区等被定位为全国重要的能源基地。近些年来我国高新产业发展迅速，一些城市群坚持培育高新产业，形成了发展优势。《规划》将山东半岛、冀中南、哈长、江淮、中原、长江中游、成渝、关中—天水等城市群定位为全国高新技术产业基地。依托强大的人力优势与良好的科研基础，东部城市群均被定位为全国重要的科技创新与技术研发基地。

表9-3　中国城市群的功能定位

城市群	功能定位
京津冀城市群	"三北"地区的重要枢纽和出海通道，全国科技创新与技术研发基地，全国现代服务业、先进制造业、高新技术产业和战略性新兴产业基地，我国北方的经济中心
辽中南城市群	东北地区对外开放的重要门户和陆海交通走廊，全国先进装备制造业和新型原材料基地，重要的科技创新与技术研发基地，辐射带动东北地区发展的龙头
山东半岛城市群	黄河中下游地区对外开放的重要门户和陆海交通走廊，全国重要的先进制造业、高新技术产业基地，全国重要的蓝色经济区
长三角城市群	长江流域对外开放的门户，我国参与经济全球化的主体区域，有全球影响力的先进制造业基地和现代服务业基地，世界级大城市群，全国科技创新与技术研发基地，全国经济发展的重要引擎，辐射带动长江流域发展的龙头，我国人口集聚最多、创新能力最强、综合实力最强的三大区域之一
珠三角城市群	通过粤港澳的经济融合和经济一体化发展，共同构建有全球影响力的先进制造业基地和现代服务业基地，南方地区对外开放的门户，我国参与经济全球化的主体区域，全国科技创新与技术研发基地，全国经济发展的重要引擎，辐射带动华南、中南和西南地区发展的龙头，我国人口集聚最多、创新能力最强、综合实力最强的三大区域之一
冀中南城市群	重要的新能源、装备制造业和高新技术产业基地，区域性物流、旅游、商贸流通、科教文化和金融服务中心
太原城市群	资源型经济转型示范区，全国重要的能源、原材料、煤化工、装备制造业和文化旅游业基地
呼包鄂榆城市群	全国重要的能源基地、煤化工基地、农畜产品加工基地和稀土新材料产业基地，北方地区重要的冶金和装备制造业基地

城市群	功能定位
哈长城市群	我国面向东北亚地区和俄罗斯对外开放的重要门户，全国重要的能源、装备制造基地，区域性的原材料、石化、生物、高新技术产业和农产品加工基地，带动东北地区发展的重要增长极
东陇海城市群	新亚欧大陆桥东方桥头堡，我国东部地区重要的经济增长极
江淮城市群	承接产业转移的示范区，全国重要的科研教育基地，能源原材料、先进制造业和科技创新基地，区域性的高新技术产业基地
海峡西岸城市群	两岸人民交流合作先行先试区域，服务周边地区发展新的对外开放综合通道，东部沿海地区先进制造业的重要基地，我国重要的自然和文化旅游中心
中原城市群	全国重要的高新技术产业、先进制造业和现代服务业基地，能源原材料基地、综合交通枢纽和物流中心，区域性的科技创新中心，中部地区人口和经济密集区
武汉城市群	全国资源节约型和环境友好型社会建设示范区，全国重要综合交通枢纽、科技教育以及汽车、钢铁基地，区域性的信息产业、新材料、科技创新基地和物流中心
环长株潭城市群	全国资源节约型和环境友好型社会建设的示范区，全国重要的综合交通枢纽以及交通运输设备、工程机械、节能环保装备制造、文化旅游和商贸物流基地，区域性的有色金属和生物医药、新材料、新能源、电子信息等战略性新兴产业基地
环鄱阳湖城市群	全国大湖流域综合开发示范区，长江中下游水生态安全保障区，国际生态经济合作重要平台，区域性的优质农产品、生态旅游、光电、新能源、生物、航空和铜产业基地
北部湾城市群	我国面向东盟国家对外开放的重要门户，中国—东盟自由贸易区的前沿地带和桥头堡，区域性的物流基地、商贸基地、加工制造基地和信息交流中心
成渝城市群	全国统筹城乡发展的示范区，全国重要的高新技术产业、先进制造业和现代服务业基地，科技教育、商贸物流、金融中心和综合交通枢纽，西南地区科技创新基地，西部地区重要的人口和经济密集区
黔中城市群	全国重要的能源原材料基地、以航天航空为重点的装备制造基地、烟草工业基地、绿色食品基地和旅游目的地，区域性商贸物流中心

城市群	功能定位
滇中城市群	我国连接东南亚、南亚国家的陆路交通枢纽，面向东南亚、南亚对外开放的重要门户，全国重要的烟草、旅游、文化、能源和商贸物流基地，以化工、冶金、生物为重点的区域性资源精深加工基地
藏中南城市群	全国农林畜生产加工、藏药产业、旅游、文化和矿产资源基地，水电后备基地
关中—天水城市群	西部地区重要经济中心，全国重要先进制造业和高新技术产业基地，科技教育、商贸中心和综合交通枢纽，西北地区重要科技创新基地，全国重要历史文化基地
兰州—西宁城市群	全国重要的循环经济示范区，新能源和水电、盐化工、石化、有色金属和特色农产品加工产业基地，西北交通枢纽和商贸物流中心，区域性的新材料和生物医药产业基地
宁夏沿黄城市群	全国重要的能源化工、新材料基地，清真食品及穆斯林用品和特色农产品加工基地，区域性商贸物流中心
天山北坡城市群	我国面向中亚、西亚地区对外开放的陆路交通枢纽和重要门户，全国重要的能源基地，我国进口资源的国际大通道，西北地区重要的国际商贸中心、物流中心和对外合作加工基地，石油天然气化工、煤电、煤化工、机电工业及纺织工业基地

资料来源：《全国主体功能区规划》。

9.2　2019年中国城市群比较分析

9.2.1　经济总量比较分析

选取地区生产总值、第一、第二和第三产业增加值、社会消费品零售总额、公共财政收入、外商直接投资实际使用额作为经济总量的衡量指标（见表9-4）。

表 9-4　中国城市群经济总量分析（2019 年）

城市群	地区生产总值（亿元）	第一产业增加值（亿元）	第二产业增加值（亿元）	第三产业增加值（亿元）	社会消费品零售总额（亿元）	公共财政收入（亿元）	外商直接投资实际使用额（亿美元）
京津冀	84476	3818.05	24274.27	56384.73	32267.40	11207.87	292.22
辽中南	21693	1545.82	8567.88	11580.01	10695.70	2220.64	30.91
山东半岛	45997	2571.75	18446.28	24979.96	20383.04	4316.40	126.93
长三角	237568	9297.01	97021.24	131247.23	98717.15	25379.06	807.11
珠三角	86899	1425.85	35852.37	49618.61	32150.32	8277.07	226.48
太原	8722	324.91	3839.11	4556.78	3822.87	890.61	4.96
呼包鄂榆	13246	584.79	6673.32	5989.41	3807.66	1261.58	17.55
哈长	20852.37	2849.96	6701.11	11302.30	13310.34	1423.60	5.67
东陇海	12239	1213.28	5081.24	5945.89	5300.51	881.13	28.91
江淮	25401	1501.36	10838.90	13060.86	11197.90	2010.17	133.24
海峡西岸	42396	2596.82	20580.76	19217.04	18896.83	2743.15	44.16
环鄱阳湖	20353	1612.71	9157.46	9582.45	7357.56	1812.18	111.41
中原	32136.96	1592.19	14595.38	15950.38	13367.64	2595.08	127.73
武汉	27680.92	1756.06	11120.38	14806.68	13385.22	2198.76	130.94
环长株潭	31045	2336.87	12387.97	16321.86	13260.67	1922.15	140.55
北部湾	7865	1108.33	2385.66	4371.36	3162.01	553.81	5.96
成渝	65060	5488.61	24934.77	34637.38	30717.27	5043.45	257.66
黔中	12989.08	1643.47	4709.98	6635.57	3843.75	1038.02	23.81
滇中	12315.9	1111.83	4428.72	6774.69	5454.83	999.91	6.63
藏中南	1414	102.37	524.04	788.68	573.79	170.70	0.00
关中—天水	17393	1331.78	6799.45	9262.08	8365.75	1061.09	73.68
兰州—西宁	5370.52	308.58	1649.32	3413.08	2728.43	407.19	1.57
宁夏沿黄	3426	223.83	1522.10	1680.03	1144.72	234.92	2.51
天山北坡	9300.68	892.39	3352.59	5056.28	2495.54	1014.35	0.35

资料来源：《中国城市统计年鉴 2020》。

（1）地区生产总值方面，各城市群差距明显。长三角城市群优势突出，地区生产总值突破 20 万亿元；珠三角城市群和京津冀城市群分列第

二、三位，地区生产总值分别超过 8.5 万亿元和 8 万亿元；成渝城市群位列第四位，地区生产总值超过 6 万亿元；山东半岛城市群、海峡西岸城市群分列第五、六位，地区生产总值均超过 4 万亿元；中原城市群、环长株潭城市群、武汉城市群、江淮城市群、辽中南城市群、哈长城市群、鄱阳湖城市群、关中—天水城市群、呼包鄂榆城市群、黔中城市群、滇中城市群、东陇海城市群，地区生产总值均在 1 万亿元以上；天山北坡城市群、太原城市群、北部湾城市群、兰州—西宁城市群，地区生产总值在 5000 亿元至 1 万元之间；宁夏沿黄城市群、藏中南城市群生产规模较小，地区生产总值不足 5000 亿元。

（2）第一产业方面，长三角城市群第一产业增加值最高，达到 9297.01 亿元；成渝城市群、京津冀城市群均达到 3000 亿元以上；哈长城市群、海峡西岸城市群、山东半岛城市群、环长株潭城市群均在 2000 亿元以上；武汉城市群、黔中城市群、环鄱阳湖城市群、中原城市群、辽中南城市群、江淮城市群、珠三角城市群、关中—天水城市群、东陇海城市群、滇中城市群、北部湾城市群也在 1000 亿元以上；天山北坡城市群、呼包鄂榆城市群、太原城市群、兰州—西宁城市群、宁夏沿黄城市群、藏中南城市群的第一产业增加值则均不足 900 亿元。

（3）第二产业方面，长三角城市群仍具备较大优势，第二产业增加值超过 9.5 万亿元，远高于其他城市群；珠三角城市群、成渝城市群、京津冀城市群、海峡西岸城市群水平相当，都在 2 万亿元以上，位于第二梯队；山东半岛城市群、中原城市群、环长株潭城市群、武汉城市群和江淮城市群位于第三梯队，第二产业增加值均在 1 万亿元以上；第二产业增加值排在最后五位的城市群是天山北坡城市群、北部湾城市群、兰州—西宁城市群、宁夏沿黄城市群、藏中南城市群。

（4）第三产业方面，以上海为核心的长三角城市群第三产业增加值高达 13.1 万亿元，在全国范围内占据绝对优势；以北京为核心的京津冀城市群和包含广州、深圳在内的珠三角城市群位于第二梯队，第三产业增加值超过了 4.5 万亿元；成渝城市群第三产业增加值超过了 3 万亿元，山东半岛城市群的第三产业增加值超过了 2 万亿元；海峡西岸城市群、环长株潭城市群、中原城市群、武汉城市群、江淮城市群、辽中南城市群、哈长城市群超过 1 万亿元；第三产业增加值最低的五个城市群分别为太原城市群、北部湾城市群、兰州—西宁城市群、宁夏沿黄城市群和藏中南城市群。

（5）社会消费品零售总额方面，长三角城市群社会消费品零售总额（98717.15 亿元）是第二名京津冀城市群（32267.40 亿元）的三倍；京津冀城市群、珠三角城市群、成渝城市群社会消费品零售总额均超过 3 万亿元；山东半岛城市群社会消费品零售总额超过 2 万亿元，也处于较高水准；海峡西岸城市群、武汉城市群、中原城市群、哈长城市群、环长株潭城市群、江淮城市群和辽中南城市群均超过 1 万亿元。

（6）公共财政收入方面，长三角城市群最高（25379.06 亿元），京津冀城市群为 11207.87 亿元，排名其后的是珠三角城市群（8277.07 亿元）；成渝城市群和山东半岛城市群超过 4000 亿元；东陇海城市群、北部湾城市群、兰州—西宁城市群、宁夏沿黄城市群和藏中南城市群等地区公共财政收入水平较低。

（7）外商直接投资实际使用额方面，长三角城市群（807.11 亿美元）具备绝对优势；京津冀城市群（292.22 亿美元）、成渝城市群（257.66 亿美元）、珠三角城市群（226.48 亿美元）位于第二梯队；环长株潭城市群、江淮城市群、武汉城市群、中原城市群、山东半岛城市群和环鄱阳湖城市群外商直接投资实际使用额超过 100 亿美元，其余城市群则均处于较低水准。

9.2.2 经济发展水平比较分析

在表 9-5 中，我们选取了人均、地均地区生产总值和各产业比重来表示经济发展水平。

表 9-5 中国城市群经济发展水平分析（2019 年）

城市群	人均地区生产总值（元）	地均地区生产总值（万元/平方公里）	第一产业比重（%）	第二产业比重（%）	第三产业比重（%）
京津冀	79664.23	3861.67	4.52	28.74	66.75
辽中南	65169.59	2210.41	7.13	39.50	53.38

续表

城市群	人均地区生产总值（元）	地均地区生产总值（万元/平方公里）	第一产业比重（%）	第二产业比重（%）	第三产业比重（%）
山东半岛	96714.64	5979.54	5.59	40.10	54.31
长三角	104584.37	6634.55	3.91	40.84	55.25
珠三角	134792.12	15813.04	1.64	41.26	57.10
太原	53402.31	1172.09	3.73	44.02	52.24
呼包鄂榆	114728.68	757.97	4.41	50.38	45.22
哈长	44082.55	746.20	13.67	32.14	54.20
东陇海	75152.28	4944.65	9.91	41.52	48.58
江淮	75022.15	2896.12	5.91	42.67	51.42
海峡西岸	106710.29	3426.47	6.13	48.54	45.33
环鄱阳湖	56517.27	1644.27	7.92	44.99	47.08
中原	72790.72	5469.78	4.95	45.42	49.63
武汉	86775.68	4770.52	6.34	40.17	53.49
环长株潭	73030.05	3198.90	7.53	39.90	52.57
北部湾	58988.09	1761.12	14.09	30.33	55.58
成渝	64599.92	2716.01	8.44	38.33	53.24
黔中	47746.07	1733.70	12.65	36.26	51.09
滇中	67404.24	1897.97	9.03	35.96	55.01
藏中南	55070.45	18.59	7.24	37.06	55.78
关中—天水	57732.46	1954.18	7.66	39.09	53.25
兰州—西宁	41904.79	887.59	5.75	30.72	63.55
宁夏沿黄	60146.38	704.14	6.53	44.43	49.04
天山北坡	77768.20	406.20	9.59	36.05	54.36

资料来源：《中国城市统计年鉴2020》。

　　从人均地区生产总值来分析，24个城市群的人均地区生产总值（82858.55元）领先于全国平均水平（70891.78元）。其中，珠三角城市群人均地区生产总值最高（134792.12元）；受益于当地的自然资源优势，呼包鄂榆城市群人均地区生产总值超过 11 万元；海峡西岸、长三角城市群作为经济发达区域，人均地区生产总值位列其后，均超过 10 万元/人；接下来的山东半岛城市群（96714.64 元）、武汉城市群（86775.68 元）、京津冀城市群（79664.23 元）、天山北坡城市群（77768.20 元）、东陇海城市群（75152.28 元）、江淮城市群（75022.15 元）、环长株潭城市群（73030.05 元）、中原城市群（72790.72 元）等 8 个城市群的人均地区生产总值均高于全国平均值。

从地均地区生产总值来分析，第一梯队的珠三角城市群遥遥领先，地均生产总值为 15813.04 万元/平方公里。珠三角城市群是华南地区经济发展程度最高的地区，行政区的土地面积仅为广东省的 25%左右，但是产业的集聚效应非常强；排在第二梯队的是长三角城市群（6634.55 万元/平方公里）、山东半岛城市群（5979.54 万元/平方公里）、中原城市群（5469.78 万元/平方公里）；排在第三梯队的有东陇海城市群（4944.65 万元/平方公里）、武汉城市群（4770.52 万元/平方公里）、京津冀城市群（3861.67 万元/平方公里）、海峡西岸城市群（3426.47 万元/平方公里）、环长株潭城市群（3198.90 万元/平方公里）；地均地区生产总值不及全国平均值（1032.48 万元/平方公里）的城市群有兰州—西宁城市群（887.59 万元/平方公里）、呼包鄂榆城市群（757.97 万元/平方公里）、哈长城市群（746.20 万元/平方公里）、宁夏沿黄城市群（704.14 万元/平方公里）、天山北坡城市群（406.20 万元/平方公里）和藏中南城市群（18.59 万元/平方公里）。

产业结构能够较好地反映一个地区在经济发展中所处的阶段。在城市群中，珠三角城市群第一产业比重最低（1.64%），北部湾城市群第一产业占比最高（14.09%）；京津冀城市群的第二产业比重最低（28.74%），其中 GDP 最高的城市是北京市（35371 亿元），第二产业比重仅为16.16%，但河北省的第二产业比重较高，达到了 38.7%；第三产业占比最低的是呼包鄂榆城市群（45.22%），占比最高的是京津冀城市群（66.75%）。各城市群中，除海峡西岸城市群和呼包鄂榆城市群外，其余城市群第三产业比重均已经超过第二产业，表现出一定的去工业化的特点。其中，海峡西岸城市群和呼包鄂榆城市群第二产业比重较高，分别为

48.54%和50.38%，第三产业比重仅略微超过45%；受区域发展政策影响，兰州—西宁城市群和藏中南城市群的第三产业比重处于较高水平，分别为63.55%和55.78%；北部湾城市群（14.09%）和哈长城市群（13.67%）第一产业比重最高，第二产业和第三产业比重低，处于经济发展初级阶段。

9.2.3 工业化进程比较分析

本报告选取了规模以上工业企业和工业所有制结构指标来表示工业化进程（见表9-6）。

规模以上工业企业数最多的是长三角城市群（118525个），相较于其他城市群具备绝对优势，其中内资企业占比85.62%，外商投资企业占比较高，高达9.27%；珠三角城市群位列第二位，规模以上工业企业数为46119个，珠三角城市群的所有制结构与长三角城市群相比，内资企业占比较低（75.91%），外商投资企业占比接近，港澳台投资企业占比则高出10%左右；紧接着，京津冀城市群规模以上工业企业数超过2万个，成渝城市群、海峡西岸城市群、山东半岛城市群、江淮城市群、环长株潭城市群、中原城市群以及环鄱阳湖城市群的规模以上工业企业数均超过了1万个；天山北坡、北部湾、宁夏沿黄、兰州—西宁、藏中南5个城市群规模以上工业企业数最少，均不足2000个。

工业所有制结构方面，我国城市群与全国平均水平差异最大的地方在内资企业比重低，而外商投资企业比重高。内资企业占比最低的三个城市群为珠三角城市群（75.91%）、辽中南城市群（82.02%）、海峡西岸城市群（82.10%）；受地理位置邻近影响，港澳台投资占比排名前三的为珠三角城市群（15.92%）、海峡西岸城市群（11.64%）、北部湾城市群（5.24%）；外商投资企业占比高在沿海区域尤为明显，例如辽中南城市群、山东半岛城市群、长三角城市群的外商投资企业占比分别为13.54%、10.60%、9.27%。相反，内陆地区则多为内资企业，且具有从沿海到内陆内资企业占比升高的趋势，珠三角、辽中南、海峡西岸城市群内资企业占比均不足85%，而藏中南、黔中、中原、兰州—西宁、呼包鄂榆、环长株潭、太原、天山北坡城市群内资企业占比均超过97%。

表 9-6　中国城市群工业化进程分析（2019 年）

城市群	规模以上工业企业数（个）	所有制结构		
		内资企业占比（%）	港澳台投资企业占比（%）	外商投资企业占比（%）
京津冀	20916	88.44	2.68	8.88
辽中南	6322	82.02	4.44	13.54
山东半岛	15028	85.55	3.85	10.60
长三角	118525	85.62	5.11	9.27
珠三角	46119	75.91	15.92	8.17
太原	2309	97.18	1.08	1.73
呼包鄂榆	2087	97.36	1.01	1.63
哈长	4563	93.25	1.71	5.04
东陇海	3434	90.89	3.38	5.74
江淮	11649	95.12	1.91	2.97
海峡西岸	18363	82.10	11.64	6.26
环鄱阳湖	10172	95.28	2.57	2.15
中原	10851	97.52	1.03	1.45
武汉	8571	93.60	2.17	4.23
环长株潭	11600	97.27	1.35	1.38
北部湾	1736	91.13	5.24	3.63
成渝	19611	95.27	1.70	3.03
黔中	2600	97.81	1.12	1.08
滇中	2418	95.74	2.06	2.20
藏中南	133	98.50	0.75	0.75
关中—天水	4383	95.98	0.91	3.10
兰州—西宁	923	97.39	1.02	1.59
宁夏沿黄	1163	96.39	1.29	2.32
天山北坡	1964	97.14	1.37	1.49

资料来源：《中国城市统计年鉴 2020》。

在表 9-7 中，我们选取规模以上工业企业的流动资产合计、固定资产合计、利润总额、本年应交增值税来反映工业经济效益。综合这四项指标，可以看到，城市群的各个指标大致由沿海地区向内陆递减，综合来看，长三角城市群工业经济效益最高；珠三角城市群和京津冀城市群效益水平相近，位于第二梯队；海峡西岸城市群、山东半岛城市群与内陆的成渝城市群工业经济效益相当，位于第三梯队；紧随其后的是内陆地区的中原城市群、呼包鄂榆城市群、环鄱阳湖城市群、环长株潭城市群、武汉城市群；除成渝城市群以外的西部城市群各指标值都较低，如天山北坡、北部湾、宁夏沿黄、兰州—西宁、藏中南等城市群工业发展空间较大，发展水平有待提升。

表 9-7　中国城市群工业经济效益（2019 年）

城市群	流动资产合计（亿元）	固定资产合计（亿元）	利润总额（亿元）	本年应交增值税（亿元）
京津冀	51465.55	44565.41	5062.39	1534.28
辽中南	18191.31	18354.32	1259.14	446.64
山东半岛	31827.51	13893.00	2231.97	874.12
长三角	161942.84	67589.81	17009.84	5666.07
珠三角	73868.08	22448.00	7827.26	2682.72
太原	7800.64	4270.19	413.71	290.59
呼包鄂榆	9064.23	11158.55	1926.24	552.36
哈长	12283.26	5733.04	1190.43	206.68
东陇海	6483.35	3623.41	685.95	258.22
江淮	15320.32	7883.14	1611.50	593.06
海峡西岸	20046.89	10863.38	4326.54	957.84
环鄱阳湖	11160.48	7290.23	1921.80	526.04
中原	17372.34	10453.01	2120.11	189.62
武汉	12146.35	9585.03	1614.97	684.43
环长株潭	11730.92	8426.97	1826.49	354.86
北部湾	3223.99	2087.96	300.42	82.85
成渝	28796.90	21835.33	3809.12	1483.47
黔中	5239.08	2773.02	910.10	297.86
滇中	4826.88	2744.15	479.33	300.65

续表

城市群	流动资产合计（亿元）	固定资产合计（亿元）	利润总额（亿元）	本年应交增值税（亿元）
藏中南	410.85	759.23	1.47	4.31
关中—天水	9521.35	4716.81	958.47	320.79
兰州—西宁	2587.07	2010.13	39.46	94.65
宁夏沿黄	3640.92	4470.06	262.07	89.36
天山北坡	3322.35	5116.62	336.98	224.14

资料来源：《中国城市统计年鉴2020》。

9.2.4 城镇化进程比较分析

本报告选取全市常住人口、市辖区户籍人口、城镇单位从业人数以及第一、二、三产业单位从业人员数来表示城镇化进程（见表9-8）。

表9-8 中国城市群城市化进程比较（2019年）

城市群	全市常住人口（万人）	市辖区户籍人口（万人）	城镇单位从业人数（万人）	单位从业人员数（万人）		
				第一产业单位从业人员数	第二产业单位从业人员数	第三产业单位从业人员数
京津冀	10604.01	4642	1628.95	3.26	399.11	1226.57
辽中南	3328.70	1788	414.14	16.91	154.82	242.42
山东半岛	4755.95	2294	652.75	0.72	301.65	350.38
长三角	22715.44	9357	3711.16	18.14	1710.98	1982.04
珠三角	6446.89	2562	1681.95	0.70	851.92	829.33
太原	1633.26	517	219.39	0.31	91.59	127.49
呼包鄂榆	1154.55	387	161.81	0.48	56.94	104.39
哈长	4730.30	1781	421.10	9.32	129.96	281.81
东陇海	1628.56	708	147.15	1.16	56.22	89.77
江淮	3385.80	1120	497.83	6.40	213.45	277.98
海峡西岸	3973.00	1253	636.26	1.48	347.26	287.52
环鄱阳湖	3601.20	1197	367.75	1.90	173.53	192.32

城市群	全市常住人口（万人）	市辖区户籍人口（万人）	城镇单位从业人数（万人）	单位从业人员数（万人）		
				第一产业单位从业人员数	第二产业单位从业人员数	第三产业单位从业人员数
中原	4414.98	1367	500.05	0.54	246.98	291.01
武汉	3189.94	1274	544.02	2.78	255.74	285.50
环长株潭	4250.99	1132	418.03	0.87	165.86	251.31
北部湾	1333.32	681	151.20	1.70	52.95	96.55
成渝	10071.22	5339	1470.69	5.96	561.23	903.50
黔中	2720.45	795	208.84	0.41	72.39	136.05
滇中	1827.17	542	170.31	0.82	58.43	111.06
藏中南	256.76	67	31.25	0.10	5.50	25.65
关中—天水	3012.69	1368	397.24	1.40	150.78	245.07
兰州—西宁	1281.60	410	136.29	0.29	46.54	89.46
宁夏沿黄	569.61	252	60.92	0.72	20.29	39.91
天山北坡	1195.95	325	134.61	1.72	42.54	90.34

资料来源：《中国城市统计年鉴2020》，常住人口数据来源于各省份统计年鉴、国民经济和社会发展统计公报等。

从城市人口数量来看，长三角城市群、京津冀城市群、成渝城市群容纳了最多的常住人口，常住人口均已超过1亿人，三者相加共容纳了近4.34亿人。珠三角城市群位于第二梯队，拥有6446.89万常住人口。山东半岛城市群、哈长城市群、中原城市群和环长株潭城市群均承载了4000万以上的常住人口。相较来看，西部地区的兰州—西宁、天山北坡、呼包鄂榆、宁夏沿黄、藏中南城市群的常住人口最少，均不及1300万人。与常住人口数量排名类似，排名前五的长三角、成渝、京津冀、珠三角、山东半岛城市群均拥有2000万以上的市辖区户籍人口。

从城镇单位从业人数来看，与人口数量类似，长三角城市群具有绝对优势，容纳了3711.16万的城镇单位从业人员，位列第一梯队；珠三角城市群、京津冀城市群、成渝城市群位于第二梯队，均容纳了1000万以上的城镇单位从业人员；山东半岛、海峡西岸、武汉、中原城市群容纳了500

万以上 700 万以下的城镇单位从业人员，位列第三梯队。西部地区的兰州—西宁、呼包鄂榆、天山北坡、宁夏沿黄、藏中南城市群的城镇单位从业人员均不足 200 万人。

从各产业从业人员数量来看，第三产业从业人员数量前三位分别为长三角城市群（1982.04 万人）、京津冀城市群（1226.57 万人）、成渝城市群（903.50 万人）、珠三角城市群（829.33 万人），这四个城市群也是当前经济最发达、产业结构最先进的城市群；第二产业从业人员数量位于前列的分别是长三角（1710.98 万人）、珠三角城市群（851.92 万人）、成渝城市群（561.23 万人）；第一产业单位从业人员数最高的是长三角城市群（18.14 万人）以及位于东北的辽中南城市群（16.91 万人）、哈长城市群（9.32 万人）。

9.2.5　国际化进程比较分析

在表 9-9 中，我们选取了外商直接投资实际使用额、人均外商直接投资实际使用额和外商直接投资合同项目个数来表示各城市群国际化进程。人均外商直接投资实际使用额利用外商直接投资实际使用额除以常住人口所得。

从外商直接投资实际使用额来看，东部沿海地区的外商直接投资实际使用额均较高。其中，我国外商直接投资实际使用额最高的城市群为长三角城市群，高达 807.11 亿美元；位列第二的是京津冀城市群，达到 292.22 亿美元；珠三角、山东半岛城市群分别达到了 226.48 亿美元、126.93 亿美元。部分内陆城市群也有较多的外商直接投资，成渝城市群达到 257.66 亿美元，环长株潭、江淮、武汉、中原、环鄱阳湖城市群都有超过 100 亿美元的外商直接投资；而西部地区如太原、宁夏沿黄、兰州—西宁、天山北坡城市群外商直接投资实际使用额则不足 5 亿美元。由此可见，各城市群对外商的吸引力差距是巨大的。与总额指标排名不同，从人均外商直接投资实际使用额来看，外商投资密度最高的地区为武汉城市群（410.48 美元/人），其次为江淮城市群（393.52 美元/人）、长三角城市群（355.31 美元/人）和珠三角城市群（351.30 美元/人），环长株潭城市群和环鄱阳湖城市群均达到 300 美元/人以上。从外商直接投资合同项目个数来看，长三角城市群（14679 个）和珠三角城市群（13626 个）具有绝对优势，其余城市群外商直接投资合同项目个数均低于 3000 个，排在之后且超过 2000 个的均为东部城市群，依次为京津冀城市群（2645 个）、海峡西岸城市群（2241 个）和山东半岛城市群（2089 个）。

从表 9-9 可以看出，国际化水平较高的地区主要分布于东部，尤其是东南沿海的城市群，中西部个别地区如关中—天水城市群、呼包鄂榆城市群等，因其具有独特的旅游资源、矿产资源或优越的投资条件，也加快了国际化进程，而成渝城市群、武汉城市群等，因区域内大城市的存在，也吸引了较多的外商直接投资。

表 9-9 中国城市群国际化进程比较（2019 年）

城市群	外商直接投资实际使用额（亿美元）	人均外商直接投资实际使用额（美元/人）	外商直接投资合同项目个数（个）
京津冀	292.22	275.58	2645
辽中南	30.91	92.87	542
山东半岛	126.93	266.89	2089
长三角	807.11	355.31	14679
珠三角	226.48	351.30	13626
太原	4.96	30.39	28
呼包鄂榆	17.55	152.01	36
哈长	5.67	11.99	139
东陇海	28.91	177.51	336
江淮	133.24	393.52	291
海峡西岸	44.16	111.14	2241
环鄱阳湖	111.41	309.38	477
中原	127.73	289.31	156
武汉	130.94	410.48	347
环长株潭	140.55	330.64	353
北部湾	5.96	44.67	204
成渝	257.66	255.84	915
黔中	23.81	87.52	92
滇中	6.63	36.26	125

城市群	外商直接投资实际使用额（亿美元）	人均外商直接投资实际使用额（美元/人）	外商直接投资合同项目个数（个）
藏中南	0	0	0
关中—天水	73.68	244.55	277
兰州—西宁	1.57	12.26	14
宁夏沿黄	2.51	44.02	20
天山北坡	0.35	2.90	13

资料来源：《中国城市统计年鉴2020》。由于数据缺失，藏中南城市群外商直接投资数据均为0。

9.2.6　财政金融比较分析

表9-10提供了2019年我国城市群年末金融机构人民币各项存款余额、年末金融机构人民币各项贷款余额、居民人民币储蓄存款余额、人均储蓄存款、公共财政支出、科学技术支出和教育支出等指标，来反映城市群金融和财政的收支状况。

金融方面，我国城市群的金融机构人民币存款额和贷款额前五位均为长三角城市群、京津冀城市群、珠三角城市群、成渝城市群和山东半岛城市群。人均储蓄存款能够反映该地区人民的富裕程度，可以看到，珠三角城市群的人均储蓄存款高达94231.87元，列各城市群之首，其次是京津冀城市群（90923.52元）、辽中南城市群（87613.47元）、呼包鄂榆城市群（77112.40元）和长三角城市群（74439.39元）。人均储蓄存款在6万元以上的城市群还有太原城市群（73696.70元）、山东半岛城市群（68388.04元）。天山北坡、黔中、藏中南城市群人均储蓄存款水平较低，均不足4万元。

财政方面，2019年财政预算支出前两位为长三角城市群（35464.52亿元）、京津冀城市群（17962.44亿元），属第一梯队；珠三角城市群和成渝城市群也超过了万亿元，分别达到11637.66亿元和11468.65亿元。财政支出水平较高的城市群基本位于东部沿海地区，而西部地区如北部湾、藏中南、宁夏沿黄城市群的公共财政支出均不足1500亿元。从表9-10可以看出，各城市群的教育支出明显高于科学技术支出，其中教育支出排名靠前的有长三角、京津冀、珠三角、成渝、山东半岛城市群，均超过 1000 亿元；而科学技术支出排名靠前的有长三角、珠三角、京津冀城市群，都超过 600 亿元。

表 9-10　中国城市群地区财政金融比较（2019 年）

城市群	年末金融机构人民币各项存款余额（亿元）	居民人民币储蓄存款余额（亿元）	人均储蓄存款（元）	年末金融机构人民币各项贷款余额（亿元）	公共财政支出（亿元）	科学技术支出（亿元）	教育支出（亿元）
京津冀	266631.76	96415.35	90923.52	158445.73	17962.44	606.14	2971.40
辽中南	52749.39	29163.89	87613.47	41767.25	3887.36	52.67	439.36
山东半岛	68430.81	32525.01	68388.04	59074.42	5742.28	204.57	1073.16
长三角	459073.71	169092.34	74439.39	372088.94	35464.52	1711.94	5612.11
珠三角	196622.00	60750.25	94231.87	146251.60	11637.66	1047.40	2039.45
太原	22259.47	12036.61	73696.70	19132.18	1915.55	30.16	283.34
呼包鄂榆	17360.17	8903.01	77112.40	16885.73	2152.65	20.41	301.86
哈长	54290.17	23715.84	50136.01	33915.91	4990.10	35.95	622.06
东陇海	14472.12	7223.20	44353.32	11831.39	1615.69	49.10	321.14
江淮	36287.18	16086.24	47510.91	31156.24	3930.31	256.88	648.59
海峡西岸	47323.49	20923.67	52664.66	47356.83	4485.99	121.14	875.30
环鄱阳湖	32141.46	15574.06	43246.85	29430.13	4403.54	134.08	745.88
中原	44257.50	21585.05	48890.48	40763.70	4804.96	131.99	756.99
武汉	40574.62	17463.72	54746.24	37819.81	4110.21	210.30	546.44
环长株潭	40223.32	19638.01	46196.32	33957.29	4710.23	123.29	672.26
北部湾	13914.82	5917.81	44384.00	16369.25	1353.67	14.67	248.50
成渝	111676.14	56361.64	55963.07	92332.69	11468.65	234.17	1791.92
黔中	23011.50	8966.18	32958.43	24148.69	3364.54	62.46	678.24
滇中	20619.69	8575.65	46934.06	21773.75	1934.69	24.35	302.46
藏中南	4442.26	844.41	32886.93	4268.25	1229.02	3.79	178.41
关中—天水	35432.89	17959.20	59611.84	28973.89	3201.45	49.94	539.67

续表

城市群	年末金融机构人民币各项存款余额（亿元）	居民人民币储蓄存款余额（亿元）	人均储蓄存款（元）	年末金融机构人民币各项贷款余额（亿元）	公共财政支出（亿元）	科学技术支出（亿元）	教育支出（亿元）
兰州—西宁	15270.30	6340.24	49471.32	19270.29	1510.53	11.63	281.13
宁夏沿黄	5946.60	3156.73	55419.14	6823.96	855.34	16.34	112.24
天山北坡	16382.42	4501.13	37636.44	12846.02	1961.31	12.05	154.22

资料来源：《中国城市统计年鉴2020》。

9.2.7 城市建设比较分析

我们采用人口密度、人均城市道路面积、城市建设用地占市区面积比重、人均液化石油气用量、人均生活用电量、万人公交车拥有量、建成区绿化覆盖率、污水处理厂集中处理率、生活垃圾无害化处理率来表示城市建设水平，具体数据见表9–11。其中，城市建设用地占市区面积比重（%）=城市建设用地面积总和/市辖区面积总和；建成区绿化覆盖率（%）=（城市建成区面积×建成区绿化覆盖率）的总和/建成区面积的总和；人均变量均是相应总体指标除以常住人口所得。

城市群中珠三角的人口密度最高，超过了1100人/平方公里，中原城市群（751.44人/平方公里）和东陇海城市群（657.95人/平方公里）超越长三角城市群（634.37人/平方公里）。山东半岛城市群（618.27人/平方公里）超过了600人/平方公里，武汉城市群（549.75人/平方公里）也超过了500人/平方公里，其余城市群人数均低于500人/平方公里。呼包鄂榆城市群（66.07人/平方公里）、天山北坡城市群（52.23人/平方公里）、藏中南城市群（3.38人/平方公里）的人口密度是人口密度最低的三个城市群，没有超过100人/平方公里。

人均城市道路面积方面，人均城市道路面积排名最高的是山东半岛城市群（9.85平方米/人）和珠三角城市群（9.71平方米/人）；西部城市群宁夏沿黄（9.50平方米/人）和呼包鄂榆（9.34平方米/人）的人均城市道路面积也在9平方米/人以上，西部城市群的共同点是地广人稀，且因为政策原因，修建了很多道路。辽中南、天山北坡城市群人均城市道路面积也较高，超过7平方米/人。北部湾、长三角、江淮、武汉城市群也超过了6平方米/人。人均城市道路面积较低的多为我国中南部的城市群，排名靠后的环长株潭、滇中、黔中城市群等，人均城市道路面积均低于4平方米/人。

城市建设用地面积占市区面积比重方面，占比最大的是中原城市群（20.15%），远高于其他城市群，由此可反映出该地区用地较为粗放；其次是珠三角城市群（12.71%），该城市群面积较小，城市化率高，对建设用地的需求也较高；排在第三位的是辽中南城市群（10.10%），其余城市群的城市建设用地面积占市区面积比重均低于10%。

各城市群的人均液化石油气用量、人均生活用电量普遍高于全国平均值，相较于其他城市群，珠三角城市群的人均液化石油气用量和人均生活用电量均远远高于全国平均水平，既与本地区基础设施完善有关，也与气候和生活习惯有一定关系。

在城市交通方面，每万人公交车拥有量第一的地区为珠三角城市群（11.76辆/万人），远远高于随后的山东半岛城市群（5.87辆/万人）、辽中南城市群（5.54辆/万人）、京津冀城市群（5.11辆/万人），其余城市群均低于5辆/万人。每万人公交车拥有量较低的区域为藏中南城市群（2.45辆/万人）、环鄱阳湖城市群（2.27辆/万人）和黔中城市群（2.00辆/万人），其公交系统配备还有待完善。

城市绿化方面，环鄱阳湖、海峡西岸、珠三角、京津冀、江淮等城市群建成区的绿化覆盖率较高，分别达到46.27%、44.68%、44.30%、43.28%、43.28%；较差的是关中—天水、哈长、兰州—西宁、藏中南等城市群，建成区绿化覆盖率分别为39.59%、38.84%、38.01%、27.36%，这些城市群建设步伐较快，而忽视了环境质量的改善。

城市生活污水和生活垃圾处理率反映出对环境的重视，超半数城市群的生活垃圾无害化处理率在99%以上，关中—天水城市群（97.88%）、太原城市群（95.95%）、黔中城市群（85.95%）的生活垃圾无害化处理率最低，均在98%以下。而污水处理厂集中处理率排名靠前的山东半岛、京津冀、珠三角、藏中南城市群处理率均在97%以上；值得注意的是，长三角城市群污水处理厂集中处理率较低，仅为 92.76%，需进一步提高污水处理能力。

表 9-11　中国城市群基础设施比较（2019 年）

城市群	人口密度（人/平方公里）	人均城市道路面积（平方米/人）	城市建设用地占市区面积比重（%）	人均液化石油气用量（吨/万人）	人均生活用电量（千瓦时/人）	万人公交车拥有量（辆）	建成区绿化覆盖率（%）	污水处理厂集中处理率（%）	生活垃圾无害化处理率（%）
京津冀	484.74	5.27	6.77	17.82	473.88	5.11	43.28	97.71	99.33
辽中南	339.18	7.67	10.10	28.40	462.79	5.54	41.44	94.17	99.18
山东半岛	618.27	9.85	7.91	17.38	451.51	5.87	41.75	97.98	99.92
长三角	634.37	6.83	9.20	34.82	503.49	4.34	42.29	92.76	99.73
珠三角	1173.14	9.71	12.71	163.80	756.13	11.76	44.30	97.52	100.00
太原	219.48	5.85	9.57	22.02	440.83	3.47	43.26	95.83	95.95
呼包鄂榆	66.07	9.34	4.17	4.21	425.05	4.69	41.65	96.58	98.54
哈长	169.27	5.08	5.95	7.24	298.75	4.00	38.84	93.49	98.34
东陇海	657.95	5.78	7.55	30.62	331.63	3.13	42.72	94.97	100.00
江淮	386.04	6.53	7.32	7.49	335.98	3.47	43.28	91.37	98.88
海峡西岸	321.10	4.82	6.20	28.77	590.30	3.74	44.68	93.01	99.91
环鄱阳湖	290.93	4.30	5.48	23.83	343.55	2.27	46.27	94.93	99.99
中原	751.44	4.16	20.15	15.28	443.34	3.57	41.61	96.93	99.88
武汉	549.75	6.52	8.69	18.58	552.13	3.93	39.98	95.92	100.00
环长株潭	438.03	3.94	9.37	29.40	403.00	4.13	41.99	93.25	99.63
北部湾	298.56	6.88	2.86	72.13	263.06	3.74	40.32	85.70	99.93
成渝	420.43	5.56	4.61	12.39	359.94	3.38	42.65	93.76	99.06
黔中	363.11	2.18	5.20	10.85	411.95	2.00	40.52	94.56	85.95
滇中	281.58	3.59	4.36	12.79	309.55	3.95	40.78	95.51	98.94
藏中南	3.38	5.13	0.31	28.69	276.04	2.45	27.36	97.02	98.31
关中—天水	338.49	5.57	4.87	5.48	421.64	4.47	39.59	94.55	97.88
兰州—西宁	211.81	4.32	4.53	13.21	342.92	4.21	38.01	94.64	98.61
宁夏沿黄	117.07	9.50	2.77	6.70	150.57	4.59	42.02	96.70	99.42
天山北坡	52.23	7.05	0.54	27.59	228.20	4.40	42.11	96.36	98.12

资料来源：《中国城市统计年鉴 2020》。

9.2.8 交通运输设施比较分析

交通运输设施的建设是基础设施的重要方面，我们用公路、水运、民航等方式运送的客运量和货运量来表示，见表9-12。

可以看到，全国范围内客运总量较高的城市群包括长三角（243352.28万人）、黔中（152898万人）、成渝（127171万人）、京津冀（104991.7万人）等城市群，各自客运总量均超过10亿人。相较来看，城市群公路客运总量大于水运客运总量和民航客运总量，其中，长三角城市群在各类客运量中均排名第一。除长三角城市群外，黔中、成渝、京津冀城市群的公路客运量排名靠前；海峡西岸、成渝、山东半岛城市群水运客运量最多；珠三角、京津冀、成渝城市群的民航客运量名列前茅。由此可见，长三角、京津冀、珠三角、成渝城市群均为全国较为重要的交通枢纽地区。长三角、成渝、珠三角、京津冀城市群是我国货运量最大的区域，2019年四地运货量超过180亿吨。具体来看，公路货运量超过水运和民航货运量总和，由于运输费用昂贵，民航货运量最少。

表9-12　中国城市群交通运输设施比较（2019年）

城市群	客运总量（万人）	公路客运量（万人）	水运客运量（万人）	民航客运量（万人）	货运总量（万吨）	公路货运量（万吨）	水运货运量（万吨）	民航货运量（万吨）
京津冀	104991.7	92076	141.7	12774	284029.03	270733	13116	180.03
辽中南	47126	44802	537	1787	145092.00	132683	12394	15.00
山东半岛	31444	25365	1582	4497	169389.63	155860	13517	12.63
长三角	243352.28	216004	7212.28	20136	1012661.13	617511	394582	568.13
珠三角	76688	59606	1546	15536	295813.68	207074	88471	268.68
太原	4821.38	3317.38	9	1495	7881.80	7874	2	5.80
呼包鄂榆	6142	4058	19	2065	101756.21	101749	0	7.21
哈长	29276.55	26254	85.55	2937	62174.65	61788	378	8.65
东陇海	16630	15971	64	595	59322.72	49058	10263	1.72
江淮	27426	25976	111	1339	196296.03	118870	77417	9.03
海峡西岸	37837.58	29163	3500.58	5174	140930.80	98742	42135	53.80

续表

城市群	客运总量（万人）	公路客运量（万人）	水运客运量（万人）	民航客运量（万人）	货运总量（万吨）	公路货运量（万吨）	水运货运量（万吨）	民航货运量（万吨）
环鄱阳湖	92415	89744	1046	1625	192766.42	130468	62286	12.42
中原	42435	41442	116	877	134692.12	133243	1426	23.12
武汉	35063	33053	330	1680	104811.19	80257	24537	17.19
环长株潭	43549	41873	148	1528	152595.11	133739	18856	0.11
北部湾	10387	8880	431	1076	71655.92	62286	9357	12.92
成渝	127171	114055	2465	10651	302000.92	274818	27094	88.92
黔中	152898	149625	532	2741	149015.08	148687	315.5	12.58
滇中	17690	12737	145	4808	72445.58	72392	12	41.58
藏中南	1370	841	0	529	101830.23	101826	0	4.23
关中—天水	54929	50134	53	4742	91298.21	91188	72	38.21
兰州—西宁	16077	13724	100	2253	35987.30	35931	45	11.30
宁夏沿黄	4308	2965	258	1085	18996.16	18572	418	6.16
天山北坡	8517	7171	0	1346	59628.66	59620	0	8.66

资料来源：《中国城市统计年鉴 2020》。

9.2.9 信息化水平比较分析

随着信息技术的飞速发展，世界变得越来越小，信息化水平成为决定国家、地区、企业竞争力的决定因素之一。表 9-13 中，我们选取邮政业务收入、电信业务收入、移动电话和互联网宽带接入用户总数和人均用户量来表示信息化水平。

邮电业由邮政和电信两部分组成，城市群的电信业务发达而邮政业务比重较小，表明了城市群的通信方式更为先进，信息化质量更高。长三角、珠三角、京津冀、中原城市群的电信业务收入较高，可以从侧面反映出这些地区的信息交流更为频繁，信息化程度更高。从邮电业务总量来分析，长三角（58810791 万元）、珠三角（33524825 万元）、京津冀（20595623 万元）、中原（17994922 万元）和成渝（13389834 万元）等城市群体量较大，这与这些地区信息化的迅猛发展息息相关。同时，长三角城市群的移动电话和互联网宽带接入用户总数均最高，而珠三角城市群的人均移动电话（1.92）和海峡西岸的人均互联网宽带接入（0.47）最高。相较来看，沿海城市群的人均移动电话、人均互联网宽带接入都名列前茅，这也反映出沿海地区的信息化程度较高，而排名靠后的城市群全部位于内陆，进一步表明内陆地区的通信业有待进一步发展。

表 9-13　中国城市群信息化水平比较（2019 年）

城市群	邮政业务收入（万元）	电信业务收入（万元）	移动电话		互联网宽带接入	
			用户总数（万户）	人均	用户总数（万户）	人均
京津冀	8368365	12227258	14023	1.32	3572	0.34
辽中南	1367261	3130167	3920	1.18	972	0.29
山东半岛	2476353	3950866	5735	1.21	1738	0.37
长三角	31325107	27485684	28841	1.27	9442	0.42
珠三角	17851751	15673074	12372	1.92	2275.05	0.35
太原	427163	4541416	2012	1.23	504	0.31
呼包鄂榆	426439	2619040	1541	1.33	465	0.40
哈长	1515161	2976371	5101.61	1.08	660.03	0.14
东陇海	649778	1215512	1740	1.07	601	0.37
江淮	1558658	2433787	3360	0.99	1097	0.32
海峡西岸	3493993	9356337	4696	1.18	1875	0.47
环鄱阳湖	1125359	2941033	3276	0.91	1037	0.29
中原	2778769	15216153	5084.87	1.15	1359.01	0.31
武汉	1862050	2845077	3205.25	1.00	1001.01	0.31
环长株潭	1448567	3539069	4392	1.03	1248	0.29
北部湾	640975	1294787	1711	1.28	484	0.36
成渝	3877254	9512580	11508	1.14	4036	0.40
黔中	502013	2268100	3250.45	1.19	475.02	0.17
滇中	525058	1481102	2119.56	1.16	455	0.25
藏中南	36448	1264175	268	1.04	77	0.30
关中—天水	1064791	3782420	3845	1.28	947	0.31
兰州—西宁	125366	5331354	1569.53	1.22	401	0.31

续表

城市群	邮政业务收入（万元）	电信业务收入（万元）	移动电话		互联网宽带接入	
			用户总数（万户）	人均	用户总数（万户）	人均
宁夏沿黄	148271	519524	719	1.26	224	0.39
天山北坡	110565.72	866674	1696.32	1.42	276	0.23

资料来源：《中国城市统计年鉴2020》。

9.2.10 科教文卫事业比较分析

科教文卫事业是基础的公共服务，最能够体现一个地区现代化程度和软实力，我们选取了人均地方财政科学支出、人均地方财政教育支出、普通小学和普通中学的师生比、人均图书馆图书藏量、百万人博物馆数、万人卫生机构床位数、万人卫生机构人员数来表示科教文卫事业的发展情况，各项人均指标均由常住人口数据计算得出，具体指标见表9-14。

科教事业方面，长三角、珠三角和京津冀三大城市群的人均地方财政科学、教育支出水平都位于前列，体现了这三个区域全国领先的科技文教实力；人均地方财政科学支出较高的还有江淮城市群（758.70元）、武汉城市群（659.25元），均超过400元/人，这两个城市群都拥有顶尖的高校资源；人均地方财政教育支出较高的还有藏中南城市群、呼包鄂榆城市群和黔中城市群，均超过2000元/人。

表9-14 中国城市群科教文卫事业比较（2019年）

城市群	人均地方财政科学支出（元）	人均地方财政教育支出（元）	普通小学师生比（人/万人）	普通中学师生比（人/万人）	百万人博物馆数（个）	人均图书馆藏书量（册）	万人医院、卫生院床位数（张）	万人医生数（人）
京津冀	571.62	2802.15	590.23	818.68	3.43	1.12	47.99	36.86
辽中南	158.23	1319.93	687.61	974.68	2.70	1.43	63.53	29.54
山东半岛	430.13	2256.45	658.50	951.38	4.82	1.03	53.89	35.64
长三角	753.65	2470.61	579.30	822.85	4.97	1.13	49.57	29.73
珠三角	1624.65	3163.46	511.83	773.89	3.02	1.90	43.27	29.66

续表

城市群	人均地方财政科学支出（元）	人均地方财政教育支出（元）	普通小学师生比（人/万人）	普通中学师生比（人/万人）	百万人博物馆数（个）	人均图书馆藏书量（册）	万人医院、卫生院床位数（张）	万人医生数（人）
太原	184.66	1734.81	655.29	1001.82	3.98	0.84	48.03	31.23
呼包鄂榆	176.80	2614.50	556.25	914.30	7.54	2.21	55.10	30.98
哈长	75.99	1315.06	718.02	965.58	4.19	0.57	53.22	27.90
东陇海	301.49	1971.90	560.53	793.25	1.96	0.52	45.22	29.95
江淮	758.70	1915.63	609.96	814.02	3.60	0.68	45.27	23.92
海峡西岸	304.90	2203.12	528.09	789.12	3.40	0.91	43.39	25.01
环鄱阳湖	372.31	2071.19	542.46	651.47	3.78	0.46	41.66	20.84
中原	298.97	1714.60	490.54	759.47	5.01	0.52	57.80	30.15
武汉	659.25	1713.00	491.53	767.63	4.33	0.56	52.81	24.80
环长株潭	290.04	1581.41	536.98	757.59	1.95	0.58	53.24	29.42
北部湾	110.02	1863.75	535.67	645.69	1.13	1.03	45.97	29.71
成渝	232.52	1779.25	571.53	762.56	3.63	0.72	58.09	26.61
黔中	229.59	2493.12	384.47	534.03	1.18	0.41	56.90	25.68
滇中	133.27	1655.36	549.66	730.56	3.39	0.50	51.66	27.04
藏中南	147.70	6948.27	666.27	845.13	6.23	0.48	34.70	34.80
关中—天水	165.76	1791.31	577.21	931.80	7.40	0.74	56.56	27.98
兰州—西宁	90.72	2193.56	655.08	832.78	5.38	0.50	51.23	26.24
宁夏沿黄	286.89	1970.52	529.17	715.28	4.39	1.23	53.44	31.22
天山北坡	100.78	1289.50	702.70	834.25	2.84	0.59	58.87	18.18

资料来源：《中国城市统计年鉴2020》。

师生比方面，普通小学师生比最高的是哈长（718.02人/万人）、天山北坡（702.70人/万人）、辽中南（687.61人/万人）、藏中南（666.27人/万人）、山东半岛（658.50人/万人）等城市群，而京津冀、长三角城市群的普通小学师生比只排在中游，珠三角（511.83人/万人）更是排在所有城市群的倒数第四，这种情况一方面源自城市群内不同城市对教育的重视程度不同，另外也与近年来人口大规模流入和新生代的增加有很大关系。普通中学的师生比中，太原城市群（1001.82人/万人）、辽中南城市群

（974.68人/万人）、哈长城市群（965.58人/万人）位列前三，环鄱阳湖、北部湾、黔中城市群最低。

文化事业方面，由于常住人口数量较少，百万人博物馆数最多的城市群为呼包鄂榆（7.54个）、关中—天水（7.40个）、藏中南（6.23个）、兰州—西宁（5.38个）城市群，但其博物馆总数却处在中下水平，博物馆总数最多的是长三角城市群（1130个）。人均图书馆藏书量最高的为呼包鄂榆城市群，人均图书馆藏书量达2.21册，沿海地区如珠三角城市群（1.90册）、长三角城市群（1.13册）的人均图书馆藏书量也有较高水平。

卫生事业方面，辽中南（63.53张/万人）、天山北坡（58.87张/万人）、成渝（58.09张/万人）、中原（57.80张/万人）、黔中（56.90张/万人）等城市群万人医院、卫生院床位数排在前五，东陇海、海峡西岸、珠三角、环鄱阳湖、藏中南等城市群则比较低；万人医生数这项数据中，各城市群之间总体差距不大，有7个城市群每万人拥有超过30名医生，排名最高的是京津冀城市群（36.86人/万人）和山东半岛城市群（35.64人/万人）；仅有天山北坡城市群这一数据仅为18.18人/万人，其余城市群都在20—35人/万人之间。

从科教文卫事业的比较中我们发现，人均公共设施配置没有明显的东强西弱的现象，一方面是因为本节数据更多地反映人均数量，在质量上各地区之间的差异并没有得到体现；另一方面，大量的人口迁入也稀释了东部城市群的人均公共服务指标。

9.2.11 环境污染程度比较分析

在表9-15中，我们选取工业废水排放量、工业二氧化硫排放量、工业烟（粉）尘排放量、可吸入细颗粒物年平均浓度、污水处理厂集中处理率、生活垃圾无害化处理率来表示城市群环境污染情况。

总体来看，经济体量越大、工业比重越高的城市群排污量越多，长三角和京津冀城市群在工业废水排放量、工业二氧化硫排放量、工业烟（粉）尘排放量上均排名前三；而西部地区各城市群排放量均较少；相较来看，珠三角城市群工业废水排放量较多，而工业二氧化硫排放量和工业烟（粉）尘排放量处于中等水平。这也提醒我们在发展经济的同时，应当注重环境保护和污染治理，走出"先污染，后治理"的困境。长三角和京津冀城市群的三项排放量都远高于其他城市群，除了工业产值高这一因素外，也暴露了不够重视环境保护的问题。对于可吸入细颗粒物年平均浓度，中原、京津冀、关中—天水、太原等城市群排名靠前，这与当地产业结构与地理环境有关。

从生活污水和垃圾处理角度来看，东陇海、武汉、珠三角城市群的生活垃圾无害化处理率达到100%，除黔中城市群（85.95%）外，其余城市群生活垃圾无害化处理率均达到95%以上，具有较强的污染治理意识。但海峡西岸、长三角城市群等较为发达的地区，污水处理厂集中处理率比较低，污水防护和治理体系建设方面还应进一步加强。

表 9-15　中国城市群环境污染程度比较（2019 年）

城市群	工业废水排放量（万吨）	工业二氧化硫排放量（吨）	工业烟（粉）尘排放量（吨）	可吸入细颗粒物年平均浓度（微克/立方米）	污水处理厂集中处理率（%）	生活垃圾无害化处理率（%）
京津冀	138018	258563	452642	51.15	97.71	99.33
辽中南	28308.78	132715.16	249476.96	39.40	94.17	99.18
山东半岛	77923	84205	90927	44.63	97.98	99.92
长三角	307914.89	465340.35	562598.3	40.00	92.76	99.73
珠三角	91282	65415	91099	27.67	97.52	100.00
太原	2134	29865	28965	48.25	95.83	95.95
呼包鄂榆	13475.71	166016.43	132251.01	32.75	96.58	98.54
哈长	22083.5	91744.7	107502.3	34.33	93.49	98.34
东陇海	15059	45394	75775	48.00	94.97	100.00
江淮	14597.97	67295.38	157682.42	44.22	91.37	98.88
海峡西岸	153184.74	99850	169776	22.38	93.01	99.91
环鄱阳湖	32723	99478	138849	34.11	94.93	99.99
中原	35320.813	63589.316	60009.56	59.88	96.93	99.88
武汉	26414	41340	242451	41.00	95.92	100.00
环长株潭	21246	61469	91938	46.25	93.25	99.63

城市群	工业废水排放量（万吨）	工业二氧化硫排放量（吨）	工业烟（粉）尘排放量（吨）	可吸入细颗粒物年平均浓度（微克/立方米）	污水处理厂集中处理率（%）	生活垃圾无害化处理率（%）
北部湾	9239	22029	31821	30.50	85.70	99.93
成渝	62105	237461	186382	39.69	93.76	99.06
黔中	9748	116103	40342	24.25	94.56	85.95
滇中	7570	130997	108912	23.33	95.51	98.94
藏中南	240	1551	4803	14.25	97.02	98.31
关中—天水	17474	111580	33027	49.00	94.55	97.88
兰州—西宁	5507	57744	62796	36.00	94.64	98.61
宁夏沿黄	8660	80582	128482	33.50	96.70	99.42
天山北坡	5004	50999	175570	35.33	96.36	98.12

资料来源：《中国城市统计年鉴2020》。

9.3　各城市群基本统计要素省域比重分析

　　主体功能区规划的城市群覆盖了我国22个省、5个自治区和4个直辖市。接下来介绍一下各城市群在人口、经济、城镇化和产业结构等方面对它所属的省、自治区或直辖市发挥的作用。

　　表9-16中，从土地面积来看，各城市群占所在省份的比重从5.15%到100%不等，其中京津冀城市群为北京市、天津市、河北省的全部地区，长三角城市群为上海市、江苏省、浙江省、安徽省的全部地区，海峡西岸城市群为福建省全部地区，占比均为100%；而兰州—西宁城市群所占土地面积仅为甘肃、青海两省之和的5.15%。常住人口方面，西部城市群的

人口占所在省份的比重较土地面积所占比重更大，人口集聚更为显著，特别是藏中南、兰州—西宁、天山北坡、关中—天水等城市群的常住人口占所在省份比例比土地面积所占比例高出30个百分点以上；相反，东部城市群如山东半岛、江淮城市群常住人口占所在省份比重反而低于土地面积所占比重。其原因在于我国当前按照行政区划分城市群，即把一个地市级行政单位所属的全部地区都纳入到城市群中，而西部地区土地广袤，地市州的行政区域范围普遍很大，适宜居住的、基础设施较完善的地区则较为集中，因此人口分布主要在面积占比很小的城区或聚居地中。

经济发展方面，兰州—西宁、北部湾、呼包鄂榆、东陇海城市群的地区生产总值占所在省份比例较低，其余城市群占比均高于50%。与所在省份相比，人均地区生产总值比值最高的是呼包鄂榆城市群（1.71），地均地区生产总值比值最高的是兰州—西宁城市群（8.93）；除宁夏沿黄、东陇海这两个城市群外，其他各城市群的人均地区生产总值与地均地区生产总值与所在省的比值均大于1，这些城市群的城市建设与经济发展起步晚，相较于所在省份的其他城市，其竞争力和发展速度也不具备明显的优势。

表9-16　中国各城市群土地面积、人口、地区生产总值占所在省份比重（2019年）

城市群	土地面积占比（%）	常住人口占比（%）	地区生产总值占比（%）	人均地区生产总值		地均地区生产总值	
				绝对值（万元）	与所在省份相比	绝对值（万元/km²）	与所在省份相比
京津冀	100.00	100.00	100.00	7.97	1.00	3861.67	1.00
辽中南	67.27	76.40	95.90	6.52	1.26	2210.41	1.45
山东半岛	49.09	44.98	62.62	9.67	1.39	5979.54	1.29
长三角	100.00	100.00	100.00	10.46	1.00	6634.55	1.00
珠三角	67.27	76.49	87.09	13.48	1.14	15813.04	1.29
太原	49.09	47.23	64.72	5.34	1.37	1172.09	1.32
呼包鄂榆	100.00	100.00	100.00	11.47	1.00	757.97	1.00
哈长	30.89	55.96	80.71	4.41	1.43	746.20	2.61
东陇海	47.61	43.80	51.23	7.52	1.17	4944.65	1.08
江淮	12.59	18.00	30.80	7.50	1.71	2896.12	2.45

城市群	土地面积占比（%）	常住人口占比（%）	地区生产总值占比（%）	人均地区生产总值		地均地区生产总值	
				绝对值（万元）	与所在省份相比	绝对值（万元/km²）	与所在省份相比
海峡西岸	43.53	73.43	82.29	10.67	1.12	3426.47	1.89
环鄱阳湖	9.55	8.98	7.17	5.65	0.80	1644.27	0.75
中原	62.83	53.19	68.44	7.28	1.28	5469.78	1.09
武汉	100.00	100.00	100.00	8.68	1.00	4770.52	1.00
环长株潭	74.16	77.18	82.21	7.30	1.06	3198.90	1.11
北部湾	35.18	45.80	59.23	5.90	1.29	1761.12	1.68
成渝	31.21	53.82	60.40	6.46	1.12	2716.01	1.94
黔中	45.82	61.44	78.10	4.77	1.27	1733.70	1.70
滇中	18.92	26.88	37.03	6.74	1.37	1897.97	1.96
藏中南	42.17	87.58	92.65	5.51	1.06	18.59	2.20
关中—天水	42.57	75.09	77.46	5.77	1.03	1954.18	1.82
兰州—西宁	16.47	37.61	53.03	4.19	1.41	887.59	3.22
宁夏沿黄	61.92	73.24	83.28	6.01	1.13	704.14	1.35
天山北坡	13.49	46.18	50.40	7.78	1.09	406.20	3.73

资料来源：《中国城市统计年鉴2020》。

从产业结构来看（见表9-2、表9-17），我国城市群第二产业产值（86.87%）和第三产业产值在全国所占比重（86.70%）均高于地区生产总值所占比重（85.36%），而第一产业占全国的比重（67.04%）远低于地区生产总值的比重，这也体现了城市群在二、三产业的集聚作用。具体来看，第一产业方面，东陇海城市群的第一产业占所在省份的比重（12.89%）高于地区生产总值占所在省份的比重（7.17%），而其他城市群则相反，这也说明了第一产业主要分布在城市群以外的地区。第二产业方面，城市群的第二产业占所在省份的比重与地区生产总值的比重相差不大，多数城市群的第二产业占所在省份的比重略高于其地区生产总值的比重，其中，差异最大的环长株潭城市群第二产业占所在省份的比重比地区生产总值占所在省份的比重高出 4.78 个百分点，兰州—西宁城市群则比地区生产总值占所在省份的比重低 4.95 个百分点。与第二产业类似，大部分城市群的第三产业占所在省份的比重高于其地区生产总值的比重，这也说明了第二产业和第三产业是经济的主要组成部分。很明显地，我们能够从表 9-17 中看出城市群吸纳了更多的第二、第三产业，而相应减少了第一产业的比重，第二、第三产业能够产生集聚效益，而城市群则促成了集聚效应的发挥。

表 9-17   中国各城市群三次产业产值占所在省份比重（2019 年）

城市群	地区生产总值占所在省份比重（%）	第一产业占所在省份比重（%）	第二产业占所在省份比重（%）	第三产业占所在省份比重（%）
京津冀	100.00	100.00	100.00	100.00
辽中南	87.09	70.98	89.89	87.72
山东半岛	64.72	50.26	65.16	66.37
长三角	100.00	100.00	100.00	100.00
珠三角	80.71	32.77	82.33	83.01
太原	51.23	39.40	51.51	52.08
呼包鄂榆	30.80	15.17	35.50	29.43
哈长	82.29	63.76	86.47	86.15
东陇海	7.17	12.89	7.00	6.70
江淮	68.44	51.49	70.67	69.25
海峡西岸	100.00	100.00	100.00	100.00
环鄱阳湖	82.21	78.38	83.71	81.48
中原	59.23	34.35	61.83	61.31
武汉	60.40	46.10	58.23	64.60
环长株潭	78.10	64.08	82.88	77.14
北部湾	37.03	32.72	33.71	40.58
成渝	92.65	86.32	92.82	93.61
黔中	77.46	72.06	77.74	78.71
滇中	53.03	36.60	55.63	55.42
藏中南	83.28	74.08	82.45	85.35

城市群	地区生产总值占所在省份比重（%）	第一产业占所在省份比重（%）	第二产业占所在省份比重（%）	第三产业占所在省份比重（%）
关中—天水	50.40	43.79	45.81	55.71
兰州—西宁	45.96	22.82	41.02	54.09
宁夏沿黄	91.40	79.96	96.05	89.18

资料来源：《中国城市统计年鉴2020》。

9.4 城市群发育水平

前面三节简单描述了中国城市群的基本情况，本节用更加合理的综合指标来刻画中国城市群的发育水平，各指标的名称及计算方法见表9-18，城市群计算数据如表9-19所示。

表9-18 城市群发育程度衡量指标

符号	指标名称	计算方法
CFD1	城市群经济发展总体水平指数	该城市群人均GDP占所有城市群人均GDP比例与该城市群经济密度占所有城市群经济密度比例之积的平方根
CFD2	城市群交通运输条件指数	该城市群货运量占所有城市群货运量比例、客运量比例、人均客运量比例和人均货运量比例之积的四次方根
CFD3	城市群邮电通信指数	万人电话机拥有量、交通仓储邮电业从业人员数、邮政业务总量、电信业务总量占所有城市群的比例之积的四次方根
CFD4	城市群内部建成区面积指数	该城市群建成区面积占城市群总面积的比例

续表

符号	指标名称	计算方法
CFD5	城市群内部商品流通量指数	该城市群人均限额以上批发零售贸易业商品销售额占所有城市群的比例与社会消费品总额所占比例之积的平方根
CFD6	城市群的产业熵指数	第一、第二、第三产业的区位熵之积的立方根

资料来源：方创林、姚士谋等：《2010 中国城市群发展报告》，科学出版社 2011 年版。由于部分指标数据缺失，对个别指标进行替换。

（1）城市群经济发展总体水平指数。珠三角城市群（3.2724）在经济发展总体水平上远远高出其他城市群；排在第二梯队的是长三角城市群（1.8671）和山东半岛城市群（1.7045）；再次是武汉、中原、东陇海、海峡西岸、京津冀、环长株潭和江淮等城市群，经济发展总体水平指数均超过 1；排在末位的三个城市群是哈长、天山北坡和藏中南城市群。

（2）城市群交通运输条件指数。排在第一梯队的是长三角和黔中城市群，交通运输条件指数均在 0.4 以上；排在第二梯队的是环鄱阳湖城市群，交通运输条件指数均在 0.3 以上；排在第三梯队的有成渝、珠三角、京津冀和辽中南城市群。本指数排在后五位的城市群为兰州—西宁、天山北坡、哈长、宁夏沿黄、太原城市群，交通运输条件指数均在 0.1 以下。

（3）城市群邮电通信指数。长三角城市群（0.3687）和珠三角城市群（0.2479）在这一方面表现最佳，邮电通信指数均在 0.2 以上；京津冀城市群、成渝城市群紧随其后；中原、海峡西岸和山东半岛城市群排在第三梯队。表现最差的是北部湾、兰州—西宁、天山北坡、藏中南、宁夏沿黄城市群。

（4）城市群内部建成区面积指数。珠三角城市群（0.0598）的建成区面积指数最高，山东半岛城市群（0.0357）位列第二。值得注意的是，中原城市群的建成区面积指数高于长三角城市群，东陇海、武汉、辽中南城市群也超过了京津冀城市群，建成区扩展速度有些过快，土地利用效率不高。

（5）城市群内部商品流通量指数。这个指标反映了城市群的商品供需规模。排在最前面的是长三角（0.3325）、京津冀（0.1221）和珠三角

（0.0920）城市群，排在第二梯队的是成渝、海峡西岸、山东半岛城市群。北部湾、呼包鄂榆、兰州—西宁、宁夏沿黄、藏中南等城市群本指数得分最低。

（6）城市群的产业熵指数。一般来说，三次产业比重差异越大，本指数得分也就越小。可以看到长三角、京津冀、太原、珠三角城市群的产业熵指数低于0.9，这些城市群的第一产业比重非常低，而第二、三产业比重则较高。哈长、北部湾、黔中、东陇海、天山北坡城市群本指数较高，表明第一产业的比重相对较高，三次产业分布差异较小。

表9-19　中国城市群发育水平比较分析（2019年）

城市群	CFD1	CFD2	CFD3	CFD4	CFD5	CFD6
京津冀	1.2432	0.2424	0.1921	0.0193	0.1221	0.8941
辽中南	0.8507	0.2072	0.0606	0.0202	0.0285	1.0740
山东半岛	1.7045	0.1530	0.0762	0.0357	0.0477	1.0013
长三角	1.8671	0.4762	0.3687	0.0252	0.3325	0.8996
珠三角	3.2724	0.2712	0.2479	0.0598	0.0920	0.6831
太原	0.5608	0.0221	0.0354	0.0071	0.0101	0.8906
呼包鄂榆	0.6610	0.1064	0.0338	0.0038	0.0084	0.9395
哈长	0.4065	0.0897	0.0585	0.0067	0.0200	1.2521
东陇海	1.3663	0.1125	0.0300	0.0251	0.0117	1.1813
江淮	1.0448	0.1823	0.0567	0.0143	0.0213	1.0226
海峡西岸	1.3553	0.1675	0.0949	0.0106	0.0537	1.0358
环鄱阳湖	0.6833	0.3215	0.0435	0.0084	0.0133	1.1144
中原	1.4143	0.1645	0.0958	0.0262	0.0241	0.9729
武汉	1.4421	0.1552	0.0556	0.0205	0.0285	1.0398
环长株潭	1.0834	0.1807	0.0525	0.0126	0.0221	1.0920
北部湾	0.7224	0.1080	0.0293	0.0123	0.0085	1.2512
成渝	0.9389	0.2823	0.1332	0.0161	0.0629	1.1238
黔中	0.6449	0.4184	0.0356	0.0084	0.0086	1.2456
滇中	0.8017	0.1211	0.0297	0.0107	0.0128	1.1376
藏中南	0.0717	0.1066	0.0123	0.0002	0.0010	1.0726

城市群	CFD1	CFD2	CFD3	CFD4	CFD5	CFD6
关中—天水	0.7529	0.1865	0.0586	0.0122	0.0205	1.0954
兰州—西宁	0.4323	0.0971	0.0288	0.0070	0.0078	0.9743
宁夏沿黄	0.4613	0.0548	0.0117	0.0078	0.0027	1.0548
天山北坡	0.3984	0.0942	0.0211	0.0028	0.0090	1.1574

资料来源:《中国城市统计年鉴2020》。

图表索引

责任编辑:陈　登

封面设计:林芝玉

图书在版编目(CIP)数据

2020—2021 中国区域经济发展报告:江南文化与长三角一体化/张学良,
　杨嬛 主编. —北京:人民出版社,2023.1
ISBN 978 - 7 - 01 - 025348 - 0

Ⅰ.①2… Ⅱ.①张…②杨… Ⅲ.①区域经济发展-研究报告-中国-
2020—2021　Ⅳ.①F127

中国国家版本馆 CIP 数据核字(2023)第 003104 号

2020—2021 中国区域经济发展报告

2020—2021 ZHONGGUO QUYU JINGJI FAZHAN BAOGAO

——江南文化与长三角一体化

张学良　杨　嬛　主编

人民出版社 出版发行

(100706　北京市东城区隆福寺街 99 号)

北京汇林印务有限公司印刷　新华书店经销

2023 年 1 月第 1 版　2023 年 1 月北京第 1 次印刷
开本:710 毫米×1000 毫米 1/16　印张:22.5
字数:342 千字

ISBN 978 - 7 - 01 - 025348 - 0　定价:88.00 元

邮购地址 100706　北京市东城区隆福寺街 99 号
人民东方图书销售中心　电话 (010)65250042　65289539